致教育

不忘初心，让教育回家

汤勇　著

长江出版传媒　｜　长江文艺出版社

图书在版编目（CIP）数据

致教育 / 汤勇著. -- 武汉：长江文艺出版社，
2017.7（2022.11 重印）
　　（大教育书系）
　　ISBN 978-7-5354-9658-4

　　Ⅰ. ①致… Ⅱ. ①汤… Ⅲ. ①教育－随笔－中国－文
集 Ⅳ. ①G52-53

　　中国版本图书馆 CIP 数据核字(2017)第 141985 号

致教育

ZHI JIAOYU

责任编辑：秦文苑　　　　　　　　责任校对：毛季慧

装帧设计：龙　梅　小　倪　　　　责任印制：邱　莉　胡丽平

出版：

地址：武汉市雄楚大街 268 号　　　邮编：430070

发行：长江文艺出版社

电话：027—87679360

http://www.cjlap.com

印刷：武汉中科兴业印务有限公司

开本：710 毫米×970 毫米　　　1/16　印张：18　插页：1 页

版次：2017 年 7 月第 1 版　　　　2022 年 11 月第 7 次印刷

字数：239 千字

定价：39.80 元

目　录

序言·阅读写作成就教育人生

汤勇局长又要出书了。

这一次,他又要我写序。

这是他第四次让我为他的书写序。前面三本分别是他的《修炼校长力》《我的教育心旅》和《做一个卓越而幸福的教育者》。

可是这次我真的很为难。一方面,该说的话,在前面三本书的序言中都说了。另一方面,我实在是忙碌,自己的许多读书写作计划一再拖延耽搁。我对他说抱歉,并且答应为他推荐合适的专家写序。

但是,他仍然不依不饶,"咬定青山不放松"。或许这就是他的性格。

他说:"尽管您为前几本小册子写过序,但这次是我任区域教育局长近12年,在漫长坚守后即将迈入一个新的人生节点的一个小结……还望朱老师您能成全一个有着炽热教育情怀的基础教育工作者的心愿!"

是的,一个区域教育局长能够坚守近12年的岁月,很不容易,我以为在全国都少见。这些年来,我一直见证着汤勇的成长。他不断阅读,不断反思,不断写作,让自己的每个教育日子都特别有意义,让自己的教育人生也特别多姿多彩。他常说,人活着的价值,不在于名利得失,而在于做自己喜欢做的事情,在于不懈地追求与突破。正由于此,他虽年过五十,仍然青春,仍然充满成长的激情和梦想,仍然那么酷爱读书、坚持写作。他带领阆中教育不断地发展,他也带领阆中教育不断地发出自己的声音,他本人还被推选为中国陶行知研究会农村教育实验专业委员会的理事长,他也为此入选我主编的《中国著名教育局长管理思想录》,我为他的不断自我突破和自觉成长而高兴。

但是,因为忙碌,一直没有时间读他发来的书稿,自然也没有时间写序。

但是,偏偏这段时间,汤勇的大名在《中国教育报》等媒体上频频亮相。奇怪的是,每次看到他的名字,我就会想到他的邀请,竟然总觉得欠了他一些什么。加上他隔三岔五地短信催促,我终于利用出差的业余时间读完了他的新作。

汤勇说,这本书之所以取名《致教育》,是缘于我的《致教师》而起的。我认为,这本书虽是《致教育》,其实也是另外一本《致教师》。因为,这是一本他给老师们的讲演录。在他的十八讲中,从教师的阅读,到教师的写作;从教育人对职业的态度,到教育人的职业幸福;从教育的爱到教育的尊重;从课程改革到有效课堂的探索;从团队建设到学校文化;从教师的成长到校长的管理;从教育的症结到教育的发展,每个问题都深入浅出,旁征博引,娓娓道来,鞭辟入里。

他尤其向老师们强调:读书能够成就美好,能够走向卓越。他现身说法告诉老师们,不读书他不可能走到今天,阆中的一方教育也不可能走到现在,甚至他也很难有勇气走向未来。我想,这是他的心里话。他就是一个被读书成就的教育局长。

人生总是一站接着一站的旅程。我不知道汤勇的下一站在哪里。但可以肯定的是,只要他继续酷爱阅读,继续坚持写作,继续坚守梦想,他仍然会续写自己的生命传奇。

我期待着。

朱永新

2017 年 5 月 19 日晨,写于北京滴石斋

自序·不忘初心，让教育回家

落笔标题，近期耳闻目睹的一些教育现象和事例便涌了出来：

湖南邵阳某中学一名女生在期中考试中因作弊受到监考教师批评，留下遗言后从五楼教室窗户跳下死亡。

山东省济南市某中学高三女生小薇被同班男生殴打至休克……

孩子竞选班干部，他们给"选民"送零食拉票；有了"记名字"的权利，就公报私仇、欺上瞒下；逢年过节，先"打点"好班长和重要班干部。

广东某中心小学的老师经常罚学生抄课文，少则一两遍，多则六七遍，有时甚至抄到晚上十点多，都还没有抄完，孩子抄到手都酸了，而且这样的罚抄课文是连坐式的，学习成绩比较可以的与调皮的、学习成绩不好的同学如果分到一组了，就要遭到连坐式罚抄课文。

某学校为了避免安全事故追责，竟规定，课间时段，学生除了出去上厕所之外，不得出教室玩耍。

适龄儿童入学考试，一些学校将"考学生"改为"考家长"，将入学变成了比拼智力、比拼家长的测试。广州某私立学校直接在电子屏上"温馨提示"：本校只招收父母是本科以上学历之学生……理由是这样的家庭更好进行沟通交流。有的学校则不招收父母离异的子女，认为单亲家庭孩子会有性格缺陷，有的学校考核家长身材，理由是如果身材过胖，说明家长缺乏自我管理能力。

尽管离暑假还有一两个月，但在青岛等很多地方，各种暑期班竟然已经报满，有的家长甚至提前一年从幼儿园退学转入"全年衔接班"。

衡水第一中学进驻浙江引发了社会的热烈讨论,在观点的碰撞中,有的主张应试教育的"现实合理性",还有的则大谈应试教育的"政治正确性"。

......

我不禁要问:当下的教育怎么了?

不容置疑,这些年我们的教育与社会经济发展同步,得到了快速发展,但是我们却行色匆匆,走得太急,太快,也太远,然而竟然忘记了当初为什么出发,究竟从哪儿出发,又该去往何方,以至于我们的教育在"功利"和"喧嚣"的丛林中迷了路。

在当下,作为竞技的体育,不再以金牌论英雄了,GDP已不再是国人唯一的追逐目标,对于教育,也应该放慢脚步,细掂缓行,找寻方向,让迷路的教育回家。

纳兰性德说,"人生若只如初见"。每个人都拥有自己的教育初心,让教育回家,就不要忘记教育初心!

不忘初心,让教育回家,就不要忘记教育无论在什么样的语境中,人永远是第一位的。人应该始终站立于教育的中央,教育是塑造"人"的事业,是有温度的熨帖,是"一棵树摇动另一棵树,一朵云推动另一朵云,一颗灵魂唤醒另一颗灵魂",其终极目标是"人"的教育,人是教育的目的,不是教育的工具,人是教育的出发点,也是教育的归宿。教育应该从人出发,又回到人,教育应该关注人,关注人性。

不忘初心,让教育回家,就不要忘记了教育是慢的艺术。有一则寓言《牵着蜗牛去散步》,牵蜗牛去散步,想走得快点儿,可蜗牛用尽了全力,也只能前进一点点,备感绝望松手的一刹那,却突然发现自己已置身于美丽的花园。教育欲速则不达,拔苗更不能助长,大水漫灌也是使不得。很多时候,让蜗牛带我们去散步,与孩子一道放慢脚步,永葆最纯真的视角,最饱满的心灵,最优雅的姿态,我们才能共同体味岁月的悠悠与无痕,风景的独好与曼妙,岁月成长的快乐与美好。

不忘初心,让教育回家,就不要忘记了教育的初衷与本真。真正的教育不是简单的知识传授,不是通过死学死拼获得一个满意的分数,不是通过考试和选拔功能把成绩好的孩子和成绩差的孩子区别开来,不是人人上大学捞取一块敲门砖,不是为了满足大人的成就感,也不是成全我们的功利心,更不是世俗意义上的迎合与讨好,而是一种生活方式,一种思维品质,一种每天呼吸的空气,一种举手投足的修养,一种个人回转的空间,一种无处不在的影响和教化,一种时时刻刻的浸润和改变,一种以自由为土壤、以尊重和爱为阳光,去点亮孩子心中的蜡烛,帮助每个孩子成为最好的自己。

不忘初心,让教育回家,就不要忘记教育的目的和意义是尊重个性。每个孩子都是独一无二的个体,都是上帝的宠儿,都是不可复制的标本,都蕴藏着独特的天赋、气质、才能,都具有无限发展的可能性,都需要在陪伴、等待、坚持中去激发和唤醒。教育所要做到的就是充分注意这种差异性和独特性,就是因材施教,顺应孩子的天性,尊重孩子的个性,就是追求个性化的教育,努力办孩子们喜欢的学校,做适合每一个孩子的教育,让每一个孩子得到和谐而又充分的发展,这是教育的目的和意义所在。如果罔顾孩子之间个体差异、天赋秉性与经验环境的一刀切式做法,则完全背离了教育的价值。

不忘初心,让教育回家,就不要忘记了教育必须让孩子担负起成长责任。孩子的成长就像禾苗的生长,永远都是自己的事,对孩子信任与松绑,把时间与空间留给孩子,把学习的主动权交给孩子,把课堂的主人还给孩子,把自我教育交给孩子,就是把创新精神和创造能力烙在了孩子的生命里,就是把对孩子一生有用的最宝贵的东西留在了他们未来人生的征途中。鱼往往是喂死的,花往往是浇死的。对孩子的一味苛刻与控制,只能培养出一台台会考试的机器,只能加剧孩子们的奴性和对自己一切不负责任的"应付"。学校及教育者不应该成为限制孩子成长和身心舒展的囚笼,而应该成为鼓励孩子发现自我、体悟生命本真,激发孩子强大内生力和成长力的舞台。

不忘初心,让教育回家,就不要忘记了教育的取向是让孩子学会对生命的尊重与敬畏。生命本身是美好的,这个世界因为有了生命而富有生机、色彩斑斓。我们需要培养的是孩子"面对一丛野菊花而怦然心动"的情怀,是"在乎沙滩上每一条小鱼生命"所拥有的那样的情感。有了这样的情怀和情感,孩子们就没有了对世事的冷淡、对他人的冷漠、对生命的冷酷,就有了对生命的一往情深的爱怜与呵护,对人生的一往情深的憧憬与向往,对天空的一往情深的仰望与膜拜。

不忘初心,让教育回家,就不能忘却当初选择教育与教师职业的理想信念,无论走得多远,都不能忘记走过的路;无论走到多么光辉的未来,都不能忘记为什么出发;无论他人怎样浮躁焦虑,我们都不要做教书匠,都要尽可能做一个卷不离手的读者、躬耕反思的思考者、孜孜不倦的诲人者;无论外界怎么喧嚣浮华,我们都要坚守职业的底线和道德的规范,用自己的言行来影响孩子的一生;无论世道怎样冷暖与沧桑,我们都能够执着坚守,求真向善,都能够宁静淡定,不易素心,都能够浅走低吟,不离初衷,都能够曼妙修行,悲天悯人。

不忘教育初心,方得育人始终。不忘教育初心,教育就能够找到回家的路,回到那个温馨而温暖,充满诗情画意的"家"。

鲁迅先生讲:"我看一切的理想家,不是怀念'过去',就是希望'将来'。而对于'现在'这一个题目,都缴了白卷,因为谁也开不出药方。"

当然,教育回家的路艰难曲折而又漫长,教育要回到这个温馨而温暖,充满诗情画意的"家",不是怀念"过去",也不是希望"将来",靠袖手旁观,品头论足更是不行,需要的是,我们每一个教育人都要成为教育回家的行者和引路人!

2017 年 5 月 23 日

第一讲　读书成就美好

　　曾国藩说："人之气质，由于天生，本难改变，唯读书则可变化气质。"一个人的精神境界、一个人的内心世界、一个人的品位完全取决于他读不读书，读了多少书，都读了什么书，读书可以决定一个人的气质和面貌。

我对读书的认识与理解

　　读书是一种吸纳。读书可以让我们拥有自己的精神世界，可以促进我们的精神发育，可以涵养我们的人文情怀，可以让我们变得与众不同，可以遇到一个更美好的自己。

　　读书是一种信仰。在阅读中可以促使我们不断思考、不断反省、不断成长，而且在是非的研判上让我们更加明白事理，更加坚定信念。

　　读书是一种改变。读书能美容，读书能养颜，读书是最好的化妆品，是最有效的护肤霜。曾国藩说："人之气质，由于天生，本难改变，唯读书则可变化气质。"一个人的精神境界、一个人的内心世界、一个人的品位完全取决于他读不读书，读了多少书，都读了什么书，读书可以决定一个人的气质和面貌。

　　曹文轩曾谈到他去绍兴一小学做讲座，他对孩子们说你们这个地方曾出过一个伟大的文学家，那些小孩都得意地说是鲁迅。然后他说鲁迅这个长得太一般的小老头，他如果不是一个读书人，他走在绍兴的大街上，你们也许不会拿眼睛看他一眼。可就是这个老头，在他的身上有一股强大的力量和气势，这是哪里来的？那就是书本给他的。他说，书本不仅仅能改变我们的内心世界，还能改变我们的外部形象。一群人坐在那儿，谁是读书人，谁不是读书人，是不用介绍的，一看便知。

　　读书是一种眼光。三个人在砌一堵墙，一个人问：你们在干什么？第一个人无奈地说：没看见吗？我在砌墙。第二个人高兴地说：我们在盖一座高楼。第三人自豪地说：我在建造一座美丽的城市。十年后，第一个人还是农民工，第二个人当了工程师，第三个人成了这座城市的市长。这就是眼光。而读书能给我们一种很重要的东西，那就是做人、做事的眼光。

　　读书是一种人道主义行为。有研究表明，爱阅读的人常有判断能力和自控能力，语言丰富、思维缜密；不阅读的人往往想法简单、语言贫乏，甚至细胞的分裂都比前者要少。曹文轩有次讲座，讲了一件真实的事情，他说一个瑞典作家告诉他，有一对兄弟，小的时候家里穷没有读书，长大之后哥哥做生意不读书，弟弟边做生意边读书，科学家对他们的大脑作了测试，发生了阅读行为的弟弟，他的大脑发育是正常的，而他的哥哥因没有读书大脑发育不健全。

读书永远都是自己的事。读书是为了自己的提高，不是为了应付学校或完成领导的任务。读书不需要强制，不需要管理，不需要考勤，不需要考核，也不需要下任务，让人强迫读书是很没有尊严的事情。我们应该把读书作为一种生活的方式，一种职业的需要，一种生存的必须，一种生命的状态。

读书永远都是快乐的事。读书就是一座桥梁，它可以把我们与过去、现在、未来连接起来，把我们与今人、周边的人乃至古人连接起来，把我们与外部的世界连接起来，把我们身体与我们的灵魂连接起来，把我们生活的物质世界与我们存在的精神世界连接起来。读书是一种高雅的精神生活，能够启迪心智，净化灵魂，陶冶情操，愉悦身心，除了读书，这个世界上还有什么事情有如此廉价而又如此美好的呢？因而读书是快乐的事，也是幸福的事，我们应该以读书为乐，而不能认为读书是一件痛苦的事。很多人认为读书苦，把读书当成一件苦差事，实际上，他还没有开启真正的读书，或者说，还没有进入读书的最佳状态和境界。

读书永远都不会晚。这个世界上有两样东西永远不会晚，一是恋爱。精准扶贫，我联系的贫困户中有一个六十好几的老头儿，打了一辈子光棍，我去看望他，他给我讲，他有吃有穿，有余粮有存款，在物质方面不缺，缺的是没有老婆，如果能够帮他讨一个老婆就好了，即使到了他这个年龄阶段，仍期盼着恋爱，看来恋爱永远都不会晚。二是读书。只要你认识到读书重要，不管你过去读没读书，读了多少书，不管你有多大年龄，哪怕你是一个七八十岁的老人，只要你拿起书开始读，就始终不会晚。我曾经看过一句话："除了爱情，没有事情像阅读这样让我们觉得，迟来的开始也可以如此美好。"

读书永远都有时间。我以为，只要有书就有时间，只要有读书欲望就有时间，只要有好的读书习惯就有时间，只要把一件事情当成生命中重要的事情就一定会有时间。

读书贵在坚持。一个人不管再忙，每天利用一刻钟绝对没问题，要么早起15分钟，要么晚睡15分钟，要么挤15分钟。一刻钟不过一顿饭工夫，也不过闲聊几句。我曾经写过打油诗："每天阅读一刻钟，即便无师自相通。气质魅力会无穷，人生从此不相同。"

没有写作就没有真正的读书。一个人读书的最高境界是动笔写作，你只有拿起笔来，就真正开启了思考之门，就真正开启了阅读之旅，就真正进入了读书的最高境界。

我坚持以读促写，踏着白纸黑字的阶梯，把读的、思考的记下来，把读人家书的结果，化作了属于自己的教育思考和人生感悟，写出了一本本属于自己的书。《做一个卓越而幸福的教育者》已经重印8次，《回归教育常识》在面世第二月就重印。朱永新老师讲，图书的生命是读者赋予的。书籍能够不断被重印，她的生命就在延续，就在生长。

不读书，我真的走不到今天

先和大家分享一下我的几则读书小故事：

第一则，两个大脚印和两个大坑。我是20世纪80年代初的师范生，师范毕业被分在农村一所偏远学校，交通不便，条件简陋，学校安排的一间房子，地面铺的水泥，薄薄的，质量很差，这间房子既是我的寝室，又是我的办公室，还是我的书房。

我在学校读书时，喜欢无线电，节约生活费便买来三极管、二极管、电阻、电容等电子元件，装收音机、扩音器、电子琴……到学校报到后我给校长提出教物理课，校长说物理教师已有了，叫我教初中语文。虽然没有遂愿，但是教语文却成全了我后来的一切，包括成就了我的今天。为了提升我的语文素养，我不断地读书，不分白天黑夜，不分寒来暑往，坚持不懈，勤读不辍，是读书让我爱上了语文和写作，也学会了积累和思考。

由于长期坐在办公桌前读书写作，经年累月，藤椅下面的水泥地面竟被磨出了两个大坑，双脚所及之处竟被蹬出了两个大脚印。当时阆中市委组织部评拔尖人才，我报了相关的材料，他们从材料当中发现了我，想调我去，然后派了考察组来学校考察，他们到我的寝室看到了这两个大坑和两个脚印，便没有再问其他情况，回去做了汇报。隔几天调令就来了，当时我还不知道组织部是干什么的，我以为组织部就是"主要是织布"，去了之后才知道组织部是管党员、管干部的。时至今日，阆中干部中还在流传我的两个脚印与两个大坑的读书故事。

第二则，读书误了航班。应该是前年去北京，法源兄送了他们刚出的书，书的品质很好，很适合一线教育者阅读，在候机的时候拿出来一个劲地读，越看越投入，越看越专注，以至于达到了忘我的境界，忘记了登机时间，机场播音也没有听见，最后竟误了航班。

第三则，"在书店一定会找到我"。我有一个习惯，到外地出差，其他地方都不会去，但是大小书店必须逛个够。有一年我带中学校长到西南大学选教师，我把一切事情安排好之后就去逛重庆书城，校长们在选教师的时候遇到政策上的一些瓶颈需要找我请示，打电话，我手机恰巧没有电，当时有同志讲你到书城里面去找，一定能够找到。果真校长们来到重庆书城找到了我。

第四则，高傲的背后。我在阆中，迎来送往，一般性的应酬接待，我基本不参加，能避开的就尽量避开，也不愿意把时间浪费在酒桌上，每当有一些应酬，我常常让其他同志去当挡箭牌。现在的会很多，上海常生龙局长说他是"常开会"，而我恰恰是"常不开会"，一般性的会议，我一般不参加，常常是安排其他同志去顶替，我把挤出来的时间无疑花在了对教育的思考上，当然也包括用在读书与写作上。开始一些人不理解，都说我这个人清高、傲慢，自高自大，目中无人，后来，时间长了，同事、相关同志和一些领导都知道我的这种秉性，慢慢地也就习惯了、理解了。

我想说的是，很多东西用不着去解释，完全可以靠时间去沉淀。人要做点事，就要学会做一只"聋耳青蛙"，坚持自己的秉性，做自己喜欢做的事，由他人去说吧！成功路上往往并不拥堵，只是坚守下去的人太少了，很多人常常败在流言蜚语、风言风语中。

坚持不懈地阅读，让我有了不少的收获，一方面读书让我的人生有了转变。我生长在大山，父辈都是地地道道的农民，识不了多少字，也没有什么背景和人脉关系，是不断地读书，不断地写作，让我从一个普通的乡村教师，走上行政部门，走向管理岗位，再一步步地走到今天。

另一方面读书让我有了书生气息和教育情怀。教育人就应该少些世俗气、少些烟酒味，就应该有一种书生气息和书香味道。受书香的长期浸润，在我的身上渐渐地弥漫着的是一种书生气息，自己也感觉到我就是一个读书人的样子。朱永新老师在为我的小册子《做一个卓越而幸福的教育者》写的序言中称赞道："局长仍是一书生。"在我的影响下，身边更多的人都有了书生气息和书香味道。有了一个读书人的样子，自然就有了一个教育者应有的样子。

在读书中，也让我对教育有了相关的应然与本然的思考，有了深刻的理解和一些自己的见解，更让我澎湃着一份对教育的那种萦绕于心，永远挥之不去的情怀，有了一颗为教育永远而跳动的教育心，感觉到教育就是我生命的归宿，人生的全部。

这些年，教育让我感到踏实而充实，快乐而幸福，让我收获了一种不悔的教育人生。

读书让我的每个平凡而普通的日子都变得鲜亮而有意义。我以为，有阅读的生活不一定是物质丰富的生活，却是能够让自己的精神及内心变得十分丰盈；有阅读的时刻不一定是令人羡慕的时刻，却是能够让自己每一片刻时光都变得特别诗意温馨；有阅读的人生不一定是惊天动地、可歌可泣的人生，却是能够让自己感受到人生的多彩与美好、幸福完整而富有意义。读书让我享受到了每一片刻时光、每一个人生瞬间的快乐与美好！

除此之外，读书让我不管是做教育、做管理都特别自信有底气。庄子曰"水之积也不厚，则其负大舟也无力"。广泛阅读，充分涉猎，帮助我不断地审视着自己的教育行为和管理认知，使得自己在反思与批判中重新梳理着对教育的认识，对教育管理的突围与重建，让我能够在一片喧嚣与功利中，遵循教育规律，回归教育常识，坚守教育本真，潜心地做着真教育和有温度的教育，能够在众多矛盾与困惑的交织中，镇定自如地应付环境的变化，得心应手，顺风顺水，拿捏有度，游刃有余地做着管理。

不读书，一方教育真的不可能走到现在

我们开展读书活动，全力推进书香校园建设，起因于三个事件。

第一，校长让学生跪着捡掉在地上的肉吃。记得我当教育局长不久，一个农村初中的孩子给我写信，那个时候学生还没有手机，信中说他有一次吃饭的时候不慎将一片肉掉到地下，校长让他跪着捡起这片肉吃下去。

第二，合并单位一干部常常在机关蛮横不讲道理。阆中是教育、科技、体育三个局合在一起。其中一单位的一位同志原来一直在乡镇工作，自己的小气加上长期的乡镇工作让其养成了一些不好的习气，经常为一些鸡毛蒜皮的事在单位上无理取闹，甚至撒泼。

第三，残酷的教育现实。高考指挥棒的挥舞，高考的恶意竞争，我强烈地感觉到，当下教育剩下的只有分数了，反复地考，反复地讲，反复地练，死整蛮缠，就是教育的全部家当。有的地方大肆挖优质生源，有的校长在高考前带教师去烧香拜佛，有的学校为了学生有好成绩，测试卷论斤计。而最该读书的师生不读书，即便是读书，我们的老师读的都是一些教参、教材，学生读的都是课本、教辅资料。到学校去看校长的书柜，要么空荡荡，没有书，要么里面放的竟是《厚黑学》之类的书，就是教一个人如何搞阴谋诡计。老师案头上摆的又是什么书？女教师摆的是《三十岁的女人需要什么》，男教师摆的是《四十岁的男人怎样修炼魅力》之类的生活书。

为此，我们把抓好书香校园建设和全员读书活动的推进作为促进教育发展，改变教育生态的重要抓手。为了实现校园书香化和读书活动的全面化和全员化，我们把书香校园建设与校园文化建设、校园环境建设以及学校办学条件改善相结合，把读书活动与素质教育推进、有效课堂生成、卓越课程研发、社团活动开展相结合，把读书活动与动手实践、劳动生产、生活教育相结合，从而取得了非常不错的效果。

让目标愿景牵动。最伟大的智慧和思想，一定是蕴藏在经典书籍中；最优质的教育资源，一定是契合精神发育的书籍；最本朴的教育方式，一定是持续而深入的阅读。当下教育最大的问题就是最该读书的老师和学生不读书，改变教育必须从读书抓起。让阅读改变教育，让阅读改变人生，让阅读成就不一样的师生、不一样的班级、不一样的学校、不一样的教育。

建立机制推动。读书虽然是自己的事，但是要全面推进阅读，要让每个教师、每个学生都读起来，还在于机制的建立与完善。我们把全员阅读作为推动教师专业成长、促进学生个性化发展的重要举措；把校长对阅读的推动，作为校长评价任用的重要考量；把教师专业阅读的成效，作为教师考核评聘的重要内容；把学生阅读的情况，纳入素质发展综合评价的重要因素。

用示范引领带动。最好的管理莫过于示范；读书活动最大的推动就是拿起书本，一级读给一级看。"别的局长可以不读书，但教育局长不能不读书"，"其他人可以不读书，校长不能不读书"。要求别人做到的事情，自己一定首先做到，并力求做到最好，其他方面如此，在读书上亦然。如果教育管理者，包括我们的校长从来不读书，还在那里发号施令要求教师和学生读书，岂不感到荒唐和滑稽？

这些年，无论怎么忙，不管多少事务缠身，我每天都坚持阅读，白天没有时间读，晚上也要抽时间读，上班没有时间读，下班挤时间哪怕不午休、晚睡觉也要读，工作期间没有时间读，周末、节假日都要充分利用起来读。除坚持示范阅读，写也是重要环节，除了写微博、写博文、应邀为教育报刊写文章，还坚持写书，担任教育局长十多年来，我先后出版十多本教育小书，这些书记录并反映了这些年我一路读、一路思、一路行、一路走来的点滴心血，智慧与成果。

书香校园建设促动。书存放在图书室馆里，往往在那里睡大觉，师生阅读很不方便。为了便于师生阅读和帮助师生养成良好的读书习惯，我们在书香校园建设中提出"宁肯把书翻烂，不能把书放烂"，"宁愿让孩子拿走书，也不能让书在图书室里睡大觉"，为此，我们通过在校园里的墙壁、楼道、围墙上建书架、书橱、书壁、书柜，把图书从图书室里"请"出来，让其弥漫在校园的各个角落里，让师生做到随手可拿、随地可取、随时可读，让书的芬芳无处不在地随时浸润、熏陶、影响与改变校园里的每一个人。

每到新学期开学，我们都要给中小学校长、幼儿园园长、局机关的同志每人送上几本教育类图书，并多方争取资金投入，为中小学配备更多更好的图书。我们还及时提供读书目录，鼓励学校买书。

前几年，我们给农村教师免费配送的"四件套"家具中，除了床、办公桌、办公椅之外，还有一个书柜，其初衷就是让我们的教师都拥有一个安静而温馨的读书空间，让老师们的专业在这里成长，梦想与希望在这里尽情演绎与放飞。我们还要求教师工资再低也要买书，工作再忙也要读书，交情再浅也要送书，屋子再小也要藏书，让教师的书柜里都藏满书，让教师成为一本永远站着的厚重的大书。

读书活动联动。全国教师阅读高峰论坛、寒暑期读书班、奖书赠书、经典诵读、亲子共读、生生共读、师生同读，还有读书演讲比赛、读书沙龙、读书征文，以及评选表彰"读书人物""书香校园"等系列活动的持续开展，助推着阅读不断走向"悦读"，浅读走向深读，不读走向必读。我本人被《中国教育报》评为"2015年推动读书十大人物"。每年我们都要评选读书之星、阆中推动读书人物、阆中推动读书提名人物，命名书香校园、书香门第。

书香校园的深度建设和读书活动的持续开展，带来的是对孩子、对教育人、对教育生态的根本性改变。

读书，改变了孩子。孩子们变得阳光自信，活泼可爱，都有了一张张天真烂漫的笑脸，一双双水灵灵的眼睛，都感受到了成长的快乐与愉悦。

读书，改变了教育人。那个叫学生跪着吃掉在地上肉的校长通过读书，有了人文素养，他在读书笔记中多次提到了那次"让学生捡肉吃"实在有违教育人的斯文，还多次谈到通过读书，让自己终于认识到了教育的立足点是人性，教育的底线是对人的尊重，教育必须捍卫人的尊严。那个过去常在机关撒泼的干部也变得相貌美好、内涵文雅、通情达理了。广大教师都视职业为事业，都有了专业成长的自觉，都有了深厚的教育情怀，都把教育生活演绎的有滋有味，都感受到了职业的尊严与幸福。

读书，改变了一方教育生态。读书由此也改变了整个校园的精神生活，校长、老师的双手攥的不只是分数，学生的眼里也不再死盯的是分数，让孩子成人，而不是仅成才，让孩子成为他应该成为的他那样的人，而不是让孩子必须成为什么样的人，让孩子成为有责任、有担当的合格公民，而不是成为只有分数的残疾人，已经成了校园最基本的教育价值共识，还有最大的一个变化就是学生有学生样子，教师有教师的样子，学校有学校的样子，教育有教育的样子。这些都是由读书带来的教育生态的根本改变！

十多年来，阆中教育先后获评"全国两基工作先进地区""四川省教育工作先进县""中国2013美丽乡村教育""第四届全国教育改革创新典型案例优秀奖"，《中国教育报》《中国青年报》《中国教师报》等媒体持续深度聚焦阆中教育。

朱永新老师在看了阆中的学校后，不无感慨地说：一地的教育品质与生态，往往与当地教育局长的追求息息相关，往往与一个区域、一所学校师生的阅读状态息息相关。

多次走进阆中教育的杨东平教授由衷感叹：阆中教育是第一线的教育家写在大地上的色彩斑斓的答卷，妙不可言。

中国陶行知研究会会长朱小蔓认为阆中教育人且读且行、且读且思，成功破解了素质教育推进、教育均衡发展、乡村教育出路三大难题。在中国陶行知研究会"阆中朴素而幸福的乡村教育"全国现场推介会上，阆中教育被朱小蔓会长称为"陶行知生活教育在今天的一个示范和样板"。

不读书,我真的没有勇气走向未来

当今世界知识更新迅速，每时每刻都在发生着变化，各种新知识、新科技层出不穷，昨天还是有用的知识，明天就有可能成为明日黄花。

有研究表明，在农业经济时代，人们只要在7~14岁接受了教育便可应对一生之所需；在工业经济时代，接受教育时限延长到了22岁，而在知识经济时代，原有的知识正以每年 5% 的速度不断地被淘汰，一个人如果不随时更新、补充知识，10 年后将会有 50% 的知识因陈旧老化而用不上。

有一个很通俗的说法，教师"要给学生一滴水，自己要有一桶水"。意思是说，教师应该有丰富的学识，有足够的知识储备量，一个教师如果想教给学生一点知识，那么自己就要掌握许多知识。然而在新的时期，教师要想在教书育人以及应对社会的不断变化上左右逢源，仅有一桶水还不行。

习近平总书记在 2014 年教师节前在北师大与老师们座谈时讲到："过去说，给学生一碗水，教师要有一桶水；现在看，这个要求已经不够了，应该是要有一潭水。"而且我们所具备的这潭水不应该是一潭死水，还应该是一潭"永不枯竭的活水"、一潭"营养水"、一潭"复合水"。

过去在应试教育体制下，一些老师照本宣科，拼题海战术，马马虎虎地还能够混日子。随着高考制度的改革，人才培养模式的转型和变革，使教育一方面从注重知识记忆的学习向注重联系、结构的学习转化，另一方面从目前的过度关注"分"走向充分关注"人"、关注"素养"，这对当下的教育提出了新的要求，也对老师的知识结构、专业素养以及人文视野提出了更高的要求。如何拓展学生的知识面，如何打开学生眼界，如何培养学生的社会责任感、创新意识和实践能力，是每一个教育人亟须思考和破解的课题。

有人说，有的老师在应试的背景下教书还混得下去，如果教育不再应试了，这些老师就不会教书了。这不是危言耸听，这确实是在教育转型之后我们都必须面对的一个现实问题。

面对如此之态势，唯一的途径就是读书、读书、再读书。教师应该读书，教师应该首先是一个读书人。教师应该通过读书丰富自己的文化底蕴，丰盈自己的内心世界，教师应该通过读书完善自己的知识结构，扩大自己的认知视野，教师应该通过读书获得教育教学智慧，提升自己的教育教学水平，教师应该通过读书构建自己的精神高地，获取飞翔的翅膀，汲取生命成长的力量。

我为此也常常思考：

如果一个教师不读书，他能够适应这日新月异不断变化着的形势吗？

如果一个教师不读书，他能够不断"增加水的容量"，不断优化"水的质量"吗？

如果一个教师不读书，他能够面对当下及未来教育给我们提出的挑战吗？

如果一个教师不读书，他能够始终保持对职业的新鲜、活力与激情吗？

如果一个教师不读书，成天浑浑噩噩，对教育中的一些现象不琢磨，对突发的教育问题不研究，一切跟着感觉走，那教育会走得远吗？

一个人不可能把自己没有的给别人，一个教育者更不可能把自己没有的给学生。

苏霍姆林斯基说："如果你想成为学生爱戴的教师，那你就要努力做到使你的学生不断地在你身上有新发现，如果你过了几年还是依然故我，如果逝去的一天没有给你增加任何的财富，那你可能成为一个令人生厌甚至憎恨的人。"

"问渠哪得清如许，为有源头活水来"。当你的知识还撑不起你的事业的时候，你就应该静下心来读书；当你的能力还驾驭不了你的目标时，就应该沉下心来历练。

读书，是教育勇敢地面对当下和走向未来永远不二的选择，是教育人自信地行走在教育路上和迈向远方的至上法宝！

英国作家弗吉尼亚·伍尔芙在《普通读者》中写道，上帝看到腋下夹着书的读者走近时，只能转过身来，不无欣羡地对彼得说："瞧，这些人不需要奖赏，我们这里没有什么东西可以给他们，他们一生爱读书。"

是的，上天给了我们一把强大内心、打开眼界的钥匙：读书。读书，是一道永不告别的心灵盛宴，是一场永不停歇的心灵旅程，让我们尽情地享受吧！

第二讲　阅读，给心灵真正放假

　　真正的放假我以为是给心灵放假，能给心灵放假的唯有阅读。在每一个闲适的日子，在每一个寂静的夜晚，在每一个微风拂面的早晨，当我们避开尘世的喧嚣与烦扰，努力走进一部部伟大的经典，在内心震颤的一刹那，仿佛感觉到被某个伟大的灵魂附体了，你的心灵在得以慰藉安顿的同时，会感到每一个瞬间、每一个假日都特别温馨而有意义。

能给心灵放假的唯有阅读

　　真正的放假我以为是给心灵放假，能给心灵放假的唯有阅读。在每一个闲适的日子，在每一个寂静的夜晚，在每一个微风拂面的早晨，当我们避开尘世的喧嚣与烦扰，努力走进一部部伟大的经典，在内心震颤的一刹那，仿佛感觉到被某个伟大的灵魂附体了，你的心灵在得以慰藉安顿的同时，会感到每一个瞬间、每一个假日都特别温馨而有意义。

　　行万里路，交万个人，读万卷书，虽然都是学习，但是即使你有条件行万里路，交万个人，但你却无法穿越历史，穿越时空，穿越宇宙。既能穿越，又能给你带来另一种感受的，是阅读。

　　人的生命就几十年，能活到百岁，简直是凤毛麟角。我想即使活到百岁，生命也仍然短暂，如果缺乏一种生命体验，活着也就如此而已。我以为，人生苦短，阅读使其变得美好而悠长。只有过一种阅读生活，才能延伸生命的长度，增加生命的宽度，拓展生命的厚度。书读得越多，你生命就越丰盈，人生就越丰满！

　　人之所以为人，在于人会阅读，这就决定了人绝不满足于做一头快乐的猪，而宁肯做苏格拉底般痛苦的人。当然要成为苏格拉底般痛苦的人，也不是一件容易的事。我以为只有通过阅读，才有可能让自己的灵魂有一种觉悟，让自己的良知有一种唤醒，让自己的精神有一种超拔，你才有可能成为幸运的苏格拉底般痛苦的人！

　　费尔巴哈说：人就是他所吃的东西。这里所说的吃的东西并不是指的物质食物，不是说人吃什么物质，他就成为什么人，而针对的是书本、精神世界，也就是精神食物。

　　浩瀚的书籍构成了一座座圣殿，组成了一个个伟大宝库，形成了一笔笔巨大精神财富，它属于所有的人但又不属于任何人。拥有它的唯一方式是阅读。

当你养成了阅读习惯，在孜孜不倦的阅读中你就拥有了属于你的那部分，你阅读的量越大，你拥有的就越多。一个人如果从来不去阅读，就相当于自动放弃了这些宝藏！

这个世间永远都充斥着诸多的不平等，比如财富的不平等、权利的不平等、地位的不平等、家庭背景的不平等，而唯一的平等除了死亡之外，那就是阅读。也许我们和他人所拥有的现实世界是不平等的，但如果同为读书人，至少我们所拥有的精神世界是平等的。如果我们再把这一机会给丧失，那将更是多么的不幸。

一个人能够把阅读作为一种生活方式，作为一种生存需要，能够减少一些不必要的应酬，能够尽量多安排一些读书时间，给自己内心一份宁静与优雅的历程，给自己生命一种美好的邂逅与遭遇，那将是不一样的生命状态，不一样的人生风采！

"天堂就是图书馆的模样"

"人能把书带到任何地方，书也能把人带到任何地方"，"天堂就是图书馆的模样"，"阅读就是打开一个崭新的世界"。

阅读是带着思想去旅行，是枕着灵魂去度假。书犹如广袤苍穹，浩瀚无垠，我们便是一个个哲学家，打开书本，就像哲学家对着黑夜，仰望苍穹，虔诚深邃，还不禁发出追问：灵魂何以安顿？生命的意义到底是什么？有可能一时找不到答案，但是我们会在阅读与追问中，享受幸福的精神之旅。

阅读需要内心的宁静，只有内心宁静才能专注于阅读；阅读需要心情的放松，在轻松的氛围中才能实现读思结合；阅读需要自发的行动，外界强制性的阅读只能增添压抑情绪；阅读需要浓厚的兴趣，兴趣是阅读的最好老师；阅读需要自由和随意，不经意间收获书香人生。

阅读的人是善良的，包容的，也是美好的，美丽的，有阅读的生活是阳光的，充实的，也是灿烂的，迷人的，有阅读的人生是清醒的，高远的，也是别有洞天的，与众不同的，有阅读的收获，可以解嘲，可以排毒，可以养颜，可以纠错，可以打开精神的天窗，可以寻求灵魂的慰藉，可以遭遇伟大的人物和高尚的事物。

阅读，能够让每个平凡而普通的日子变得鲜亮而有意义；阅读，能够让每个人的内心变得通透高雅而又宁静超然；阅读，能够让每个人的生命变得坚挺丰盈而又情趣盎然；阅读，能够让每个人的人生变得诗情画意和空灵美丽；阅读，能够让这个世界因为拥有共同的基因，共同的密码变得温馨和谐而又美好。

高尔基说："每一本书都是一个小小的梯子，我向这上面爬着，从兽类到人类，走到更好的理想境地，到那种生活的憧憬的路上来了。"

北京大学教授王余光曾谈到对读书的认识："在读书的时候，哲人的思想荡涤着我们的灵魂，在知识和智慧的指引下，我们更容易识别美与丑、善与恶，我们的生命也因此一次又一次向前拓展。读书，使我们的心灵变得辽阔而宽广，坚韧而顽强，也使我们获得一个温馨宁静的内心世界，以对抗外部世界的喧哗与浮躁。"

第56届世界新闻摄影比赛一等奖作品《垃圾堆上的阅读》的颁奖词，让人感动："……那个肯尼亚妇女生活虽然艰辛，但她只要捡到书就会花时间去阅读。她用知识武装起来的强大的内心世界，嘲笑了世间不肯阅读的卑微。她拥有好奇心，这好奇心将引导她走向外面的世界，那是远比这里的垃圾场宽广得多的世界。"

教师读书让教师成为真正教师

读书之意义，是让人成为人；教师读书之意义，是让教师成为真正教师。

"腹有诗书气自华"，书是教师给自己打开的一扇心灵的天窗。透过这个看不见的窗口，教师可以欣赏到人类优秀文化的风景，可以远隔时空聆听无数大师的教诲，可以触摸到人类真善美的心跳。书也是教师给自己深掘的一口清泉，可以给教师以心灵的滋润，可以成为教师取之不尽的活头之水。

于永正老师说过："读书是教师最大的修炼。"读书可以修炼一种精神，不停地读书，才能使我们生命充实，精神丰盈，人生不再孤独；读书可以修炼一种气质，养成好的习惯，能使我们变得温文尔雅，知书达理，风度翩翩；读书可以修炼一种自信，自信来自实力和底气，而读书让我们实力无限，底气十足。

作为教师来说，多读一些教育教学方面的书，让自己拥有较为深厚的教育理论素养和功底，这肯定是好事，但如果只读教育教学方面的书，对其他书籍都排斥在外，势必会造成自己知识结构的单一甚至欠缺，出现大片的知识空白，致使自己在教育教学上成为"孤舟蓑笠翁"而不能左右逢源，游刃有余。

特别是在当今已进入网络和大数据时代，孩子们获取知识的途径不只是从学校和教师那里单方面获得，电视、电脑、移动终端等，让孩子们可以通过很多渠道获得知识，他们可以利用互联网进行学习，可以从百度中获取一些鲜活的知识，一个孩子只要用心，什么东西都可以学到。而且现在的孩子思维相当活跃，独立思考的能力也较强，还有一些孩子特别喜欢读书，阅读面宽，阅读量大，一些孩子的眼界越来越开阔，知识结构越来越丰富，甚至对新知识接受的也相当快，如果我们的老师不读书，仅凭过去的知识上讲台，吃老本，照本宣科，且不说课堂教学效果究竟如何，单就对孩子们的释惑解疑恐怕都难以应对。如果遇到一些孩子提一些新鲜问题，一些教师更有可能丈二和尚摸不着头脑，凸显困状和遭遇尴尬，绝对在所难免。

一个真正优秀的教师应该具备精深的专业知识，开阔的人文视野和深厚的教育理论功底这三个板块的知识结构。具备完善的知识结构才能让我们在教育这条路上走得更远，缺乏任何一个板块的知识都会影响到我们的专业发展水平，都会限制我们在教育教学上所能达到的高度。

颜之推说，行道以利世。我们主张每一个教育者都要读书，而且要广泛涉猎，博览群书。广泛涉猎，博览群书，让自己拥有完善的知识结构应成为每一个教师基本的读书方向。

教师的阅读，不仅是为了专业成长，而且是为了辨识教育的真伪，清醒教育的头脑，找到教育行进的方向，知道教育哪些可以为，哪些不可以为。教育究竟要给孩子什么，教育通过什么样的手段和方式给孩子。

也就是说教师的阅读，更在于穿透读书的厚度，经以致用，让教师成为一个教育智者，一个教育明白人，让教育、让孩子不遭受折腾。

比如如果我们能读上几本教育专著《给教师的建议》《帕夫雷什中学》《教育漫话》《民主主义与教育》《什么是教育》《教育的价值》，至少我们可以明白教育除了知识的传授，除了给孩子分数，还有许许多多的价值和意义，还能给孩子未来一生有用的许许多多的东西。那种一味追求分数与升学率的教育，实际上已经偏离了教育的目的，违背了教育的本真。

明白了这样的问题，或许我们就可能有意识地改善我们对教育教学的认知，在可能的空间里改善自己的教育教学行为，至少可以提醒自己平时的教育行为尽可能不干或者少干那些反教育的事。退一万步讲，目前高考制度改革还没有全面推开，高考的指挥棒还必须面对，就即使要盯在分数上，也有个怎么盯的问题，怎么抓高考的问题。比如，为应付高考，你可以照本宣科，你可以死整蛮干，你可以让学生拼个你死我活，但你也可以通过课堂教学改革，引导学生自主学习、探究学习、能动学习、快乐学习，这完全取决于我们对教育的态度和认知。

当然，教师的阅读，还有一个最重要的使命，那就是为了对学生的熏陶和影响。我常说，无论我们处于多么不如意的教育环境，无论我们眼下所遭遇的是多么令人头痛的教育现实，我们应该通过读书让自己丰富起来、理性起来、诗意起来、强大起来，因为只有我们丰富了、理性了、诗意了、强大了，才有可能让孩子丰富起来、理性起来、诗意起来、强大起来。

大美学家朱光潜先生认为，宇宙本为有机体，其中事理彼此息息相关，世间绝没有一科孤立绝缘的学问。所以他觉得阅读就是一种"训练"，一种"准备"。我常常在想，一个教师，如果在思维方法上，没有在阅读中受到应有的"训练"，在知识容量上，没有在阅读中做好充分的"准备"，我们凭什么为人之师？我们又凭什么站立在讲台上呢？

教师因读书而走向卓越

教师的读书未必能让我们走向出色和卓越，但是有一个不争的事实，教师如果不读书就绝对与出色和卓越无缘，就一定不可能在教育的路上走得太远！教师如果不读书，连成为一个真正的教师都会很难。

真正取得成就的教师，没有一个不是博览群书，没有一个不是具有完善的知识结构。正是他们在阅读上的广泛涉猎，在知识结构上的完善，打开了他们的思维，拓展了他们的视野，促成了他们多种生长的可能性。

清华大学附属小学校长窦桂梅，本着一种"随时"读书的状态，她认为，不读书，无以教，不读书，无以言。几十年如一日，她坚持读书，坚持写书，在读书中经营生活，在读书中演绎精彩的教育人生，在引导孩子阅读中给了孩子一生有用的东西。是读书让她这个中师生成了博士，成了全国著名特级教师、著名校长，也让清华大学附属小学成了著名学校。

浙江省杭州市建新小学、杭州市新华实验小学校长闫学，从山东章丘到浙江杭州、从小学教师到区教研员再到两个学校的校长、从一个紧张害羞的小姑娘到一位从容自信的教学专家，回首自己的专业成长，她将功劳归结为阅读。是阅读，让她刚满 32 岁便评为了特级教师；是阅读，给她带来了无限丰富、迷人的精神世界；是阅读，她给人们呈现的是不一样的课堂、不一样的语文、不一样的教育；是阅读，她引领着越来越多的教师走上了专业发展之路；是阅读，她把两所基础一般，没有多大吸引力的普通学校，在短短几年内实现了"逆袭"，办成了得到广泛认可、在一定范围内产生较大影响的优质学校。

还有四川教师郭明晓，因为偶然撞进了新教育的世界，在即将退休的年纪，通过不懈的阅读，开启了颠覆式的教育生活。在一次报告会上，她听到新教育的榜样教师讲起儿童阶梯阅读、讲起参与开发的儿童诗歌晨诵课程，她觉得自己就像个"傻子"，不配当老师。后来她读了无数的儿歌、童话、心理学著作，她说："这让我的课堂不断变化，孩子们越来越认可。"而且"发现自己思考问题的方式、与学生对话的方式都在潜移默化地发生变化"。她取网名为"大西洋来的飓风"，并心怀飓风一般扫除陈旧教育的思想，学生亲切地称她为"飓风老师"。2014年，她出版了自己的第一本著作《我是大西洋来的飓风》。

所以说，教师可以什么都不做，但不能不读书，教师应把自己的读书，作为生活的一种方式，生命的一种状态，生存的一种需要。

我们之所以提倡师生阅读，并不是那种要我读，而是我要读，之所以我要读，并不仅是因为要教书，要考试，而是因为我们要生活。人要生存，就要生活，阅读就是一种重要的生活，它跟日常的吃饭穿衣睡觉一样，都是离不开的。

对于我们所主张的师生过一种快乐而幸福的教育生活，师生更要过一种有意义的阅读生活，因为阅读是真正让师生能够拥有幸福生活的重要路径。

其实我们每个人都生活在两个世界中，一个物质的世界，一个精神的世界，一个人如果过分关注了物质生活以后，就会很焦虑，他就会不断地和别人比较，想比别人住更大的房子，比别人赚更多的钱，比别人当更大的官，这样一比他就会很痛苦，很难受，因为总有比他厉害的人，总有比他有钱的人。回到阅读这样的精神生活里，他就会平和得多，宁静得多，同时也更能够拥有幸福感。所以作为教师，过这样一种阅读生活是非常重要的。

我以为，教师有良好的阅读习惯，总能增添"问渠哪得清如许，为有源头活水来"的教育思想，得到"夜来一笑寒灯下，始是金丹换骨时"的教育智慧，滋养"天行健，君子以自强不息"的教育自信，激发"孤帆远影碧空尽，唯见长江天际流"的教育情怀和境界，萌生"落红不是无情物，化作春泥更护花"的教育激情和追求。

当下教师读书的现状

按理说，教师本是一个很执着的读书群体，然而在应试教育和功利教育的戕害下，他们眼中只有分数、只有成绩，只有对学生的死整蛮缠，而对于生命中的阅读，却逐渐淡化了。不少教师已完全远离阅读，这太危险了。

我以为，当下教育最大的问题就是教师不读书，最应该读书的教师群体，却成了远离阅读的一个群体，而其中最该读书的年轻教师，更成了一个疏于读书、荒于读书或者根本不读书的群体。

在学校里最可怕的是一群不读书、缺乏智慧的教师在辛勤甚至忘命地工作着，因为这样的教师会辛辛苦苦地把本来聪明的学生教得不会学习。

一个老师上课时，是带着他全部的阅读史来上课的。现在的很多老师要么不读书，要么读书只读教材和教参，还不说阅读史，就连基本的阅读都没有，他们所上的课也就只能依葫芦画瓢，照本宣科，简单地灌输生硬的知识，肯定谈不上方法、技巧与课堂智慧了，当然更达不到活泼生动、深入浅出、出神入化的境界！

教师读书应是最好的备课，最生动的教材，最崇高的职业素养，最美丽的人生习惯，最发自内心的精神需要，更是教育最靓丽的一道风景。

一个真正的教师，一定是读书爱好者，一个优秀的教师，更是一个对书有着独特情感的读书人。

除了教师不读书外，有的读书要么"盲读"，读书未从自身需求出发，而是漫无边际，茫无目标，人读亦读，盲目追潮；要么"躁读"，读书心态浮躁，带着功利，为读而读，不能心存宁静，持之以恒；要么"浅读"，读书浮光掠影，浅尝辄止，蜻蜓点水，雨过地皮湿，而不求细读精读。

许多教师不读书，他们常常认为自己工作太忙，根本没有时间读书。果真没有时间吗？我以为，是否有时间，完全取决于你是否把这件事情视为生命中重要的事情。

如果你认为重要，一定可以安排时间；如果你认为不重要，一定会找出很多借口很多理由。如果把读书作为生命中重要的事情来对待，我们会抽不出时间吗？比如，对于热恋中的小伙子，再忙都有时间去约会，对于吸烟的人来说，再忙都不会忘记吸烟，一日三餐，不管多忙，这更是我们内在的需要，相信没有人因为忙而不吃饭。

很多教师认为忙，没有时间读书，我以为是因为没有时间读书，才显得忙。

一个人的差距在于业余时间和零星时间的利用。在课余时间，在节假日，在闲暇时候，在旅途时光，在等飞机、等火车的片刻，在晚上睡觉前，在早晨起来以后，甚至在用来喝茶的间隙，挤那么一点点时间读一点书，这些都是不费吹灰之力就能够做到的事情，关键还是在于我们是否真正认识到阅读的价值和意义。

还有一些教师不读书，他们觉得书读了记不住。我以为，读了的书不一定要记住，除了是为考试的阅读，我们一般都不需要刻意去记住书中的每一句话每一个字的。所以，"记不住"是很正常的。这些年，我读了很多书，很多内容也没记住。为了让自己多记住些，一些重点语段、经典语句我反复读、反复品，还做了相应的批注与摘录，其目的是强化识记与今后的运用，这也可能达不到完全记住的效果。但是，记不住难道就白读了吗？请问，某年某月某日早晨你吃的什么？能告诉我吗？某年某月某日中午你吃的什么？你能记住吗？某年某月某日晚餐你吃的什么？你还能想起来吗？我估计大家都记不住，但是，难道这些饭你都白吃了吗？虽然吃下去的每一顿饭你不一定都记得住，但每一顿饭的营养都已经化作你的血肉渗入到你的身体中去了；同样，你读的每本书也许也记不住，但你并没有白读，因为每一本书的内容都已经化作你的精神营养融入到你的灵魂中了！

真正读书的人读书是不需要理由的，而不读书的人不读书，其原因是很多的，其实，这些的确都不是原因的原因。

少年期是最适宜读书的时期

虽然阅读永远都不会晚，每个年龄段都是最好的阅读季，每个年龄段都有适合他当下阅读的书，然而人生最美妙的少年时期却是最适宜读书的时期，这是任何时期都不能替代的，这一时期必须阅读最有价值的书籍，错过这一阶段有时就是永远的错过。

美国作家克利夫顿·法迪曼回忆读书经历时说，十岁到十七岁之间，是我读书最多的时候，那些日子真是令人神往。我相信对于大多数热爱书籍的人，那个年纪也正是人们阅读的最美好的年华。从那时以后，我再也不曾在一年里读完那么多的书。十七岁以后，人们一般就不能恣情阅读了，而必须受到某种约束和限制。

德国思想家海涅，少年时期曾因一个偶然的机会在皇家花园的"叹息小径"上，如痴如醉地读着一本《堂·吉诃德》。这次阅读的经验便永远烙在他心灵的底版上，种下了他精神的胚芽，成为了他生命的底色，以致他成人后多次重读这部巨著，都没获得当初那种感受，甚至感觉不以第一印象为参照系，就很难读下去。

少年期的少男少女都有一颗萌动而好奇的心，和有一双闪放着期盼和光芒的眼睛，他们对明天都充满着憧憬，对万事万物都有一种追求与探索的心理，对这个世界和人生都有一种向往、眷恋和期盼，这个时候的阅读就具有一种恋爱的性质，是那样的冲动和美好，纯洁而痴迷。按周国平先生所说："每翻开一本新书，心中期待的是一次奇遇，一场新的销魂。人的一生中，以后再不会有如此纯洁而痴迷的阅读了。"

遗憾的是不少老师和家长却在这个时期让考试、训练代替了孩子们的阅读，真是太可惜了！

读书应有时，读书千万不能等也千万不要错过孩子们这一最佳读书时期。孩子们在少年期的阅读所打下的精神底色，所奠定的阅读基础，所产生的阅读兴趣，所养成的阅读习惯，这将是他们行走于未来人生的本钱，也将是他们终身受益的一笔宝贵的财富！

教师应该读什么？

一方面教师读书可以选择教育报刊，比如《人民教育》《教师月刊》《教师博览》《中国教育报》《中国教师报》以及各学科的专业杂志。严格说起来，报刊并不是书籍，但阅读的功效和书籍是一样的。读这些报刊，目的是了解同行在思考什么，在研究什么，从而掌握当今教育和自己的学科最前沿的研究动态，这或许对自己的教育教学很有帮助。同时，能够让你对教育、对世界保持一种新鲜感。

另一方面教师读书可以选择读一些经典人文书籍。比如政治的、历史的、经济的、哲学的、文学的等等，读这些书，能够让我们内心变得柔软，能够帮助我们获得精神上的慰藉，能够拓展我们的人文视野，能够涵养我们的人文素养，能够增添我们的悲天悯人的人文情怀，通过建立起和世界文明的联系，使我们能够站在人类的历史长河和精神高地审视自己的人生，自己的教育教学，自己的每一堂课。

同时教师读书可以选择学生喜欢读的书。比如读杨红樱、秦文君、曹文轩、郑渊洁的作品，比如读《长袜子皮皮》《安徒生童话》《小王子》《彼得潘》《哈利·波特》系列等等。读这些书，我们可以走进学生的心灵，走进他们的精神世界，走进他们的生活当中，知道他们在想什么，在盼什么，在关注什么，他们需要什么，因而能够建立起师生共通的话语体系。更重要的是，读这些书能够让自己具有一颗童心，拥有一份童真，充满着一种童趣，能够使我们保持一种永远年轻的心态。

作为教育人，读教育经典著作的道理毋庸置疑。比如读杜威、苏霍姆林斯基、陶行知、晏阳初、叶圣陶等等。设身处地去品味感受经典教育理论书籍的独特魅力和丰富内涵，丰富我们的教育头脑，并用以指导教育教学实践，让这些博大精深的思想在实践中开花结果。

除此之外，教师读书还应该多读一些传记。朱永新老师认为，我们每个人的生命都是一个不断书写中的故事，每个人既是这个故事中的唯一主角，也是最重要的编剧。能否把自己的生命故事写成一部伟大的传奇，在很大程度上取决于我们自己。那些伟大的人物传记，如《乔布斯传》《林肯传》《居里夫人传》《邓小平传》等，就是一个个已经被成功书写的生命传奇，就是一部部厚重的大书，就是为我们书写传奇树立的原型，也是为我们教书人砥砺前行所塑造的榜样。

一滴墨水可以引发千万人的思考，一本好书可以改变无数人的命运。愿大家都能以书为友，学会在阅读中生活，在阅读中工作，愿阅读伴随我们生命的始终，愿我们每个人都拥有一个书香人生。

第三讲 教师的幸福从哪儿来?

　　幸福, 既是一种追寻的目标, 也是一种价值取向。幸福对于教师, 再没有与之相比更重要的了, 因为教师的幸福, 不仅是为了自己, 而是为学生的幸福人生奠基, 更是在为民族的昌盛与振兴着力。

教师幸福吗？

教师职业很美好，但教师最容易产生职业倦怠。教师长期工作生活在狭小的空间里，与外界差不多隔绝，面对一群未成年人，长期单调重复的工作，难免不产生厌倦、压抑、不满等情绪。2012 年 4 月 27 日晚，河北省馆陶县一中一名高三班主任在高考前服毒身亡。这一天，距离高考还有 39 天，距离赵鹏 30 岁生日却只有 19 天。他在留下的遗书中称"活着实在太累了，天天这样无休止的上班让人窒息"。

教师职业很神圣，但教师压力也很大。一个商人让他的骆驼驮了很重的货物，他对同伴炫耀他的骆驼很能干！同伴说骆驼是能干，可它已驮到极限，你看它的腿在不停地哆嗦！并保证说如果再加一根稻草，就足以把它压垮。商人不服气，同伴于是捡起一根稻草，往骆驼背上轻轻一放，这匹精疲力竭的骆驼轰然倒下。有人用此来暗喻教师的压力，十分恰当。教师除了安全的压力、学生成长的压力，还有专业发展的压力、家庭责任的压力，又特别是长期陷入应试教育怪圈下的教学质量与升学压力，让教师不堪重负。不堪重负的教师再添一丝丝压力，便很有可能步骆驼之后尘。

有这样一个搞笑的段子，从一个侧面反映了教师职业的压力和艰辛。

说一个老师回家，一民警迎面巡逻而来。突然对他大喊：站住！民警：教师职业道德的核心是什么？他答：师爱。民警：新课改的理念是什么？他答：教师主导，学生主体。民警：你可以走了。他问：为什么问这样的问题？民警：年底深夜街上走，不是教师就是小偷。早起的是教书的和收破烂的；晚睡的是教书的和按摩院的；不能按时吃饭的是教书的和要饭的；担惊受怕的是教书的和犯案的；加班不补休的是教书的和摆地摊的；说话不能错的是教书的和主持节目的；有人出事后半夜也要爬起来的是教书的和开救护车的；加入了就很难退出的是教书的和黑社会的；放假不能回家的是教初三、高三的和犯罪仍然在逃的。

教师职业很单纯，但教师却无法静下心来教书育人。教育是宁静活儿，教师需要宁静，需要安安静静地读一点书，需要安安静静地想一些问题，需要安安静静地教书育人，然而，我们的教师却要疲于应付各种莫名其妙的考核、评比、检查，忙于准备各种名目繁多的资料、记录、数据，还有参加不完的各种会议、活动。一些原本家庭、社区、社会所要承担的事情，现在很多方面却成了老师们的职责，甚至连禁毒、护花、创卫扫街这样的一些事情都要把责任落实到教师头上，无休止的折腾让老师还有什么时间和精力去从事创造性的教育教学活动？一位老教师曾经说，教书这么多年，他不怕多上几节课，不怕班上学生调皮点，他最怕的是一些乱折腾，耗费了老师太多的精力，让老师疲惫不堪，难以招架。

教师职业光环很闪耀，但光环的背后有可能成"捧杀"。教师周身闪耀着夺目的光环，比如"蜡炬成灰泪始干""春蚕到死丝方尽""辛勤的园丁""人类灵魂的工程师""太阳底下最光辉的职业"，在一顶顶桂冠之下，把教师推上了神坛。要知道，教师一旦被推上了神坛，"神坛"的轰然倒下便可能变成"祭坛"。

把教师摆得高高在上也可以，那就应该有足够的各个方面的待遇配套，否则，这个圣坛就是虚的，徒有虚名、名不符实，问题就大了。我们在颂扬教育，赞美教师的时候，千万不要忘记教育的危机和教师的艰辛。对教师不能理论"神化"，事实"矮化"，不能使教师成为道德"富翁"，生活"乞丐"。

教师，其实就只是个老师，教师对自己要有平常心，我们对教师也应该有一种平常心。曾读到一篇文章，文章写道：

> 有人问：你是搞教育的？我回答：不，我只是个老师！有人问：你是人类灵魂的工程师？我回答：不，我只是个老师！有人问：你的工作是天底下最光辉的职业？我回答：不，我只是个老师！有人问：你是吐丝的春蚕，你是化泪的蜡炬？我回答：不，我只是个老师！我不知道大家所描述的到底是谁，我，只是个老师！
>
> 有人说：老师应该把自己的所有都奉献出来！我回答：不，我只是个

老师！我要休息，我有自己的家庭，我有自己的孩子，我有自己的爱好，我希望能够心安理得地，像别的行业的人一样享受自己的生活。仅此而已，错了吗？

文章最后说：

请剥去我身上那些伟大的光辉无比的外衣，用一种平等的眼光来看待我吧，我只是个老师。我只是在做一个老师应该做的事情。教育不是无能的，教育不是万能的！别把学校当成解决学生一切问题的殿堂；别把老师当成解决一切问题的圣贤；别把教育当成背负一切责任的机器；别给我赋予太多不能承受之重！

教师职业精神很可贵，却充满着众多的辛酸和悲情。每年到了教师节，报纸、荧屏便会抽象并塑造出许多教师光辉形象，带病工作、背到教室、跪着讲课、倒在讲台上、因过度劳累英年早逝。一个个凄美的教师形象，和着血泪教书育人，却让世人包括教师感受到的是职业的悲催和可怕。

教师职业地位很受尊重，但来自方方面面的不理解给广大的教师添了几多悲哀几多愁。首先来自社会的不理解，让教师不知所措。我常问一些朋友，你觉得现在教育一个孩子容易吗？他说不容易，社会诱惑太多了，孩子太调皮了，越来越叛逆了，越来越难带了。我于是说，你带一个孩子都不容易，教师要带几十个甚至上百个孩子，既要负责他们的学习和行为习惯的养成，还要负责他们的安全，如果是寄宿学生，还要负责他们的饮食起居，你说容易不？朋友连连点头，不容易。我说，既然不容易，就更需要全社会的支持和理解。

对于老师来说，他们也是人，他们不可能做到绝对高尚，他们完全有可能出现差错闪失，而一旦有点什么差错闪失，来自社会上的便是不依不饶，谴责呵斥，甚至谩骂攻击。发生在前两年的一学生给教师打伞事件，时至今日，还记忆犹新。

一把伞，可挡雨、可遮阳，却没人想到它能在教育舆论场搅起一番风浪。当时网络上流传这样一个段子：学生给教师打伞，路人说现在的教师师德真差；教师给学生打伞，路人说现在的学生真没礼貌；教师与学生一起打伞，路人说现在的师生真会作秀；教师把伞收起来，谁也不打，路人说大热天拿着伞不用，这么笨怎么当教师……后来又流传了一个段子，说一下雨天，一学生要给老师打伞，老师急忙推开，学生着急了，非要打，老师语重心长地说："孩子，还是老师给你打伞吧，我给你打伞能写成故事，你给我打伞就成了事故了！"

细细品味这两段话，虽是调侃，却折射出当下社会上一些人的灰暗心理。我以为，学生给教师打伞要么是学生尊敬老师，主动打之，这是美德；要么老师身体病了，老师要学生给她撑撑伞，这也在情理之中；要么是老师为了显摆师道尊严，或者有图享乐之嫌，这原本也不是什么大事，对当事教师进行批评教育足矣。但是，社会上一些人的刻意挑刺、道德绑架却汹涌而至，甚至有人主张严厉处分当事女教师，解聘还算轻的，最好把她送上法庭接受审判……

其次是来自家长的不理解，让教师无言以对。家庭教育和学校教育本应形成合力，家长和老师应该经常交流和沟通，然而一些家长不仅不交流沟通，还常常因为老师对孩子的严格要求，或者孩子在校园里一点闪失，而大闹校园，辱骂老师，有的家长竟然还扇教师耳光，逼教师下跪，真是丧尽天良，不可思议。比如，最近发生的河南省信阳市某高中老师，因批评学生上课带手机，被学生家长殴打致右耳膜穿孔。

再次来自学生的不理解，让教师心灰意冷。老师爱护学生，学生尊重老师，这是天经地义，曾经相爱相亲、和谐相处、友好相待的师生关系，如今却被蒙上了一层厚厚的阴影。

学生有过错，老师管教学生、批评学生，这同样是天经地义，初会学话的小儿都会念"子不教，父之过；教不严，师之惰"。然而今天的孩子，都是每家每户的"小皇帝""小公主"，自出生就三代六口围着转，不但习惯了对长辈呼来喝去，长辈还一副"很受用"的模样。试想，这样的孩子进入了学校，面对老师的批评，怎能坦然接受？一遇批评，孩子往往觉得受了天大的委屈，要么"揭竿而起"、离家出走，要么向家长"告状"，要么以跳楼跳河相威胁，有的还竟然对老师拳脚相加。可悲的是，"熊孩子"背后往往是"熊大人"，一听孩子受了"委屈"，心里便老大不痛快：我都舍不得批评，你竟敢批评，那还了得？

比如，陕西省某校因班主任阻止学生撕书烧书，学生拿起扫帚向班主任雨点般地挥去，最后竟打断了几根扫帚；安徽省某校学生一拥而上，群殴那个代课的马老师；湖北省赤壁市某初中老师，批评了一位逃课去网吧的学生，结果学生离家出走，老师苦寻 6 天才将其找回……这样的事件可谓不胜枚举。

> 你学，或者不学
>
> 我就在讲台
>
> 不悲不喜
>
> 你听，或者不听
>
> 我还在讲解
>
> 声音不高不低
>
> 你交，或者不交试卷
>
> 我还在批改
>
> 不快不慢
>
> 你，心里没了师长
>
> 我，手里没了教鞭
>
> 和谐教室
>
> 彼此相安！

这是一些有才网友写的"嘉措体"，如果让这种"温水煮青蛙"的不良效应蔓延开去，这多可怕呀！

特别是来自教育主管部门的不理解，更是让教师泪往心里流。对于来自社会、家长也包括学生对老师的不理解，所发生的一些过激行为，这个时候，我们的教育主管部门应该挺身而出，理直气壮地给老师撑腰，这种撑腰，不是说对老师的包庇放纵，而是在老师的身心包括人身权利受到攻击的情况下，给老师们伸张正义。然而我们往往为了息事宁人，或者为了保帽子，因为拿违纪违法的家长和学生没有办法，然后只好拿弱势的教师开刀，让教师和校长当替罪羊，这种善后的不对等，造成了中国教育空前的窝囊时代。

比如，安徽某校的学生群殴教师事件，这个地方以雷霆万钧之势，迅速做出处理：校长撤职，马老师深刻反省，学生道歉，恢复上课。好一个童话故事般的美好结局，你好我好，相安无事，一切尘埃落定，一切恢复正常，然而在这平静的背后，又有多少恶流暗涌呀！在这完美结局之后，又将会带来多少负面的情绪与效应啊！

那些围殴老师的学生正读初三，想必已快成为成年人了，然而却胆大妄为，既无尊师意识，也无规则意识，更无敬畏意识，毒打了老师之后，还心安理得地接受了老师的深刻道歉，下一次会不会更加为所欲为、肆无忌惮、飞扬跋扈？其他学生会不会由此得到暗示，若老师稍有不慎，也会来个一拥而上、拳脚相加？

让人担忧的是，当师道没有了尊严，当教师没有了形象，当讲台不再神圣，当教育不再有惩戒，当校园可以随意践踏，当那些小霸王、小混混在校园里为非作歹，横行霸道之后还要得到保护，在群殴教师之后不但得不到法律惩罚，还要老师赔礼道歉，那将是全社会之殇、整个民族之殇。

幸福永远比优秀重要

优秀是他人的一种评价，一个人优秀与否，是由他人说了算。而幸福其实是一种心态，是自己内心的一种感受，一个人是否幸福，完全由自己决定。自己认为幸福，你就幸福。自己认为不幸福，就即或你的幸福像蜜罐一样包围着，你也许都感觉不到幸福。

优秀的人果真就那么优秀吗？在这样一个浮躁的社会，有的人为了赢得他人对自己优秀的评价，就有可能盲目攀比，相互嫉妒，就有可能去关注工作以外的人和事，就完全有可能失去闲庭散步、看花开花落的从容淡定，就难免不去讨好领导，不去搞勾兑，不去拉人际关系。

作为教师，往往为了赢得优秀的桂冠，就太可怕了，他们会急功近利，急于求成，在教学上完全可能靠重复训练，靠高压政策，靠死整蛮干去赢得分数，最终以牺牲学生身心作为沉重的代价，而且助推了应试教育愈演愈烈，以至于成了应试教育的帮凶！

我越来越坚定地认为，一个教师，是否优秀不重要，是否卓越也无关紧要，而最关键的是，是否幸福，幸福永远比优秀重要。

德国著名文学家赫尔曼·黑塞曾经写过这样的诗句："人生的义务，并无其他。仅有的义务就是幸福，我们都是为幸福而来。"

我以为，教育，是教会每个个体追求幸福的事业。我们真正需要建构的是指向"幸福"的教育，而不是指向"优秀"的教育。

我还以为，幸福与他人无关，只要自己觉得幸福，自己的职业幸福，自己的生活幸福，自己的人生幸福，即或他人不认可你的优秀，我觉得，我们就是地地道道的优秀教师，甚至是一个比那些所谓的优秀教师还优秀的教师。

人人都可以获得幸福，但不是每个人都可以获得优秀。在我们的教师队伍中，所谓的优秀是有限的，而且不少的优秀也许需要重新审视，但是幸福的教师会有千千万万，或许幸福就在身边，幸福的教师就是我们自己。

教师一定要先幸福起来

教师不是苦行僧，教师也是人；教师不是神的职业，教师也是人的事业。他们需要养家糊口，需要生活生存，教师需要幸福。教师有了幸福，就会怀揣理想从事教育，就会带着激情衷情教育，就会感受到工作过程是一种享受而不是一种奴役，是一种自我实现而不是一种单纯的付出，是一种心灵写诗而不是身心的桎梏。

教师传道授业解惑，职业神圣，使命崇高，教师应该幸福。教师这个职业，虽然不能排在职业排行榜前面，但也是一个美好的职业，教师的美好才能成就职业的美好，教师的幸福也才能成就职业的幸福。

一位教师，当他的家庭问题、待遇问题、被社会认可的问题都不成问题时，他们自然就会把所有的精力都放在学生身上，放在传道授业解惑上。对一个从事塑造人的职业来说，如果动力不是来自于热爱，不是来自于职业的幸福与尊严，而是仅仅来自于外在的压力，这样的传道授业解惑和这样的塑造肯定是十分可怕的。

教育要幸福，学生要幸福，教师必须幸福。教育是一件给人幸福的事情，而且这种幸福是当下的，而非未来。同时教育是塑造人的事业，以学生为本，塑造他们美好的人生，是我们不懈的追求。可是，要知道，这一切都只能通过教师来完成，"亲其师"才能"信其道"，任何关爱都必须经过人的传递才显得真切、动人，谁都没有办法改变这一点。

一位教师，在校园里、课堂上，举手投足间，潜移默化地影响着学生，学生正是在耳濡目染间长大成人。可是，如果教师成天愁眉苦脸、无精打采，传递出去的全是忧郁和困惑，给孩子全是压抑的心理和负面的情绪，孩子们在这样的氛围中学习生活，他们会感受到学习生活的快乐吗？带着这些东西走向社会，面向未来的人生，他们会幸福吗？当教师的如果缺乏为人师者应有的尊严和幸福，这样的教师如果不能够传递更多的正能量，他们能够引导新一代走向美好的明天吗？

用幸福才能塑造幸福，用美好才能塑造美好，只有教师的幸福，才有学生的幸福，才有校园生活的幸福，才有教育天地的幸福。

教师幸福密码

教师幸福的底气是对教育理性的回归

让教育回归宁静。十年树木，百年树人。教育是农业，需要春风化雨，从容自如，教育是牧业，需要沿水而牧，逐山而居，教育是慢的艺术，需要不急不躁，远离喧嚣，教育是人的事业，需要潜下心来，心无旁骛，从容淡定地做人做事，踏踏实实地教书育人，需要假以时日，饱含深情，充满期待，静等花开，守住一颗朴素的教育心。

让教育回归常识。何谓常识？顾名思义，就是大家都知道，都习以为常的道理。教育常识，亦即教育的基本知识，也就是教育必须遵循的最基本的东西。想想这些年教育发展中所存在的这样或那样的问题，我以为无不源于对教育常识的背叛。背叛常识，我们便背叛了教育的初心，背叛了教育教学的基本规律，背叛了孩子的身心发展规律。

很多时候，我们只知道出发，只知道匆匆上路，却往往不知道为什么要出发，究竟要到哪个地方去。这样，行走得越远，我们付出的代价就有可能越大。其实，在这个时候，让自己的脚步停下来，弄清目标，校正方向，这比什么都重要。

君不见，现实中我们常常以教育的名义，干着许多违背教育常识的事。比如，教育是为了发展人，而我们的教育偏偏只是为了分数；每一个孩子都是不同的个体，而我们偏偏给他们相同的教育内容、相同的发展目标、相同的要求与方法；教育本应与生活相连，与自然相亲，而我们偏偏把教育仅局限于教室与教材；名师、名校、名校长本来是需要时间的积淀和浸润，然而却偏偏要出文件，下指标，要求三、五个月必须打造多少名师、名校、名校长；幼儿园应该给幼儿营建一个五彩斑斓的童话世界，让幼儿在听故事、讲童话、玩游戏、做手工中开启他们的心智，丰富他们的想象，然而现在的不少幼儿园却为了迎合家长不想让孩子输在起跑线上的心态，将学前教育小学化，过早地教幼儿识字、读拼音、学英语、背唐诗、做算术……凡此种种，让教育在违背教育常识的路上越走越远，以致走向"反教育"。

在这个时候，我们必须刹刹车，好好反思一下，让我们的头脑变得清醒些，让我们的教育行为变得智慧些，拨正教育的方向，努力让我们的教育回归常识。让教育回归常识，把常识性的东西还给学生，这正如鲁迅先生在20世纪所说的，就是在"救救孩子"！

卢梭在其《爱弥儿》中对教育者有一个忠告："不要在教天真无邪的孩子分辨善恶的时候，自己就充当了引诱的魔鬼。"我们会不会充当这样的"引诱的魔鬼"，就看我们对教育常识有没有一个理性的回归，有没有一个坚定的捍卫。

教育最基本的常识是什么？我以为，就是按教育规律办事，遵循孩子身心成长规律，就是备好每一节课，上好每一堂课，改好每一本作业，做好每一次思想工作，善待每一个日子，呵护每一个孩子，守住每一个孩子过好每一个日子。

让教育回归人性。这是两则真实的事件：

印度有一个叫辛格的小男孩，在4岁半时就完成了42.195公里的马拉松跑，此举震惊了印度，人们称他为马拉松神童。2007年，5岁的辛格计划用10天时间跑完500公里行程。然而，就在他准备开始自己的漫漫征程时，一件意想不到的事情出现了：大量警察封锁了辛格的长跑路线。原来，警方接到政府的指令，严禁辛格参加这项马拉松活动。印度政府的理由是：辛格只是一个5岁的孩子，而500公里的路程，对他的体力和情绪都是一个负担。让一个孩子去尝试不属于他年龄的生活，是一种极大的残忍。国家可以不要神童，但有责任保护一个孩子的生命健康。"要孩子，不要神童"，人性的光辉在这里得到了生动的诠释！

最近在台湾的一次画展上，一幅有着近400年历史、价值上千万元的名画，被一个12岁的孩子不小心跌倒压破，压破名画的孩子当场吓得说不出话，相信在任何国家和地区，这都是一个不小的罪过，肇事者赔偿事小，恐怕还有坐牢之虞，而台湾主办方在确认孩子确属无意犯错后，还打电话给孩子的母亲，让她和孩子不必为此事担心。假设主办方在孩子压破名画后，加以指责、谩骂、恐吓，对一个尚且年幼的心灵将会造成多大的伤害啊。一边是孩子，一边是名画，如何处置，考验的不正是人性吗？

我们看过的比赛多了，也许记不住球星脸与名字的对应，但有一个画面却让我们能够永远地记住，一个骑手在一路领先的情况下，离终点不远处，车胎爆了，他扛起他的自行车向前飞奔，身后，第二名默默慢行跟随，绝不超越，最终，二人携手越过终点。这样的比赛画面。除了更高更快更强，闪耀的更是人性的光辉。

哲学家周国平说："我们衡量教育，不应该用狭隘的功利尺度，而应该用广阔的人性尺度和人生尺度。"人生尺度是指教育应使受教育者现在的生活幸福而有意义，并以此为幸福而有意义的一生创造良好的基础。而人性尺度是指教育应使每个人的天性和与生俱来的能力得到健康生长，而不是强迫儿童和青年接受外来的东西。

教育的对象是人，是人的教育。可是，我们的教育更多的时候，我们眼里面还有人吗？心中还有人吗？在我们的眼中、心中，要么关注的更多的是"物"，物化的评比，标准化的建设，硬件设施的达标，要么是非人的教育，是分数教育，是升学率教育，恰恰忽视了对人的关怀，对人性的关照。

泰戈尔说，教育应当向人类传送生命的气息。教育应该美好，应该具有美好的人性，应该时刻闪耀着人性的光辉。教师首先应该是人道主义者，必须充分关注人，关注人性，必须目中有人、心中有人。我们研制的每一项制度、开展的每一项工作、生成的每一个故事、积淀的每一种文化，都应该充满人的情感，晃动着人的影子。正如美国钢铁大王卡内基所说，"铁路1%是铁，而99%的是人"。

教育回归人性，还有一个方面那就是教育之"育"应该从尊重生命开始，使人性向善，使人胸襟开阔，使人唤起自身身上美好的"善根"，也就是让学生拥有"这条鱼在乎"的美丽心境。一位日本教育家曾说过这样一句话，我们要培养学生"面对一丛野菊花而怦然心动的情怀"。如果一个人视小鱼如草芥，给鲜花以踩踏，把生命当儿戏，即使其道德评分或许很高，也失去了人的价值。作为教育者，也许有许多工作要做，但培养学生对生命尊重的情怀，唤醒学生对生命尊重的良知，则更是当务之急，更是教育回归人性的重要方面。

让教育回归本真。一个人得到了一张用紫檀古木制成的良弓，他爱不释手，但又觉得此弓过于简朴，不华美。于是找到一能工巧匠，在弓上雕刻了一幅精美绝伦的行猎图，他甚是满意，遂张弓引箭，用力一拉，只听"崩"的一声，弓断弦松。本是一张好弓却因为承载了过多的东西而失去了它应有的本性，最终毁在了他的手中。

联想到对孩子的教育，有的人又何尝不是如此呢？本来很多孩子天真烂漫，活泼开朗，想象丰富，充满着童真童稚，表现出了儿童应该所拥有的那颗童心和那份童趣，然而我们的教育常常却以一种近乎功利的状态，以一种恨铁不成钢的心理，以一种成人的眼光，以一种世人的价值取向，以一种当下社会浮躁与喧嚣状态下的游戏规则，把我们的一些想法，把我们没有实现了的愿望，把光宗耀祖、显赫门庭的担子，完全压在孩子瘦弱的肩膀上，要求他们必须遵循一些固定的行为方式，必须遵从一些残酷的甚至荒唐的清规戒律，责成他们必须承担与他们实际年龄不符的课业，过早地向他们灌输成人世界的尔虞我诈，弱肉强食，物竞天择，却根本没有想到学生的感受，也没有考虑学生的身心，更没有顾及学生的死活。

有道是"追鹿的猎人是看不到山的，打鱼的渔夫是看不到海的"，好的教育是看不到分数的。《论语》中有言："君子务本，本立而道生。"而当下的中国基础教育却没有务"本"。

当我们静下心来审视教育行为时，一个不得不承认的事实，那就是教育的功利与短视行为，完全远离了教育的本质，让我们失却了生命的本真。

重温陶行知当年的话："在现状下，尤须进行六大解放，把学习的基本自由还给学生：一、解放他的头脑，使他能想；二、解放他的双手，使他能干；三、解放他的眼睛，使他能看；四、解放他的嘴，使他能谈；五、解放他的空间，使他能到大自然大社会去取得更丰富的学问；六、解放他的时间，不把他的功课表填满，不逼迫他赶考，不和家长联合起来在功课上夹攻，要给他一些空闲时间消化所学，并且学一点他自己渴望要学的学问，干一点他自己高兴干的事情。"

著名教育家张伯苓也说过："作为一个教育者，我们不仅要教会学生知识，教会学生锻炼身体，更重要的是要教会学生如何做人。"

2007 年新学期开学之际，全法国的 85 万名教师同时接到了这样一封信，写信者称，自己满怀信念和激情，要与教师谈谈儿童及其教育。这位写信者是谁呢？法国前总统萨科齐。当时，他是在任总统。信中有这样的话："教育就是试图调和两种相反的运动，一是帮助每个儿童找到自己的路，一是促进每个儿童走上人们所相信的真、善、美之路。"信中还写道，应当使儿童成为"自由的人、渴望知晓美好事物与伟大事物的人、心地善良的人、充满爱心的人、独立思考的人、宽容他人的人，同时又是能够谋到职业并以其劳动为生的人。"

教育的本真，陶老先生、张老先生早在上个世纪初就说透了。法国与中国尽管国体不同，政体有别，但在对教育规律与本真的认识理解上却是充分一致的。

教育的本真是什么？我以为，是让人成人，而不是成才，是让人成为他应该成为的他那样的人，而不是必须成为什么样的人。

教育要回归本真，教育者眼中不能仅有分数，教育也绝不能停留于枯燥知识的一味传授，而应该与生活紧密结合。这里所谈的生活，不仅是指的现实社会生活，而且还包括学生立足当下的学习生活，面向未来的家庭生活、职业生活和社会生活等等，特别是引导和教会他们去追求未来的幸福生活和有意义、有价值的人生。

朴素的教育应该让教育剔去浮华。肖川在《与经典为友》中说："教育的道理，其实都是些大道理、朴素的道理，都是些家常话。教育的智慧，大多是一些古老的智慧。这些年，泡沫学术、短命学科、虚假理论、换汤不换药的改革见得多了，还是觉得'老'的厚实、可靠。"

教育本来是平平常常、普普通通的，教育的道理、教育的智慧、教育的表达都应该是朴素的，因此，教育不需要花里胡哨，标新立异，也不需要追逐猎奇，乱贴标签。

我们会用心做校园文化，但是不会为了文化而把校园弄得到处是标语，到处贴满名言警句，到处是一些可有可无的喷绘；我们会用心变革课堂，让课堂充满温暖，让孩子成为课堂的主人，让老师认真负责地上好每一堂课，但绝对不会为了所谓的高效，去一味追求课堂上的课桌变化、几段几步，氛围上的打打跳跳、热热闹闹；我们会注重教师的专业成长，帮助教师磨课竞课，但绝不会去集众人之力，耗尽所有的时间和精力去搞一堂"样板课""示范课"，然后靠预设、彩排、导演，靠师生天衣无缝的配合，去演绎生成一些"假课""表演课"；我们会针对学校的办学定位，去挖掘一些个性化的因素，力求办出学校的特色，做到人无我有，人有我优，人优我特，但绝对不会去整一些花拳绣腿，为了所谓的特色而特色。

让教育顺其自然。八仙之一的吕洞宾有诗云："雨后山中蔓草荣，沿溪漫谷可怜生。寻常岂藉栽培力，自得天机自长成。"人才不是"培养"出来的，而是像庄稼禾苗一样自己"生长"出来的。好学生不用教，太差的学生我们也不一定都教得好。我们能够做到的，就像老农一样只不过是给他们提供自由生长的土壤、空气、阳光、水分、养料而已，让每一个鲜活的生命，按照自然规律，以其独特的方式得以生长，而不是代替其成长。

在任何时候，都不要夸大你在教育学生过程中的作用。再说，优秀的学生并不完全是靠教师教出来的，在很大程度上，学生的成功取决于他先天的素质，就像牛顿、爱因斯坦、贝多芬绝不是他们的老师教出来的一样。

我们教给孩子们知识，让他们懂得做人的道理，让他们沿着自然的方向发展，绝不能把我们的想法、把家长的愿望完全强加在孩子们身上。

教师幸福的源泉来自于教师这一神圣的职业

教师这个职业神圣美好，不仅仅是传道授业解惑，也不仅仅是有寒暑假可以支配，有稳定的收入可以居家过日子，更重要的是教师这个职业还有它的独特魅力。

教师这个职业能够单纯地做事。其他职业要考虑复杂的人际关系，要求祈别人，要周旋领导，要违心去干一些溜须拍马、讨好卖乖的事，有可能既感到心累，还失去做人的尊严。而教师这个职业是最单纯的职业，教师可以在自己的天地、自己的世界里，在自己的三尺讲台上，特立独行，耕耘人生。

教师这个职业能够创造性地做事。英国的《太阳报》曾以"什么样的人最幸福"为题举办了一次有奖征答，从应征的 8 万多封来信当中，评出了 4 个最佳的答案。哪 4 种呢？第一个是艺术家完成了自己的作品，吹着口哨，自我欣赏，自我陶醉，说明创造性劳作才会带来幸福。第二个是正在用沙子做城堡的儿童。它说明人要有梦想，只有对未来充满希望的人你才会幸福。第三个是为婴儿洗澡的母亲。它告诉我们只有心中有爱，才会产生幸福。第四是挽救危重病人的医生最幸福。它告诉我们能够帮助别人的人，才最幸福。

记得叶澜老师在描述教师职业的时候，有这样的话："所谓教师是一种使人类和自己都会变得更加美好的职业。教师以其创造性的劳动去实现自己的生命价值，并在创造性的劳动中，享受因过程本身带来的自身生命力焕发的欢乐。"

其他好多的职业，差不多是机械地执行，被动地接受，而教师这个职业，有更多的时间可供自己支配，能够独立的不受任何权势的影响进行创造性地工作，能够有机会在自己的"地盘"上酣畅淋漓地挥洒自己的真性情，能够和孩子们相遇在一间教室里尽情地放飞自己的教育梦想，演绎精彩的教育人生。

教师这个职业能够做自己认为有意义的事。与今人相处时短，与后人相处时长。人生的价值与意义，不在于当多大官，也不在于挣多少钱，而在于能够做自己喜欢做的事情，能够做自己认为有意义的事情。

选择当教师，你不可能在官位上通达，在金钱上暴富，在名声上显赫，但你唯一可以做到的，就是让自己拥有快乐和幸福。上天赐给我们这样的幸运，可以陪伴一群又一群的孩子，走过他们生命中最美好的年华，见证他们的成长，而且可以和他们一同追寻永恒的青春与梦想，让我们不断成熟，却又永远年轻。

我以为，一位教师，就是一盏灯，其光不一定耀眼，但一定能够长久地照耀着人一生的道路。学生作为教师独特的工作对象，教师一方面能从他们的渴求知识的眼神中，从他们一颗颗善良而又晶莹剔透的童心中，从与他们真诚的交往与对话中，获得教育的灵感、教育的诗意、教育的智慧、教育的力量。另一方面又能从他们的成长中，从他们的进步中，从他们的成熟中，从他们的个性萌发中，从他们对社会的贡献中，从教师的桃李满天下中，体味到一种也许其他任何人都无法体味到的幸福与快乐。这便是教师人生价值与人生意义的最大体现。

"教师"这个称谓对你而言或许不重要，而对于孩子，却是那么重要，孩子们背着书包或满怀期待，或带着无限憧憬，颤巍巍地来到学校，或许来到你的班里，他们不知道会有怎样的学习生活，也不知道会有怎样的未来人生，而且这样的机会只有一次，他们以后不会再来了，他们在最美好的时候曾经停留在你的身边，然后离开校园走向自己的未来，而且你教室里的每一个孩子，可能是你视野和精力所及的几十分之一，而对于每一个孩子来说却是全部，更是孩子生命中的其他人的整个世界，可以说你对孩子的教化和引领将成全着孩子的明天，也将决定着孩子的家庭乃至与这个孩子相关联的所有人的命运！

因此，我觉得教师既然选择了这个职业，就没有任何理由不敬重自己的职业，教师只有自己敬重自己的职业，自觉进德修业，才会真正拥有职业幸福感。而只有拥有职业幸福感的教师，他才会更像一个教师吧？

教师幸福的时光是把最美好的自己教给孩子

教师是最好的教材。一个教师对于自己职业的态度、对学习的投入、对他人的友好、对社会的担当，都将影响着受教育者。我们要求学生做到的，我们自己要首先做到，我们要靠这种潜移默化，靠这种"润物细无声"的力量来成就他们的美好品德，让他们能够一直向善、向美的方面发展和前进。

一个教师对自己的工作是不是兢兢业业、勤勤恳恳的？一个教师自己是不是爱学习、好学习的？这些，学生都会看在眼里记在心里，所有这一切，教师的做人、做事、做学问，都将成为教育的本身，都将对学生有着无可估量的潜移默化的影响力。

学生从书本上学到的知识，主要是为了应付考试，但是还有很多东西，都是从我们身上学到的，包括以后他们的生活情趣、审美能力、价值取向、道德习惯，可能都会从我们这里受到很深很深的影响。

教育的秘密就蕴藏在教育者自己的内心深处，教育者需要建立个人魅力，如果我们自己都不喜欢自己，甚至讨厌自己，别人能喜欢我们吗？我们又怎么能够对学生产生积极的人生影响？如果我们自己都不热爱生活，不热爱自己，甚至对世界充满委屈和怨恨，我们又怎能培养出懂生活的学生？如果我们都不好学却要求学生好好学习，自己说话不检点，满口粗话，却要求学生用语文明，好好说话，自己很多方面都没有做好却要求学生做好，这又怎么可能呢？

这样的教育一定是无效的。

一个穿着一双露出脚丫的破鞋子的算命先生跟别人说，我可以让你逢凶化吉、大富大贵，你会信吗？他如果能有这样的能力让别人逢凶化吉、大富大贵，他为什么不首先给自己弄一双好鞋穿呢？

教师所起的作用，不是去做一个法官，去判决他，不是去做一个裁判，去裁定他，更不是去做一个行政长官，去命令他，而是做"一面镜子"，你不需要说话，只要你自己行端身正，清明高尚，孩子就能从你的言传身教、率先垂范中发现自我，真正的教育就是这样的。

一个人不可能把没有的给别人，一个教师也不可能把自己没有的给学生。我们所能教给孩子的，只有我们自己。教师只有成为美好的自己，把最美好的自己教给孩子，既能让孩子对你生发一种内心的敬畏与尊重，又能收获我们职业最大的幸福。

教育的秘诀就是爱自己，爱学习，爱梦想，爱生活，爱这个世界，爱周遭的一切，爱身边的每一个人，让自己成为学生的榜样，让他们和我们一样，珍爱生命，珍爱自己。

教师幸福的状态是能够有尊严地活着

教师的尊严，只有自己给予，靠别人施舍的尊严，其实也就没了尊严；靠打击别人，抬高自己的人，或者唯我独尊的人，更是最没有尊严的。

认识自我。山上的寺院里有一头驴，每天都在磨坊里辛苦拉磨，天长日久，驴渐渐厌倦了这种平淡的生活。它每天都在寻思，要是能出去见见外面的世界，不用拉磨，那该有多好啊！不久，机会终于来了，有个僧人带着驴下山去驮东西，它兴奋不已。

来到山下，僧人把东西放在驴背上，然后牵着它返回寺院。没想到，路上行人看到驴时，都虔诚地跪在两旁，对它顶礼膜拜。一开始，驴大惑不解，不知道人们为何要对自己叩头跪拜，慌忙躲闪。可一路上都是如此，驴不禁飘飘然起来，原来人们如此崇拜我。

当它再看见有人路过时，就趾高气昂地站在马路中间，走起路来虎虎生风！回到寺院里，驴认为自己身份高贵，死活也不肯拉磨了，只愿意接受人们的跪拜。僧人无奈，只好放它下山。

驴刚下山，就远远看见一伙人敲锣打鼓迎面而来，心想，一定是前来欢迎我，于是大摇大摆地站在马路中间。那是一队迎亲的队伍，却被一头驴拦住了去路，人们愤怒不已，棍棒交加抽打它……

驴仓皇逃回到寺里，奄奄一息，它忿忿不平地告诉僧人："原来人心险恶啊，第一次下山时，人们对我顶礼膜拜，可是今天他们竟对我大打出手。"

僧人叹息一声："那天，人们跪拜的，是你背上驮的佛像，不是你啊！"

人最难的就是认识自己，苏格拉底有句著名的"认识你自己"。人生最大的不幸，就是不认识自己。

如果你拥有财富，别人崇拜的只是你的财富，不是你；如果你拥有权力，别人崇拜的只是你的权力，不是你；如果你拥有的是美貌，别人崇拜的只是你一时的美貌。当财富、权力、美貌过了保质期，你就会被抛弃……别人崇拜的只是他们的需求，不是你。

所以一个人在任何时候，认识自我，看清自己最重要！

教师认识自我，看清自己还有一个重要方面，那就是要认识你的专业长处、专业成长方向，要找到自己拿得出手的那一样，确定自己的成长目标。无数事实证明，一个人只有发挥自己的长处，才能取得成功，所谓"一招鲜、吃遍天"。"特色教师"说到底就是在教学上有独到之处，不求面面俱到，但求某一点上精通。例如：在教案设计上做一个"天衣无缝"的"好裁缝"，在作业布置上做一个"精挑细选"的"巧媳妇"，在课堂教学上做一个"所向披靡"的"机灵鬼"，在运用信息技术上做一个"驾驭自如"的"高手"。如果你的课讲得好，那就在讲课上下功夫；如果你擅长教学研究，那么就争取在教学研究上出成绩；如果你教育文章写得好，你就妙手著文章。

认同自我。认识你自己后还要"认同你自己"。"认同自己"比"认识自己"重要。认同自己，一方面要认同自己这样的一个独一无二的个体，一个人不可能成为他自己都不愿意成为的人。另一方面要认同自己所从事的职业。同样一个人也不可能热爱上连自己都不认同的职业。教师成长只能建立在他对自己职业的"愿意"和"认同"上。有了这种"愿意"和"认同"，我们才不会懈怠工作，荒废事业，才不会马马虎虎，得过且过，也才不会有太多的牢骚和不满，我们才会善待自己，善待自己的工作，也才会把教师这个职业视为神圣的事业去爱业敬业、去精业乐业，更才会钟情于自己的职业，一辈子献身教育事业而无怨无悔。

活出自我。常常有年轻教师给我讲，他们在工作上做出了突出的业绩，在教学比赛中取得了名次，在报刊上发表了文章，总会有同事对他们说风凉话，他们总会面对各种挖苦嘲笑，一些教师为此而泄气了，他们觉得活得太累了，不想再继续前进了。有的年轻教师他说他始终想不通，他不就是想好好做一名老师吗？不就是想通过奋斗实现自己的人生价值吗？为什么会招来这么多的打击非议呢？他们自己不想进步，难道也不允许别人进步吗？

的确，在生活、工作中总有那么一些人，总是见不得别人超过他，或者具体一点说总是见不得他身边的人超过他，他们可以允许陌生的人成功或者优秀，但很难接受自己身边的、原来和自己在一个起跑线上的人超过自己一点点。面对这样的人，我们完全可以熟视无睹，听到这样的流言蜚语，完全可以不予理睬。人不能为他人而活，也不能活在他人的脸色与眼神中，要活在自己的内心世界里，要学做"聋耳蛙"。

一群青蛙在比赛，看谁最先爬上一座塔的顶端。开始的时候，大家热情高涨，争先恐后。围观的青蛙说："太难了！想要爬上顶端是不可能的！"有一些青蛙放弃了。

"一只小小的青蛙，又不是雄鹰，怎么可能爬到塔的顶端去？"又有一些青蛙放弃了。

"简直是癞蛤蟆想吃天鹅肉！"更多的青蛙放弃了。

最后，只剩下一只青蛙还在往上爬，虽然更多的青蛙在呼喊，在嘲笑，可是它仍不为所动，慢慢地，一步一步地往上爬。终于，它爬上了塔的顶端！

动物王国的记者们纷纷前去采访，原来，它是一只聋耳青蛙！

没有人能阻挡我们成长，如果有，那个人就是我们自己。既然选择了远方，便只顾风雨兼程。成功的路上并不拥挤，只是坚持下来的人并不多，很多人常常败在他人的闲言碎语与冷嘲热讽中。

其实，我们完全可以不在乎这些，等我们走得远了，站得高了，距离拉开了，那一切的一切，都将变成成功的掌声。

林清玄在《心田上的百合花》中说："我要开花，是因为知道自己是美丽的花；我要开花，是为了完成一株花所拥有的庄严的使命；我要开花，是因为要用花来证明自己的价值，不管有没有人欣赏，不管你们怎么看我，我都要开花!"要活出自我，我们就要有"我要开花"的信心和姿态!

锤炼自我。美国加利福尼亚有个叫派司开特罗的地方，此地有一著名的"卵石滩"。滩上的石子受大浪的冲击，常常被残酷地抛在尖锐的峭壁上，反复的摔打铸就了一块块光滑美丽的彩石。全世界的游客都蜂拥而去，把美丽的石子采集回去珍藏。生命的价值在历练中体现，人生的意义在磨炼中彰显，人性的光辉在雕琢中闪耀。

大家想到苹果手机的时候会想到什么？想到的一定是时尚，想到的是非常方便稳固的操作系统，想到的是不容易被病毒侵染，你想到奔驰，会想到什么？坚固、精致、非常好的质量。这就是品牌，这就是风格，这就是个性，而在其背后，却是一种打磨、一种锤炼。

这个世界上虽没有完美的人，但是这个世界上每个人都有自己的风格。我们每一个老师，从踏上工作岗位的第一天起，就要研究和发现自我，不断锤炼自我，找到只属于你自己的东西，找到你生命中最亮的那个点，把自己最出色的那一点擦得闪闪发亮，走出一条个性化的发展之路，让自己变得不可替代。

放下自我。宋明理学上有一个公案，讲的是程颢程颐两兄弟，有位大财主请他们俩去赴宴。席上，一位美女在陪酒，小弟程颐感到脸上挂不住，喝了几杯后就借故离开，可哥哥程颢却仍端坐在那里，似乎被美女所吸引，一直到酒宴结束才回到家中。

回到家里后，弟弟责问哥哥：那老财主明知咱是读书人，为什么偏偏请来个女子陪酒？更可气的是哥哥你，修为这么高，竟然还笑脸相对那女子，我都离开了，你为何还在那里？是不是心里有什么想法了？面对弟弟的指责，程颢说：昨天酒席上有女子而我心中无女子，今日书房里无女子你心中却有，到现在你都没有放下。

人生许多事情，都在于放下，人生的幸福，在于放下，人内心的强大，在于放下，人的人脉与人缘，在于放下，人活得是否从容淡定，也在于放下，做人的境界与品位，更在于放下。很多东西之所以放不下，是因为我们把有些东西看得太重，或者是因为把本不属于我们的东西紧紧地攥在手中，或者是因为我们压根儿就不懂得取舍。

很多时候，我们患得患失，无所适从，很多时候，我们念想太多，自寻烦恼，很多时候我们刻意追逐，自讨苦吃。其实，人生的要义总在取舍间，天下万物的归属总在必然里。世间的一切说到底是一种注定，是你的，就是你的，不求自得，不是你的，终究不是你的，逐而无效，得而或失。学会放下，坦然面对，顺其自然，不失智者之举。

作为教师学会放下，一方面，就是要放下一些名利思想，不追名逐利，不见异思迁，不痴心妄想，不攀比计较，活在当下，懂得取舍，保持一颗平常心，涵养一份朴实情，珍惜自己的拥有，让生命中的每一天都充满着阳光，做一个幸福的教师，收获幸福的教育人生。另一方面，就是要放下"自我"，也就是要放下中国教师传承了几千年的师道尊严，放下教师在教育中的主体意识和在课堂上的强势地位，让学生处于教育的中央，让学生成为课堂的主人，用自己的心灵去感应学生的存在，用绿叶的陪衬去绽放朵朵红花的美丽。

教师幸福的拉长在于拥有广泛的志趣爱好

我们是教师，但教师并不是生命的全部，我们除了担纲教师这个角色外，还要做好父亲或母亲、丈夫或妻子、同事或朋友。扮演好每一个角色，我们的教育生活及人生才会真实、快乐。

我们是教师，但教师也应该注重身体，关注健康，善待自己，善待生命。事业，需要激情，需要理智，更需要身体的健康，学生，需要的是身心健康的老师，而不是拖着病体一味用感动来垫高的授课者。太阳底下最崇高的职业，并不要求我们做太阳底下最无谓的牺牲。奉献教育，不是短暂的生命消耗，而是该有持久的动力支撑。

我们是教师，但教师也不能把所有的时间都给了学校、都给了学生。教师应该有自己的时间，应该有自己的志趣，应该有自己的生活。病了，学会休息，困了，好好调节，累了，懂得放松。在工作之余抽时间去呼吸江上的清风，观看山间的明月，欣赏小鸟在空中快速划过的痕迹，感受小草在土地里的悄声呢喃。休憩之后的奔流更有力量，调整之后的步伐更为坚实。懂得进退的人生才是真有意义的人生，深谙动静之理的工作才最能体现高效率。

对于教师，许多人的第一反应可能就是蜡烛，燃烧自己，照亮别人，就是春蚕，吐尽芳丝，作茧自缚，这些提法，忽略了教师的本质是人，是活生生的、大写的人，每天都在成长着的人。

作教师的，不要把自己的工作仅当成只是流泪的付出，我们应该在照亮孩子的世界的同时照亮自己，让自己在勤奋地工作的同时既享受到工作的乐趣，又享受到生活的快乐；作教师的，也不要把自己的生活浓缩成一个茧，我们应该在缤纷的世界中睁大双眼，伸展我们所有的神经去触摸生活的精彩与斑斓，去感受世间的美好与人生的璀璨！

慕容雪村在《你要活在某种文明之中》说："每个人都会经历这样的时刻：觉得自己不够幸福，可是又不知如何改变。原因在于少了"梨花一瞬"，你需要一段悠闲的时间，去品茶，去读书，或者什么都不做，只需一个黄昏，看梨花如何从身边飘落。如果你想幸福，仅有钱是不够的，你需要活在某种文明之中。"

做老师的，多一份闲适，多一份"梨花一瞬"，就会多一份幸福！

做一个幸福的教师，让教育及教师这个职业因你、有你而更美好！

第四讲　送给青年教师的话

　　青年教师，既是教育的中坚力量，也是教育事业发展的宝贵财富。青年教师的快速成长，既是广大青年教师的强烈愿望，也是这个时代和社会的迫切要求。然而青年教师的成长之路该如何走？其中是否有一些诀窍呢？

你真正的生命是你的思想

一个人真正的生命，是一个人的思想，人因思想而伟大。帕斯卡尔说："人的全部生命就在于思想。"一个有思想的生命，会让我们拥有一个丰富而美好的精神世界，会给我们的心灵以温暖而温馨的慰藉，会给平淡的日子以清新而明丽的感动。

现在很多教师很平庸，我以为不是能力上的平庸，而是思想上的平庸与荒芜。是什么造成教师思想上的平庸与荒芜？

与外界隔绝。一名好教师一定是对外部世界、时代脉搏保持着敏感的人。只有与外部世界和时代脉搏主动保持着血肉联系的教师，他才会产生思想，与时俱进，终身发展。然而不少教师却两耳不闻窗外事，一心只教圣贤书，没有读书研究的氛围，没有真正的思想上的分享与交流。

国学大师翟鸿燊说："心亡为忙。"长期的忙碌，忙得不可开交，忙得晕头转向，忙得思想荒芜，忙得心灰意冷，到头来，还不知道为什么而忙。

人最大的痛苦并非忙碌，而是品尝不到忙碌的成果，体验不到忙碌的意义，感受不到忙碌的价值；机械地重复，教育没有创新，自己也没有超越，只是年复一年地行走在教案，作业，试题、教室这条路上，只是日复一日地重复着昨天的故事；应试的折磨，为了分数，为了成绩，教师和学生一同被捆在应试的战车上，在硝烟弥漫的应试战场上被杀得血肉横飞；一成不变的要求，统一教案，集体备课，模式化课堂，教师逐渐习惯了对"教参"的俯首称臣，习惯了对权威专家的言听计从，不再有自己的见解和主张，不再有自己的思想和灵魂，自己的"大脑成了别人思想的跑马场"；教学不再有独具匠心的设计，对于文本不再有个性化的解读，课堂鲜有灵动的情愫飞扬。机械地重复，沉重的负荷，应试的折磨，使得教师：棱角磨平了，理想淡漠了，情感麻醉了，才气封闭了，思想荒芜了。

我以为，教师什么都可以没有，但必须要有思想。

有思想的教师，他会认为，教育不是死板的，而应该是灵动的；教育不是僵化不变的，而是在不断的变化中面对和适应的；教育不是因循守旧、故步自封的，而应该是标新立异，不断创新与发展的；教育不是千篇一律、千人一面的，而是因人而异，对不同的人采取的教育方式是应该有区别的；教育不是仅有爱就行的，教育更需要智慧地爱的。

有思想的教师，他会时时刻刻思考，如何改善自己的教育行为和教育方式，以更好地行走，以更好地适应自己的工作，以更好地维护自己的尊严和教育的尊严，因为他们更知道，自己的尊严，是和教育的尊严联系在一起的。

有思想的教师，他不会只盯着枯燥的知识而被分数和应试绑架，也才不会跪着教书，他们会站在知识的原野，关注未来，仰望星空，他们更不会死教书，教死书，书教死，而会以他们深沉朴素的姿态站立在三尺讲台，用虔诚和坚守把学生的目光引向灿烂而深邃的星空。

只有个性才能造就个性，只有热情才能带动热情，只有思想才能点燃思想。有思想的教师也才能教出有思想的学生，没有思想的教师肯定培养不出有思想的人。

对教师需要重新定义

伴随着互联网和大数据时代的到来，教师和学生具有同等的信息环境，学习的疆界被打破，学习的渠道已不再单一，学习不仅仅发生在教室，教师已不再是知识的垄断者，学生也不再完全迷信教师，跟随教师学习已经不是学生获取知识的唯一途径，当学生面对百度的时候，他就面对了一位全科老师。现在的教师绝对不是传统意义上的有点文化就能够混上一辈子的教师。

教育是面向未来的事业，教师要能够理直气壮地面向未来，还必须努力成为一个好学者、反思者、创新者。

教师应努力成为一个好学者。学习是终身的事，学习永无止境，学习永远不可能画句号。学习也是个人的事，只有承认自己需要学习，才可能进行真正的学习，只有比学生更擅学，才可能擅教，只有知道如何学，才能教以学生学的方法。这就要求我们教师要增强知识的恐慌感、素质的危机感和职业的使命感，树立终身学习观念，不断"充电"，不断吸纳最新研究成果和前沿知识，不断更新教学内容，不断提高自己的知识层次和思维能力，使学习成为自己的生活方式和事业动力，消除职业倦怠，不断刷新自我，不断幸福自我，不断放射职业光辉。季羡林先生晚年说："我毕生研究语言、国学，不敢说有什么成就，如果把这些学问比喻成花，那么我毕生的所学都只是想让我的学生们更好地看到罢了。"我以为教师的好学，不仅是为了自己，而是为了更好地教书，更好地为了学生。

教师应努力成为一个反思者。没有反思，就没有改变与成长。反思是教师成长内驱力，也是教师走向成功必不可少的精神素养和职业品质。反思可以让我们避免在同一个地方连续摔跤，可以让我们在困境中找到方向和力量。我们很多人也许执着而从容地行走在教育的路上，可要么不知道究竟为何出发，要么不知道去向何方，甚至还可能南辕北辙，事与愿违，归根到底缺乏一种反思。

教师应努力成为一个创新者。这个世界随时都在发生变化，如果说唯一不变的，那就是变化的本身。教师在面对社会形态的变化和社会对教育必须变革的诸多诉求时，教师在面对高考制度的改革和传统课堂所暴露出来的种种弊端时，教师在面对当下人才培养模式从目前的过度关注"分"逐渐走向关注"人"、关注"人的素养"的现实时，当教师面临如何拓展学生的知识面，如何打开学生视野，如何培养学生的社会责任感、创新意识和实践能力等课题时，教师绝不能关起门来，一味因循守旧，而应该学会适应，学会变革，学会创新。

努力寻找工作的意义

有一个在民间广为流传的小段子，说的是有一个记者在陕北农村看到一个放羊娃，问他："为啥放羊？"放羊娃回答说："卖了攒钱。"记者问："攒钱干啥？"放羊娃答："盖房子。""盖房子干啥？""娶媳妇。""娶媳妇干啥？""生娃。""生娃干啥？""放羊。"

多少人的生命其实就是如此，如此这般循环而荒芜了一生。在我们笑话"放羊娃"的时候，我们应该反观自问，我们该有怎样的一个教育人生？我们应该怎样去度过自己的一生？

教师这个职业，在美好令人向往的同时，确实有些繁杂、单调、清苦、艰辛，再加上残酷的应试教育现实，这些很容易让教师产生职业应付心态和职业倦怠。朱永新老师曾经说："应试教育把成长中的孩童和引领他们的教师，一起赶入了斗兽场中，全然听不见他们心灵痛苦的哀鸣。这种对竞争的病态强调，导致了师生之间、同事之间、亲子之间、知识与生命之间乃至于自我的分离。进一步也导致了师生陷入'囚徒困境'而不能自拔，使教师一天天地被格式化，丧失了对真理的不懈追求以及对生命意义的永恒探寻。职业倦怠成为我们普遍遭遇的一场精神危机。"

我们环视四周，那些把教师这个职业仅仅视作谋生养家糊口的人，他们似乎成天沦陷于琐碎的事务中，浸淫在灰暗的情绪里，围绕着他们的，不是消极失意，就是应付奔波。我们再看看另一些人，面对教育教学中的琐碎，他们勤勤恳恳、兢兢业业，虔心耕耘，任劳任怨，乐此不疲、不断成长。我以为，这固然与每个人对工作的认同感、接受度和喜爱值有关，更重要的是，与每个人对职业价值和工作意义的理解分不开。

人生既有对发展的梦想，更有对意义的探寻。要突出重围，避免职业倦怠，当务之急是要努力寻找工作的意义，尽量发现职业的价值。美国作家丹尼尔·平克在《驱动力》一书中写道，要想让自己的员工具备工作上的创造力，必须为员工提供以下几点：发挥的空间、工作的意义、对工作的掌控。

著名学校管理咨询专家、教师培训专家郑杰说："教师实在是一个很好的职业，因为你面对的孩子就是最美好的事物，他们有纯真的心灵、诚实的态度、自然的感情、善良的愿望，如果不能捕捉到这些美，那你就辜负了造化的赐予。"

陕西师范大学附中语文教师杨林柯曾说过，如果把人生比作一条河的话，其实我们教师置身在生命之河的上游，而上游的水总是最清澈的。教师和孩子打交道，是和一个人生命中最宝贵的时光打交道，其实畅饮的是生命上游的水，是接受美好生命的润泽，就此而言，教师的教育行为对教师不仅是一种责任，更是一种福利。

教师的意义是以改变学生的现实生命为业，在"照亮"学生的同时，也应该"照亮"自己，在成全学生的同时，也需要成就自己，在成长学生的同时，也必须发展自己，在追求职业乐趣的同时，更必须寻求并享受到一种生命的状态与价值。

教师只有认识到职业的意义，并将"人的培育"作为一种精神追求，才能够在沉重与艰辛的教育生活中，在时常迸发的教师苦痛呻吟中，追寻并回归教师职业的心灵"桃花源"，才能够让自己获得优雅、富有品质的灵魂，拥有永恒的微妙的希望之光亮，才能够让每一个黯淡的日子都焕发光芒，每一段平常的教育生活都被赋予诗意。

教师，如果不能在日常工作里，发现工作本身的意义和职业的价值，就很容易懈怠懒散，应付了事，也就更容易过早产生职业倦怠，同时很难对职业有快乐和幸福的体验。

俄罗斯诗人莱蒙托夫写道："我来到这世界是为了看见太阳和蓝天，我来到这世界是为了看见太阳和高山。"是的，我们来到这里是为了看见太阳、蓝天、高山和美好的一切，是为了传播光明和创造一切的美好。

人生遭遇什么样的环境，相逢什么样的美好事物，相遇什么样的人，都是一种注定，不要懈怠我们所拥有的职业，不要辜负人生的意义，不要虚度美好的时光，不要让琐碎淹没了使命，不要让贫瘠荒芜了精神，不要愧对自己和自己身边的人。

我们今天的一切付出，不仅成就孩子，也成就老师，不仅成就今天的你，也成就你未来的人生，不仅成就教育的改变，也成就事业的发展。不要让未来的学生讨厌现在的你，不要让未来的自己看不起现在的你。

跑得快不如跑得久

马和骆驼一辈子谁走的路多？大家一定觉得是马，那就错了，骆驼走的路要远远比马多。因为马跑一会儿就得停下来，而骆驼一旦开始走，如果不让它停，它是不会停的。

还有一个故事告诉我们，能够到达金字塔顶端的只有两种动物，雄鹰和蜗牛。雄鹰靠强健的双翅飞上去；蜗牛靠锲而不舍的毅力，一刻又一刻、一天又一天、一月又一月地不停地爬上去。我相信蜗牛在向上爬的过程一定不是一帆风顺的，它会滑下一些、再向上爬、再滑下来、再爬。但，只要爬到了金字塔的顶端，蜗牛眼中所看到的世界，蜗牛收获的成就，跟雄鹰是一样的。

我一直认为我就是骆驼，我跑得慢，所以我必须坚持向前不停地走；我也一直认为我是一只蜗牛，我爬得慢，所以我要坚持不懈地爬。对我的工作，我不敢懒惰，不敢懈怠。除了充分利用正常的上班时间，业余时间我也坚持尽可能不让它浪费，因为我深知，人与人的差距在于每天晚上八点钟以后时间的利用，因为我深知，跑快不如跑得久，笨鸟必须先飞。

人的成长就是一个不断坚持的过程，对优秀的人而言，坚持是他们走向成功的不二法门。人生的路上，将面临各种各样的机遇、诱惑，也会遇到很多的挑战、困难，甚至是挫折、逆境，无论是怎样的一个状况，我们都需要有坚持的胸怀和勇气，都能从国家利益出发、从孩子成长出发，从自己人身价值的体现出发，咬定青山不放松，专心专注地做下去。

从小事做起，从当下做起，持之以恒，坚持不懈，坚定不移，你们就会从自己的每一次经历中收获对成功与失败更为深刻的理解。那时候，世界依然属于你，创造精彩人生的空间依然为你敞开。

我非常欣赏关于未来的一句话——未来不是一个我们要去的地方，而是一个我们要创造的地方；通向它的道路不是人们找到的，而是人走出来的。一个人的世界有多大，取决于他行动的力量有多大。因此，不要用你的现状去判断你的未来，要相信只要付出，你就一定能有所收获；只要行动，你就在不断接近梦想；只要坚持，你的未来就一定与众不同。

把生命"浪费"在美好的事物上

前不久读了吴晓波的《请把生命浪费在美好的事物上》一文。"生命就应该浪费在美好的事物上"，是台湾黑松汽水的一句广告词，作者由此生发，通过写女儿的人生选择，告诉读者，原来生命从头到尾都是一场浪费，我们要在乎的仅仅是这浪费是否"美好"。

哪些事物是美好的呢？我以为是结交优秀的人、阅读有用的书、享受真正的生活。

结交优秀的人。一个人的品位高低，往往受他周围朋友的影响，朋友的观念想法对一个人的影响比你的长辈、你的老师对你的影响都还大。

俗话说，你是谁并不重要，重要的是你和谁在一起。一根稻草，扔在街上，就是垃圾；与臭豆腐捆在一起，就是臭豆腐的价；如果与大闸蟹绑在一起，就是大闸蟹的价。

古语说："交友不善，虽资质极好之人，亦不免几分沾染。"和什么样的人在一起，你就会拥有一个什么样的人生格局。和勤奋的人在一起，你会变得勤奋，和积极的人在一起，你会变得积极，和优秀的人在一起，你会变得优秀。与之相反，与不思进取的人在一起，你会变得无所事事，与嫉妒心强的人在一起，你会变得鸡肠小肚，与那些染有不良习气的人在一起，你也会变得不拘小节。

阅读有用的书。通过阅读，与那些人类智慧启迪者的思想和言语进行交流，使我们的心与整个人类的感情合奏一个节拍。通过阅读，让生命与美好的事物相遇，进而发现自己，成就自己。与书籍相邀，在知识的海洋中遨游，与古今贤达相聚，与志士仁人对话，与各路大师零距离接触，上下五千年，天文政史地，可以无所不览，无所不涉及。细细品味那书中的情节、书中的意境、书中的哲趣、书中的思想，多自然、多深邃、多惬意、多美好。

面对教育的喧嚣与浮躁，短视与功利，我们期盼着教育的改变。怎样才能改变？也许我们还得回到阅读。教育的改变从阅读开始，通过阅读，我们对教育的理解才能深刻起来，对学生的态度才能理智起来。

读书是最好的备课，最生动的教材，最崇高的职业素养。经常不读书的教师，就没有知识"活"的源头水，也就涵养不了一潭"复合水"，更具备不了一汪滋养身心的"营养水"，当然也会因适应不了这日新月异不断变化着的形势，以及面对不了当下及未来教育给我们提出的挑战，而在教育的路上不可能走得远！

享受真正的生活。教师不是苦行僧，教育幸福，教师必须先幸福起来。我提倡教师认真工作，更希望教师能够有效率地工作，能够有更多的属于自己的时间，可以"沉醉"于自己的世界，"沉浸"于自己的空间，"沉迷"于自己的爱好，享受真正的生活。

教师是太阳底下最崇高的职业，但这并不要求我们做太阳底下最无谓的牺牲。奉献教育，不是无谓地消耗生命，而是该有持久的动力支撑，支撑你成长，成熟，以至成功。

成功并不像你想象的那么难

1965 年，一位韩国学生到剑桥大学主修心理学专业。在喝下午茶的时候，他常到学校的咖啡厅或茶座听一些成功人士聊天。这些成功人士包括诺贝尔奖获得者、某一些领域的学术权威和一些创造了经济神话的人，这些人幽默风趣，举重若轻，把自己的成功都看得非常自然和顺理成章。时间长了，他发现，在国内时，他被一些成功人士欺骗了。那些人为了让正在创业的人知难而退，普遍把自己创业的艰辛夸大了，也就是说，他们在用自己的成功经历吓唬那些还没有取得成功的人。

作为心理系的学生，他认为很有必要对韩国成功人士的心态加以研究。1970 年，他把《成功并不像你想象的那么难》作为毕业论文，提交给现代经济心理学的创始人威尔·布雷登教授。布雷登教授读后，大为惊喜，他认为这是个新发现，这种现象虽然在东方甚至在世界各地普遍存在，但此前还没有一个人大胆地提出来并加以研究。惊喜之余，他写信给他的剑桥校友——当时正坐在韩国政坛第一把交椅上的人——朴正熙。他在信中说："我不敢说这部著作对你有多大的帮助，但我敢肯定它比你的任何一个政令都能产生震动。"

后来这本书果然伴随着韩国的经济起飞了。这本书鼓舞了许多人，因为它从一个新的角度告诉人们，成功与"劳其筋骨，饿其体肤"，与"三更灯火五更鸡"，与"头悬梁，锥刺股"没有必然的联系。只要你对某一事业感兴趣，长久地坚持下去就会成功。后来，这位青年也获得了成功，他成了韩国泛业汽车公司的总裁。

在很多人看来，成功的人一定整天愁眉苦脸，像个苦行僧。其实不然，故事中的青年取得了事业的成功，主要靠的是他持久地坚持。

很多青年教师都梦想成功，都渴望成为名师，这实际上并不难，在追求的路上，也并不是那么艰辛，更不一定会像玄奘西行一定要经受九九八十一难。

其实只要我们咬定目标，找准方向，坚持不懈，持之以恒，坚韧不拔，一步一个脚印，步步为营，稳扎稳打，那么成功一定会到来。

比如我们每天利用点时间坚持阅读，每天拿点时间坚持对教育现象进行反思，每天挤点时间把反思的东西写成文字，这是每个人都能做到的，关键是很少有人坚持下去，只要你有恒心，有毅力，日复一日，年复一年地坚持下去，风雨无阻，雷打不动，三年、五年、十年、二十年……就一定能发生奇迹。也就是我经常主张的，"把简单的事情坚持做下去就不简单"，"成功路上并不拥堵，只是坚持下去的人太少了"，"有梦想就有希望，有付出就有收获，有坚持必有奇迹"。

叶澜说过："一个教师写一辈子教案不一定成为名师，如果一个教师写三年反思则可能成为名师。"早在2002年，朱永新老师就在网上开了一个"成功保险公司"，投保者只需每日三省自身，写千字文一篇，十年后持3650篇反思来公司理赔，如投保方自感十年后未能跻于成功者之列，公司愿以一赔百。事实上，十多年过去了，朱永新老师没赔一分钱，却有一大批教师通过写反思成长起来了。

青年教师，如果能够记住这几句话，或许你不一定能够获得富贵荣华，但你一定会得到成长；或许你不一定能够成为专家名师，但你一定能够成为一个有成就感的、快乐幸福的教师。

第五讲　教育需要爱

　　教育是有生命的，教育的生命不是知识的简单传授，而是爱心的传递，没有爱就没有教育，没有爱的传递同样没有教育，至少这样的教育是没有生命的。

教育最本质的东西，是爱

有一个住在非洲的印度教门徒，到喜马拉雅山去朝圣。他很想去拜访印度巴德里那斯和卡德那斯的圣庙，而去那些地方的道路非常狭窄，并且道路的旁边是一万英尺的深谷，终年积雪，只要脚稍微一滑，就有可能命丧黄泉。那个印度教门徒背着很少的行李艰难地行走着。

就在他上方的山路上，他遇到一个女孩，年纪不过十岁，她背上背着一个很胖的小孩。她气喘吁吁，一直流着汗，行走得很吃力。印度教门徒很同情地对她说："小女孩，你背得那么重，一定很疲倦，真可怜！"

那个女孩却回答说："不，你错了，你所背的是一个重量，当然觉得疲倦，但是我所背的是我弟弟，我爱他，我携带的是爱，我没觉得自己可怜，我能带着弟弟一起去朝圣，我很幸福！"

相信这个故事应该对大家有所启发。大家即将走上讲台，走上新的工作岗位，走上人生新的征程，应该带着什么上路呢？我以为，其他什么都可以不带，只要带着爱，与爱同行，携带爱上路，就足够也。

几年前，我曾经读过一篇《中国青年报》的通讯，写的是河南一位姓张的女班主任，张老师虽没有做什么惊天动地的大事，但是作者所写的几件小事却深深地印在我的脑海里，现在想起这篇文章来，我还常常忍不住流下泪水。

第一件事写的是她和一位贫困学生的交往。那个学生来自太行山区，家境贫寒。张老师发现他有两个奇怪举动，一是从来不与其他学生一起吃饭，二是洗脸总是到水管接水，洗完后也不擦。天渐渐变冷了，有一天，张老师把学生叫到办公室，递给他一条崭新的毛巾，问他为什么会有这样的习惯，学生激动地哭了，说："张老师，因为家里穷，我从来没有条毛巾来擦脸，您是第一个发现我不擦脸的老师！我吃不起食堂的饭，只好在吃饭时间忍饿出去。"张老师听了，也很感动，之后就对他多了一份关心。这位同学后来在高考中因意外事件落榜，回到了老家。张老师依然牵挂着他，盼着他来信，可是，左盼右盼，竟然一封信也没收到，"怎么回事？出什么事了吗？"张老师想。半年过去了，张老师突然收到了来自太行山内的一个大大的邮包，拆开后一看，是厚厚的一沓信，信中说："老师，我毕业后，每周给您写两封信，但我没有勇气发给您，因为我没有考入大学，给您丢脸了。现在我鼓起勇气把所有的信寄给您。您的恩情，我无法报答，我记得你爱养花，窗台上总摆着几盆花，我唯一的愿望是化成露珠，凝在您的花上！"没有读完，张老师的泪珠便流了下来，如一颗颗晶莹的露珠……

第二件事，说的是对越自卫反击战时的事。张老师让自己班的学生与解放军前线某连队结成对子，通了一年的信，突然一段时间前线没有了回音，几个月后，一个青年军官来到学校，找到同学们说："我是连队的指导员，你们一定奇怪，为什么我们突然不给你们回信了。我现在告诉大家一个沉痛的消息，在执行某次任务时，全连队的战士们不幸为国捐躯了！"话音未落，全班同学抱头痛哭。张老师说，经过这样一件事，全班同学似乎一下子长大了。

还有一位同学，没考上大学，却善于经商，成了大款，有一次回校探望张老师，说："张老师，中午我留在您这里吃饭，请您为我做当年你常做的青椒炒肉丝，下清汤面吃——我是所谓的大款了，有好饭吃，有好房住，但我感觉最好吃的，还是您炒的青椒肉丝。"于是师生二人一起享受了当年的"美味"。临别时，这位"大款学生"对老师郑重地提出了一个要求："张老师，我希望您能继续做班主任，能多做一天就多做一天；您多做一天，社会上就多一些有良知的人。"

这些事情虽然不大，但却触及了教育最本质的东西，那就是爱。

爱是最朴素的情感，爱是最美妙的音符，爱是最美丽的天使，爱是人类永恒的主题。教育是有生命的，教育的生命不是知识的简单传授，而是爱心的传递，没有爱就没有教育，没有爱的传递同样没有教育，至少这样的教育是没有生命的。

一个人可以什么都没有，但不能没有爱，而作为教师，则更不能没有爱。有了爱就有了温馨，就有了美好，就有了真情。我以为，教师的爱更多地体现在对学生的爱上。

与人类形形色色的爱相比，教师对孩子的爱是一种无私、高尚、圣洁的感情，是教育力量的源泉，是教育成功的基础。

诗人泰戈尔说："不是铁器的敲打，而是水的载歌载舞，使粗糙的石块变成了美丽的鹅卵石。"铁器的敲打，只能使石块破碎，而柔弱的水，却能在欢快的流淌中，在载歌载舞的行进里，让石头变得光洁美丽。教师对学生的爱，不就像那载歌载舞的水，会让一个个有棱有角甚至还有缺陷的孩子变得更加完美吗？

斯宾塞有句话很有道理，他说，不要希望儿童有大量的美德，教育者的全部奥秘就在于如何爱护学生，如果你讨厌学生，那么你的教育还没有开始实际上就结束了。

每一个孩子都是上帝送给我们的礼物，能够与每一个孩子相遇，既是缘分，又是福分，我们没有任何理由不爱学生。

优秀教师首要的一点就是要爱学生，一个对学生没有爱的教师，绝不是一个合格的教师。

有爱无类

孔子说："有教无类"，我延伸一下，做一位教师应当"有爱无类"，这是什么意思呢？爱学生就是不管学生的家境贫富，不管学生的天资智愚，不管学生的相貌美丑，不管学生的成绩好坏，不管学生的表现优劣，我们都能以爱相施，用爱相待。只有"有爱无类"方能显出教育者爱的无私与伟大。

我常常在想这样的现象，一排小树苗经历一场狂风暴雨，有的完好无损，有的小树苗却东倒西歪，农夫首先扶正培土的是那些东倒西歪的小树苗。两个病人急诊，一个只是感冒，另一个病得厉害，生命危在旦夕，医生首先选择的肯定会是那个病重的人。草原牧羊，几十只也好，一百只也好，如果有一两只走丢了，牧羊人肯定回头去找的是那走丢的一两只。

然而现实中的一些老师，他们爱学生，很容易对成绩好的学生，对家庭条件好的学生，施以"青眼"，给以特别关注，甚而会倾注更多的心血，而对那些比较差的学生，尤其是学业、品行不太好的学生，还有家庭条件不是很好的学生往往投以"白眼"，从心里看不起。这种现象对于教育来说，很不正常啊！

有一个故事，说的是日本的盘珪永琢禅师：他的寺庙里有很多学僧，其中一位弟子因为行窃而被当场捉住，其他弟子纷纷要求禅师把此人逐出佛门，但是盘珪没有理会，他甚至没有对那个和尚提出什么严厉的批评。后来那弟子旧病复发，再次偷窃又被抓获，弟子们再度请求禅师惩治，盘珪依然不予理睬。弟子们十分不满，就集体建议将他开除，不然他们就要集体辞职。禅师召集弟子们说："你们都是明白道理的人，知道什么是对，什么是不对，只要你们高兴，到哪里去学都可以。但是你们的这位兄弟，他连是非都还分不清楚，如果我不教他，谁来教他？所以我要把他留在这里，哪怕你们全部离开。"

对这个故事，我想说的是，教育从本质上说，它就是一种良善和悲悯，是一个生命对另一个生命的关爱、呵护和包容。优生可能关系未来社会的方向，差生绝对影响未来生活的质量。对于一个差生来说，在老师的视野里可能就是几十分之一，而对于这个学生来说，就是他的全部，对于孩子的父母及其他亲人，这个学生有可能就是他们的整个世界。

所以，教师应该用博大的宽广的爱来爱所有学生，爱所有学生的一切。特别是对那些处于弱势的学生，多尊重保护他们的自尊心；多激励增强他们的自信心；多期待激发他们的上进心。让他们没有高矮，贫富之所想，没有好坏、优劣之所困，没有卑贱、高尚之所扰，让他们生活在平等互助的团队里，成长在团结奋进的集体中。慢慢地，集体的荣誉感，集体的凝聚力，还有他们的阳光自信、天真烂漫会潜移默化地在他们的心里生根、发芽、开花、结果。

欣赏眼里出"西施"

台湾作家林清玄青年时代做记者，曾报道过一个小偷，他在文章中情不自禁地赞叹："像心思如此细密，手法那么灵巧，风格这样独特的小偷，做其他任何一行都会有成就的吧！"他不曾想到，就是这样一句欣赏的话语，竟影响了一个青年的一生。20年后，当林清玄邂逅这位小偷时，他已经脱胎换骨，成为了一个企业家了，他对林清玄说："您的一句话，点亮了我生活的盲点，它让我想到，除了做小偷，我还可以做正经事呢！"

我们内心的柔弱，可以比花瓣更美。当你用欣赏的眼光去关爱他人的时候，也许他人便能在你面前开出最美丽的花儿。

渴望被人赏识，是人性的弱点，也是人性的优点。可以说，这个世界上的每一个人都希望得到他人的赏识。你在大街上遇到一个陌生女士，你对她说，"你真漂亮"，即使她回头大骂你"神经病"，其实她心里也是乐滋滋的。在大自然，植物都是朝着太阳的方向生长。

教师对孩子的欣赏，是播撒在孩子心头的阳光，是倾注在孩子身上的希望。教师对孩子的欣赏，体现的是教师的一种包容，一种胸怀，一种仁慈，一种悲悯！

阿里巴巴集团董事局主席马云曾谈到，他招聘了几万名年轻人，发现一个很有意思的现象，那就是那些有出息的年轻人都特别会玩，特别调皮。他说，调皮的孩子容易成功，但调皮的孩子不讨老师喜欢。一个有爱心、有责任心的老师就应该走出这一误区，要善于发现每一个孩子的闪光点，要用欣赏的眼光看待每一个孩子，包括对待那些调皮的孩子。

信任比黄金重要

古希腊有一位著名雕刻家皮革马利翁，他十分钟情于自己雕刻的一尊女神像，于是把她当成有生命的姑娘而日夜守护，后来，这件雕刻竟真的变活了，而且女神还做了雕刻家的妻子。如果教师对孩子充满信任，倾注心血，施之以爱，孩子就会成为我们所期望的那样的人。

美国有一所学校，图书馆的门经常被踢坏，学校将木门换成铁门，仍无济于事。后来来了一位新校长，他把铁门改成了玻璃门，奇怪的是门再也没坏过。有人不解地去问校长，校长说："装铁门充满了挑战味道——这一下你应该踢不破它了吧？而装玻璃门意味着对学生的信任，相信他们会爱护这道门的。播种信任，才能收获信任。"

魏书生老师，曾遇到这样一件事，有次考试，一个学生考了 59 分，找老师通融，一般老师可能或者坚决拒绝，但魏老师不这样，他说："我可以给你加 1 分，但这是借给你的，将来要还的，而且还有利息，今日借 1 分，下次考试还 10 分，你借不借？"学生思量了半天，咬着牙借了下来，结果在下次考试中，这名学生考了 88 分。学生处在信任和自觉状态，成绩提高是毫无疑问的。

信任学生，是教师的基本素养，也是教师最基本的要求。苏霍姆林斯基在《唯有依靠你们》中说："你是明天的教师，请记住：每一个儿童都是带着想好好学习的愿望来上学的。这种愿望像一颗耀眼的火星，照亮着儿童所关切和操心的情感的世界。他以无比信任的心情把这颗火星交给我们，做教师的人。这颗火星很容易被尖刻的、粗暴的、冷淡的、不信任的态度所熄灭。要是我们，做教师的人，在心里也像儿童对待我们那样，把无限的信任同样地给予他们就好了！那将是一种富有人情的相互尊重的美妙的和谐。"

一间教室能带给学生什么，取决于教室桌椅之外的空间流动着什么。"教室桌椅之外的空间流动着"的，应该就是教师的态度、道德智慧，以及由他而引发的学生们的态度、道德、智慧的总和。如果空白处流动的，仅是知识，是机械的传授，是冷漠的规矩，是惩罚和害怕，是厌恶和敌对，这间教室就是狭小的；如果空白处流动的，是智慧，是彼此的交流碰撞，是信任、尊重和赏识，是爱和激情，是浓浓的兴趣和不竭的动力，这间教室就是宽广无垠的，而且会洋溢着欢笑、荡漾着激情、充满着活力、弥漫着祥和与温馨的。

让每个学生都感到我喜欢他

其实，每个学生，不管是低年级，还是高年级，是男生，还是女生，是成绩好的，还是成绩差的，都十分在意老师是否注意他，十分在意老师对他的态度，内心深处都渴望老师喜欢他，这对于我们每一个从学生时代走过来的人来说，都有着这样真切的体会。如果我们能做到喜欢每一个学生，教育无疑会进入一种美妙的境界，但是要真正做到发自内心喜欢每一个学生，我以为这很难，但至少应该做出喜欢的样子，这不是道貌岸然，也不是虚伪，更不是伪君子，而是教育的需要，在这一点上，美国教育家托德·威特克尔有一段论述：

不强求你喜欢每个学生，但要做出喜欢他的样子。如果你的行为并不说明你喜欢他们，那你无论多么喜欢他们都没有用。但是，如果你的行为表现出你喜欢他们，那么，无论你是否真的喜欢也无关紧要。

我们应该利用一切机会，发现每一个学生的独特之处和闪光点，让每一个学生都找到老师喜欢他的理由。

世界上最美妙的声音是什么？是"听到自己的名字从别人的口中说出来"。名字，浓缩了人世间最纯朴的至爱亲情；名字，是一个鲜活生命的符号。教师亲切、温柔、甜美地呼唤着一个个学生的名字，他们会真切地感受到老师对他们的喜欢。

有意识地在他们的座位边多站会儿，还有一个鼓励的眼神，一句赞美的话语，一个亲切的微笑，一个轻轻的拍肩动作，这都是我们能够做到的，都能让孩子直接地感受到我们对他的爱，他们一定会由衷地说："老师最喜欢的，是我！"

你不一定爱你的学生，但你既然从事了这一职业，就应承担你相应的责任，你得关注学生的学习与成长，而且，你不要将关注仅仅停留在意识里，而应让学生摸得着，感觉得到。你拾起学生掉在地上的橡皮，耐心回答学生的提问，常与学生个别谈心，甚至只是走道里的一声问候，这些都是能让学生摸得着的关注。

公正是最大的动力

学生个性有不同，能力有差异，智力有高低，品行有上下，长相有美丑，家境有好坏，尽管教师有自己的喜好，但教育是平等的，教师的职责与道义要求我们，必须平等地对待自己的教育对象。

上海师范大学曾对 4500 名学生进行教师职业品质调查，结果，有 84% 的被调查者认为，"公正"是教师工作最重要的职业品质。的确，公正是最大的动力。

教师爱学生就要公正地对待每一个学生，这是学生信任教师的基础，也是卓越教师最重要的品质。孩子们最希望的是老师对他们一视同仁，平等相待，他们最不满意的是教师凭个人喜好偏爱某些学生，奚落歧视另一部分学生。

因此，无论什么样的学生，我们和他们交往时都应遵循着平等、尊重的原则，在他们有困难的时候尽力去帮助，在他们有进步的时候极力去肯定、欣赏，在他们犯错误的时候尽量去宽容，给他们更多的理解与耐心，也给他们更多的帮助和引领，等待他们成长。

教师即使暂时做不到爱每一个学生，但必须做到公正对待每个学生。

"宽是害，严是爱"，关爱不是放松，关爱更不是放纵。关爱与严格并不矛盾，严格与苛刻、与体罚、与辱骂更不是一回事。严格要求学生也并不等于过分苛求学生，关爱学生也并不等于不批评学生、不惩罚学生。孙云晓说："没有惩罚的教育是不完整的教育，没有惩罚的教育是一种虚伪的教育，脆弱的教育，不负责任的教育。"

我们的老师如果因为一些学生走向极端的个案而放弃对孩子的批评，如果一味以爱的名义而对学生做出让步，如果仅为孩子的自尊而对孩子肆无忌惮地放纵，如果仅为了孩子学习生活的快乐而没有一些控制和约束，那就是我们的失职，教育的失败，终有一天，人们会为这些孩子失望！

教育上的公平，最重要的不是教学条件设施上的公平，也不是接受优质教育资源上的公平，而是教育者在对待学生的态度上是否真正体现公平。一般来说一些老师喜欢成绩好的学生，喜欢那些样儿可爱的学生，他们往往会得到更多的提问，更多的鼓励，做错了事也会得到更多的原谅，这恰恰对其他学生带来了不公平，也是对其他学生的一种伤害。

把学生的一切放在心上

把学生的一切放在心上，首先是要办孩子们喜欢的学校。如今的学校，大多是用成人的规则去规范孩子的生活，用成人的思考去束缚孩子的天性，这都不是孩子们喜欢的。孩子们喜欢的学校，是从孩子们的天性出发的——创造孩子们喜欢的文化氛围，培育孩子们喜欢的学习环境，开设孩子们喜欢的课程，开展孩子们喜欢的各种活动，构建孩子们喜欢的生动课堂。孩子们喜欢的学校，能从孩子的成长及发展规律出发，把孩子的发展作为一所学校关注的出发点和落脚点，把倾听和研究孩子作为教师最基本的能力。

把学生的一切放在心上，其次是要为学生终身幸福奠基。绝不能为了满足一时的需要，或者仅满足孩子一生中关键的几天（如中考或高考那几天）的需要，把孩子当成应试的机器、把班级办成应试的车间、把学校办成应试的工厂，而要着眼于孩子未来五六十年甚至更长时间的幸福。

为了学生的终身幸福，我们教育者应以一颗平常心，去悦纳每一个有着无穷可能性的生命。我常常在想，成功的教育不是让每个学生都考上大学，成功的教育应该是给每个孩子提供多一种可能，让每一个学生成为他最好的自己。

我以为，我们的教育能让孩子养成一个良好的习惯，能让孩子拥有一个健康的体魄、一个阳光的心态、一个优秀的品质，能够帮助孩子树立面对任何艰难困苦的信心和勇气，能够培养孩子对生活的热爱、对生命的热爱、对社会的热爱和对大自然热爱的情感，就即使他们考不上大学，就即使他们是一个打工者，他们在今后都能够过上一种有尊严的生活。

把学生的一切放在心上，再次要设身处地为孩子着想。二十世纪八十年代，美国曾评选"儿童给成人的忠告"，一共十句，其中第一句是——"我的手很小，请不要往上面放太多的东西。"在孩子的成长阶段，除了父母以外，老师应该是影响最大的人。老师的一个善良举动，可能会让一个人铭记一生；老师的一次冤枉错怪，可能会让一个人对某事永久丧失兴趣。所以，敬爱的老师们，请别让"教育"违背了人性，请设身处地为孩子们着想，请做一个温暖的贴心人，千万不要为了一己之私利，为了所谓的功利，去盲从和追风，去折腾和戕害我们的孩子。

做一个学生喜欢的老师

于永正老师曾说："我对自己的人生定位并不高，就是想当一个学生喜欢的老师，不做被学生鄙视的老师。因为被学生瞧不起的老师太可怜。"我们讲老师的职业追求、专业精神，也常说师德师爱，其实只要能给自己定位当一个学生喜欢的老师，这一切都迎刃而解。

做一个学生喜欢的老师并不难，在很多时候，在要求学生怎样做的时候，我们只需要设身处地地想一下，或者我们只需要将心比心，换位思考一下，自己当学生时候喜欢什么样的老师，然后模仿我们所喜欢的老师的样子来做老师就行了。

说到底，也就是教师要理解学生。理解学生，是教师爱学生的基础。特级教师华应龙曾指出要"像农民种地那样教书"，他说农民种的庄稼长得不好，从来不责怪庄稼，而是反思自己：土是不是松得适宜？肥是不是施得及时？有没有及时浇水和除虫？因为他知道庄稼始终是无辜的。那么，每天面对那些可爱的孩子，我们可否像农民那样，经常问自己：我的学生上课为什么走神？为何感到学习索然无味？作业为何频频出错？脸上为何没有笑容？有了这些反思，这些追问，我们对学生就有了理解，就没有了怨恨，没有了责怪，就更没有了侮辱和体罚。这样的老师，学生一定喜欢。

现在很多教师在应试教育和功利教育的俘虏下，先束缚了自己，囚禁了自己，后再以爱的名义去捆绑学生，学生被五花大绑，没有自由，学习生活枯燥乏味，教师自己没有思想，死缠蛮缠，既没有从职业中体味到幸福快乐，又让学生十分讨厌。

一个不理解学生的老师，是得不到学生喜欢的；一个不被学生喜欢的老师，是很难真正做到爱学生的。

千万不要以爱的名义伤害学生

一些老师固执地认为，对待孩子只要我爱你了，肯定你就会喜欢我，你就会听我的话，你就会认真学习。殊不知，一旦我们的爱承载了过多的使命，带着很多的附加条件，带着很重的个人功利，孩子们就会从中"嗅"出一种味道，他们就会拒绝这种爱。

在我们身边，有许多老师，在应试教育的逼催下，他们常常以爱的名义、以爱作为幌子和挡箭牌，强行要求孩子必须怎样怎样。比如，侮辱体罚是为了对孩子的爱，死缠蛮缠是为了对孩子的爱，重复学、反复练、瞎折腾也是为了对孩子的爱。这种爱，实际上是对孩子的伤害，既得不到孩子的回应，也赢得不了孩子的热爱。

可以这样讲，我们当老师的尽管一厢情愿地为学生想了许多，做了许多，但只要我们没有把爱的教育种子播入孩子的心田，那教育的园地就会颗粒无收，尽管我们付出了许多苦心，但只要我们的爱带着一些看似为了孩子，其实为了自己的附加条件和功利色彩，我们的良苦用心也会付诸东流。

好的关系胜过好的教育

关系是重要的教育元素，也是重要的教育力量。影响着教育的进程和教育的达成，最重要的两种关系，一是亲子关系，二是师生关系。

孩子是看着大人的背影长大的，父母对孩子的影响最大，改变孩子从改变父母开始。孙云晓曾讲，中国的父母需要反思一个中国式的问题，父母之间相互温存拥抱接吻都背着孩子，吵闹打架都当着孩子，相互挖苦贬损都当着孩子。长此以往，孩子耳濡目染，感受到的尽是阴暗面，对孩子的成长肯定会带来负面的影响。孙云晓还谈到，哪有夫妻不吵架的？偶尔打架也没关系，记住一条，当着孩子的面吵架，就要当着孩子的面解决，让孩子感觉到，原来发生了矛盾是可以解决的。一方道歉，对不起，另一方说我也不该这样，再分析哪对哪错，让孩子看到一种完整的结果。这样就会慢慢形成一种好的关系，好的教育。

学校教育是教师针对学生所组织的教育教学活动，因此老师与学生的关系是学校教育的关键要素。师生关系好坏，决定教育的成败。师生关系好，教育很可能是成功的，师生关系糟糕，教育就一定是失败的。

李希贵认为："没有好的关系，就没有真正的教育，如果你讨厌你的学生，那么你的教育还没有开始，实际上就已经结束了。"

师生关系我以为有这几类，一类是传统的传道授业解惑的关系；一类是戒备森严注重师道尊严的关系；一类是良师益友的关系；一类是鸡犬不相往来的关系；一类是相互埋怨心存隔阂缺乏沟通的关系。其中的良师益友的关系应该是一种理想的师生关系，是一种感情融洽的师生关系，是一种教学相长的师生关系。

很多教师总是把师生之间关系定义为大人与孩子的关系，这实际上就表明老师会以长者自居，会居高临下俯视学生，而不会放下架子，也不会蹲下来看学生，与学生平等对话，更不会把学生当成自己的朋友。师生关系的不平等，会让学生产生隔膜，不会与教师无话不谈，也不会认为教师是真的在爱他们。

于永正老师对师生关系也有独特的理解，他把师生关系明确为同学关系、朋友关系，这样的关系就是一种平等关系。他说，师生关系是同学关系，是朋友关系，是平等的。低年级的学生我称为小朋友，言外之意，我是他们的大朋友。中高年级的学生我则称同学——我们是一起学习的。

教师对学生的爱，从建立良好师生关系着手，改变教育，从改变师生关系开始。

第六讲　没有尊重，就没有教育

　　教育家陶行知先生说过：真的教育是心心相印的活动，唯独从心里发出来的，才能打到心的深处。从先生这句话中，我们不难领会，教师之爱，应该是理智的、智慧的爱，应该是发自内心深处的爱，应该是源于对学生的尊重的爱。如果教育离开了情感，离开了尊重，恐怕一切的爱都只是口号，甚至是伤害学生的借口，一切教育都无从谈起。

一只从耶鲁大学毕业的猫

在美国耶鲁大学，3 年来，有一只猫每天出现在其中的一个教室里。这只猫名叫布巴，它的家就住在学校的后面，它的主人是一个书店老板。最初，布巴是一只流浪猫，在 3 年前被书店老板收养，那个书店老板起初只是把它关在家里，但它一直"喵喵"地叫个不停，主人就知道它其实想出门去玩，所以就让它自由活动了。结果它摸索着进入了耶鲁大学，从此发现世界上居然还有上课这么"有意义"的事情，于是就每天过来听课了。它非常的"勤奋好学"，无论是刮风还是下雨，它每天都会准时来到教室里听课。原本教室里并没有它的专用座位，它只是蹲坐在教室的角落里，奇怪的是每次老师讲到精彩处，它都会探头探脑，显得很专注，后来同学们就从学校仓库里为他搬来一张桌子和椅子。

每天，布巴都会准时到教室门口安静等待开门上课，比其他学生们都准时，因为布巴上课太勤，同学们就向学校提议给它颁发"学生证"，结果耶鲁大学的高层领导还真的派人连续考察了一周，发现它真的天天来听课，于是就答应了同学们的请求，派人给布巴拍了一张照片，然后煞有介事地给布巴做了一张"学生证"，挂在布巴的脖子上。

布巴所在的班级眼看要毕业了，理查德校长却做出了另一个决定，那就让布巴和同学们一起拿到一张耶鲁大学的毕业证吧！于是在 2016 年 7 月 18 日，学校让同学们为布巴披上了一件特制的毕业袍，然后让它和同学们一起拍了毕业照。

这件事情传开以后，很多地方的人都批评耶鲁大学对毕业证视为儿戏，但是理查德校长并不这样认为，他在耶鲁大学的社交网站上发视频说："第一，我们从它身上学到了这样一个道理，只要坚持不懈，你总有被人认可和取得正果的那一天；第二，这并不是视毕业证为儿戏，而是对任何一个坚持者的尊重与爱，哪怕那只是一只猫，而尊重与爱，本身就是教育的核心。"

一只猫，都受到了最起码的尊重，然而我们的教育呢？可以毫不掩饰地讲，当下我们的家庭教育、学校教育正是缺少了对孩子的这种起码的尊重。

比如，现在教育最大的问题，就是父母和教师随意用侮辱的语言损害学生，或者动辄就体罚学生。父母的观念是"不打不成器，不骂不成才""棍棒下出孝子，拳脚下出才子"，老师的口头禅是"恨铁不成钢""打骂这都是为你好""可怜天下老师心"等等。甚至还有家长和教师，把对孩子的打骂，说成是在对孩子进行挫折教育，让孩子从小就有坚强的心理素质。这简直是对挫折教育的曲解，挫折教育不是不尊重孩子，挫折教育也不是靠打骂来实现的。

比如，我们也经常提到尊重，但很多时候，不过是一个口号，一个招牌，在一味追求分数的目标下，尊重被沦落为一个"说起来重要，做起来次要，一着急就忘掉"的招牌。

比如，我们真的尊重那些在我们眼里看似不可救药、不可理喻、成绩一塌糊涂的学生了吗？不是吗？当你苦口婆心，而他不屑一顾、毫无反应时，当你看着其他老师用"冷酷"的办法苛求而取得好成绩时，你对学生还有耐心，还有克制，还有尊重吗？

比如，现在科技发达，"直播教室"让学生在教室里的一举一动被监视，"无论你在干什么，都会有无数的眼睛注视着你、监视着你"，有的公开质疑，"监狱已经在校园诞生"，这哪有对学生的尊重可言？当下流行的微信群是个好东西，让人与人之间的联系更为便捷，让家校之间的沟通更为方便，但很不幸，微信群被应用于教育，让孩子的自由空间进一步被压缩了，全天360度处于无死角监控之中。直接在微信中点名，某某同学完成作业不好，某某同学没有完成作业，并鼓励表扬完成作业良好的同学，形成鲜明对比，让一些孩子无地自容。更有甚者，上照片，让作业完成得很差或者没有完成作业的学生站成一排，拍照片，发到家长群里，告诉所有人：看！这就是那些没有完成作业的孩子。对孩子简直缺乏最起码的尊重。

教育的前提是尊重

重读苏霍姆林斯基，再次走进他内心的深处，我常常在想，这样一位乡村教师该是怎样热爱他的教育，热爱他的学生呢？我仔细搜索答案，没有别的，原来仅仅是源于他对学生的那份尊重。

有这样一件事，有一次，苏霍姆林斯基准备带领全班去树林游玩，然而在旅行前，五年级彼嘉的奶奶病了，彼嘉的父亲需要彼嘉帮忙把奶奶送到医院，然而彼嘉却十分想和大家在一起，因为那意味着快乐和放松，而如果送奶奶去医院，则意味着忧愁和责任，这样的两难选择让彼嘉左右为难。这时，教师或许什么也不用做，彼嘉的父亲就能说服彼嘉不去游玩，可以想象彼嘉的心里充满了阴霾，他虽然极不情愿，却不能违背父亲的意愿，而大家一起去树林，对于上小学五年级的彼嘉来说，无疑是最抗拒不了的诱惑。这时，苏霍姆林斯基是如何体现对孩子的尊重的呢？

他先是帮助彼嘉克服了想去旅行的愿望，说明这个时候去游玩是对家庭的不负责任，不能因为自己的快乐，而置奶奶的安危于不顾，这样的心理疏导是那么入情入理，是那么细致入微。他走进了孩子的心灵，让孩子心生美好，心存善良，而他又把这种美好，这种善良延伸到全班同学，让他们都为彼嘉的奶奶担心起来，明确此时的出行并不适宜，由此，让所有同学共同做出了第二天不去树林的决定。

我们可以想象，彼嘉在得知大家为了他的奶奶、为了他而放弃旅行时该是多么感动，在那一刻，他一定感受到了生活的美好、同学的友谊、老师的尊重。尊重成了一缕最美的阳光把他心底照亮，并且将温暖他漫长的生命旅途。这种以心换心的教育不用太多烦琐的语言便收到了良好的教育效果。

著名教育家爱默生曾指出："教育成功的秘密在于尊重学生。"

人皆有自尊心，皆有人格尊严。每一个孩子和每一个成人一样，都是值得尊重的独特个体，他们都有自己独立的人格尊严，独特的个性光芒，自由的思想空间和广阔的心灵空间。学生尊重教师是天经地义的，同样，教师也需要尊重学生，尊重学生是教师的基本师德。

我们能尊重成年人，是因为大家处在平等的位置。我们难以尊重孩子，主要是我们和孩子不在同一高度。我们总是习惯高高在上地俯视孩子，呵斥孩子，命令孩子。其实，孩子除了身高、年龄以外，没有什么比我们低一等、矮一截，身高上的距离、年龄上的差异，永远不能成为我们不尊重孩子的理由。

审视当下的教育，我们看到了人世的浮躁与功利主义的毒瘤长在以升学率为目标的教育肌体之上，为了分数，为了升学率，教育没有了人性，对学生没有了尊重。其实，教育很简单，我们只需要教育者眼中有人，只需要把学生当成活生生的人来看，只要把学生当成一个有灵魂的个体对待，只需要给他们应有的尊重，教育就会真实而有效。

如果说爱孩子是一种本能，那么对孩子的尊重就是一种教养，一种风范，一种高雅。如果没有尊重的爱，那就只是一种肤浅，一种低层次，一种仅仅停留于动物性的水准上。

让尊重把爱播撒在孩子的心田

尊重孩子，首先要尊重孩子的人格。在一次报告会上，北京四中校长刘长铭讲了这样一件事，有一年，北京四中一位家长给老师写了封信，说孩子到了四中后有一件事情特别激动，即在分班测试结束时交卷子，当孩子把卷子递给老师的时候，老师说了一声"谢谢"。孩子回家后告诉父母：上学九年从来没有任何一位老师跟他说过"谢谢"……

刘长铭问老师：说"谢谢"是大事吗？但是你平时说了吗？他于是和大家打了个"赌"，他说，从现在起，号召老师向学生说"谢谢"，他们回答问题后，说一声"请坐下"，以一种平等、尊重的态度来对待学生。他说他敢打赌，只要坚持一两年，那么，无论基础多么差的学校，一定会与众不同。

孩子是有思想、有看法、有需求、有情感的独立的"人"。孩子同父母、同教师、同这个社会的每一个人一样，都是独立的个体，都有自己的人格尊严，在人格尊严上，不应有家长与孩子之分，不应存在老师与学生之别，人人都应该是平等的。

尊重孩子的人格，是父母和教师们对学生的底线。连孩子的人格都不能做到尊重，那就根本不可能有尊重可言。我常讲，作为父母、教师，你可以对孩子暂时没有爱，但绝不可以没有尊重。你可以对孩子在学习上、生活上不做到无微不至地关怀，但你完全可以做到不用任何语言去侮辱孩子，不用任何体罚的手段去惩罚孩子，这不是爱不爱孩子的问题，而是尊重不尊重孩子人格的问题。

所以，我们要正视孩子的存在，理解孩子的愿望，肯定孩子的努力，欣赏孩子的成就，呵护孩子的创造潜能，切勿伤害孩子的自尊心和自信心。同时给予孩子们平等公平。无论什么样的孩子，和他们交往时都要遵循平等、尊重的原则，给予孩子们合法的权利，给予孩子们光明灿烂的成长空间，为孩子们营造一个平等祥和、民主友善的学习、生活环境。

尊重孩子，其次要尊重孩子的选择。从报纸上看到一位从德国回来的女士谈及的她亲身经历的一件事。

一个星期天，她陪5岁的儿子到公园去玩。儿子用一只纸飞机换回了德国小朋友的一辆电动小汽车，那只纸飞机只值5美分，而这辆小汽车至少要值20多美元。

母亲在不相信中，找到德国小孩的妈妈，问及原委，这位德国母亲说："小汽车是属于孩子的，该由孩子做主。"她还说："孩子既然做主交换，小汽车就归你儿子了。过一会儿，我会领着孩子上玩具店，让他知道这辆汽车值多少钱，能买多少个纸飞机，这样他就不会再做这样的事了。"

德国母亲不随意阻止、干预孩子的决定，也不轻易批评自己的孩子，她既尊重孩子的选择，又不放弃每个教育机会，及时对孩子进行因势利导、循循善诱的教育，确实值得我们中国孩子的父母和老师借鉴。

如今的孩子接触外界的机会很多，在许多事情上从很小时，都开始有自己朦胧的、幼稚的看法与态度，包括"选择"在内的各种自我意识也渐渐萌发。他们潜意识里认为，大人能同意他的选择，就是尊重他，从而产生一种孩子特有的成功感和满足感。

当然，我们不能保证孩子的每一次选择都是正确的，但他们毕竟还小呀！在这个过程中孩子肯定会摔几个跟头，走一段弯路，但孩子的选择能力却会在一次次尝试中得以提高，在一次次摔打和碰壁中不断进步。

可以这样说，孩子完成的一个个朦胧的、顽愚的选择过程，就是孩子们稚嫩的自我实现过程，就是孩子们不断走向心智成熟和完美的过程。

尊重孩子的选择，是培养孩子民主意识的第一步。从小在受尊重中长大的孩子，长大以后，才有可能成为一个自强、自立的人，一个容易体谅和包容的人，一个有民主意识和敢于担当的人。

尊重孩子，再次要尊重孩子的需要。孩子同成人一样，都有各种需要。比如孩子学习的需要、交往的需要、玩耍的需要、锻炼的需要、自由的需要、物质的需要、情感的需要，还有保障孩子隐私的需要等。

只要孩子的需要是合理的，父母和教师只要创造条件给予满足，他的心情必然是愉悦的、轻松的，他就会乐于去做你让他做的事。如果我们父母要求孩子除了学习还是学习，如果我们教师只把学生当成一台应试机器，死整蛮缠，对孩子们的其他需要从不考虑，从不满足，孩子们就会讨厌学习，甚至感到生活没有任何意义，乃致因不堪重负、精神崩溃，而走向极端。真正尊重孩子就要理解孩子的需要，满足孩子的合理需要。

孩子的需要，更多的是对他们精神、学习、情感层面的满足。对于物质上的需要，则不一定要给予满足，在物质上宁肯亏一点，"饿"一点，让他们在想要得到物质东西的时候，需要一些努力，一些争取，一些等待，需要踮起脚尖才能得到，这样的得到才是最快乐的，也是他们值得珍惜的。在物质上不管需要什么都无限制地去满足，那就是溺爱！

尊重孩子，同时要尊重孩子的爱好。爱好是孩子最好的伙伴，兴趣是孩子最好的老师。孩子的爱好和兴趣从某种角度来说，比孩子的学业更重要。因为孩子的学业只是为他今后的发展打下基础，而孩子的兴趣和爱好，却决定着孩子未来的发展方向。那种无视孩子兴趣和爱好，只关注成绩和分数的做法，是对孩子个性的扼杀。

孩子不管是哪些方面的爱好，只要是正当的，做父母的，还有我们的老师，都应给予支持。莫言在上小学时，成绩不是很好，但就喜欢读课外书籍，他的母亲、他的小学老师在这种情况下，不但不制止，还给予鼓励，如若他的母亲、他的老师眼里只有分数，或者认为是读课外书影响了莫言的成绩，让他的爱好消失在棍棒中，泯灭在褓襁里，那么还有莫言后来在文学方面的巨大成就吗？

培养孩子的爱好，并不在于他长大后要靠这个谋生，而在于培养他对某一件事的专注精神，一种有所追求的执着，一种想做事情并能做好的信念，一种能从爱好中寻求生活乐趣的习惯。孩子拥有自己的兴趣爱好，他的一生都将受益无穷。

尊重孩子，还有一个方面就是要尊重孩子的差异。有一则"幸运的小鱼"的故事，说的是有一条很不起眼的小鱼儿，瘦小孤单。主人喂食时它动作缓慢，总是抢不到食物，每次最多只能吃到些别的鱼吃剩的残渣碎末。平时它常孤零零地游荡，似乎谁都可以欺负它。终于有一天主人发现它是如此可怜，打那以后喂食时都先在它身边撒些饵料。

没想到就是这一微不足道的举动，竟改变了小鱼的命运。因为这之后其它聪明的鱼儿渐渐地发现：只要在小鱼的周边就一定能得到食物。于是一星期以后一个颇为壮观甚至是戏剧性的场面出现了：一条不起眼的小鱼，领着一个偌大的鱼群在水中游来游去。这条小鱼儿竟然成了"领头鱼"，从此它再也不会以自卑的神色黯然地徘徊在池边、角落，而是摇头摆尾、神气活现地统率着整个鱼群。

主人就凭着喂食时在小鱼身边多撒了些饵料，竟把一条瘦小的鱼培养成了"领头鱼"。

有可能应试教育用唯一的标准，用单一的尺子把一些学生丈量到了"差生"行列，他们就像那条瘦小而可怜的小鱼，常常蜷缩在某个角落，没有语言，没有笑声，他们自卑，他们胆怯，他们目光呆滞，似乎其他所谓的优等生都可以欺负他们。

这个时候，如果我们的教师也冷眼相待，甚至将他们弃之不管，那他们将永远也抬不起头，未来的人生一定是阴暗晦涩。而且还有可能他们会自暴自弃，破罐子破摔，以至于毁掉人生。

如果我们对他们多些关注，多些关爱，多付出点心血，哪怕是多一个眼神，多一次抚摸，多一声问候，多一丝微笑，多一份尊重，就有可能让他们走出"学困"，走出自卑，甚至创造出教育的奇迹。

由于孩子所处的家庭、环境、条件的不同，由于孩子的个性、身心、智力水平也会有一些差异。我们不能将孩子做简单的比较，更不能去伤害孩子。作为父母、作为教师，要相信每个孩子都是可以教育好的。没有这种信念的人最好不要当教师，也不要生孩子当父母。你想，连弱智的周舟都能成为天才的指挥，何况我们所面对的差不多都是四肢头脑健全的孩子呢？

每个孩子都是一个孤品，但是孩子们的成长绝不能仅用一把尺子去丈量，仅用一个标准去衡量，仅给一次机会去测量。我们应该尊重孩子的个体差异，尊重他们的天真或成熟，尊重他们的少语和活跃，尊重他们的沉闷或阳光，尊重他们的优秀或落后，尊重他们的暂时"快"或"慢"，因材施教，耐心等待。

我曾经看过一部叫《地球上的星星》的电影，电影的主人公是一个叫伊桑的八岁小男孩，伊桑长着大门牙、身体瘦弱、眼睛大大的。他喜欢天空、白云、飞鸟、河流、小鱼，他还有着超人的想象力和绘画能力。但是上帝又是公平的，因为他有"读写障碍症"，八岁了还不会读写，总是把 b 与 d，6 与 9 搞混，小孩子认为他是弱智，所以他总被欺辱。父亲认为他是不努力学习的结果，更坚信他永远成不了优秀孩子，父亲也经常埋怨他。因此伊桑在家里就成了个制造混乱的捣蛋鬼。后来他被送往寄宿学校，幸好学校美术教师发现了他的特长与潜能，并通过举办师生都可参加的画画比赛拉近了师生距离，增进了师生友谊，帮助伊桑树立了自信心。最终伊桑找回了自己和快乐！在比赛中他的画与美术老师的画分别作了学校年鉴的封面。

一个优秀的教师，他的重要责任，就是利用和孩子在一起的每一个机会，去捕捉孩子身上的独特之处和闪光点，去唤醒孩子沉睡的潜能，让每一个孩子都找到老师"最爱自己"的理由。

尊重孩子，还有一个重要方面就是要能够"容错"。有一则故事，一天神因犯错误被上帝收在瓶子里丢进大海，前五百年，天神想：如果有人救他出去，他会帮助他实现三个愿望，可是没人救他。第二个五百年，他想：如果有人救了他，他会帮助他实现一个愿望，可还是没人救他。第三个五百年，他想：如果有人救了他，他一定吃了他。就在这个时候，那个倒霉的渔夫把他给捞上来了。

教室是出错的地方，孩子这个年龄更是出错的年龄。出错是孩子的本性，每个孩子都免不了会犯这样那样的错误。这是再正常不过的事，不犯错误的孩子是没有的。如果我们天天盯着孩子，不让他们发生问题，不发生问题本身就是最大的问题，不发生问题不等于孩子没有问题，其实只是暂时掩盖了问题，让孩子带着这些看不见的问题走上社会，这些祸根则只能留给明天与未来。

孩子犯了错误，不管是家长，还是老师都要善待孩子的错误，和孩子谈心，倾听孩子的诉说，一起分析原因，进而分清这错误是有意犯的还是无意犯的。这样既能帮助孩子认识自己所犯的错误，又能帮助孩子树立改正错误的信心和勇气，还能增进家长和孩子之间、老师和孩子之间的感情，建立起信任、友好、亲近的关系，使孩子的心理得到健康的呵护和发展。

如果在这个时候，对孩子的错误如临大敌，就像上帝对待天神犯错那样，不管三七二十一，只是简单地把天神收进瓶子，丢到大海，弃之不管，一丢了事，万事大吉，或者不作具体分析，不分青红皂白，只是以恨铁不成钢的心理，大动肝火，大声指责，简单粗暴地打骂，这样下去，你知道会带来什么后果吗？轻则孩子将从此胆小怕事，唯唯诺诺，失去再犯错的信心和勇气，孩子一点可贵的创新精神就有可能被扼杀在萌芽中了。重则会伤及孩子的自尊，甚至让孩子在渴盼帮助中而一再绝望，其怨气在心里不断地扩大，最终会像天神一样，演变成强烈的抵触思想和报复仇视心理。这是相当危险和可怕的。

有位教育专家说过，孩子成长的路上都会伴随着错误与失败，孩子犯的错都不算错。孩子犯错，都是稚嫩的，都充满着童真、童趣，都闪烁着智慧的光芒。孩子犯错，正说明了他在思想或行为习惯上存在漏洞，而我们的家长和老师就是帮助他修补漏洞的那个人，而不是对漏洞置若罔闻，更不是将窟窿越捅越大。

尊重，让教育不再苍白无力；尊重，让教育散发爱的芬芳。在教育的旷野上，尊重是奇异的种子，凡是撒到之处，就能看到五颜六色的人性的花朵竞相绽放，产生奇特而长远的力量。为孩子之父母、之教师，我们应努力使孩子都树立起自尊、自信，让孩子在平等、民主的氛围中健全、健康地发展，让教育在尊重中走向幸福的远方。

第七讲　我的质量观

当教师，办学校，做教育，始终都回避不了的一个东西是什么？那就是质量。对于质量，有的唯质量是从，一切为了质量，做了质量的奴隶；有的谈质量色变，认为抓质量，就在搞应试，就为人们所不齿；有的对质量，躲躲闪闪、遮遮掩掩、羞羞答答，犹抱琵琶半遮面。在此，我想谈谈对教育质量的认识和理解。

教育需要质量

质量是教育永恒的话题。中西方文化尽管有差异，但像美国等社会高度发达的西方国家，对质量也特别重视。美国有独立的"第三方"教育考试与评价机构，通过测试与评价，若学生学业成绩达不到规定要求，校长同样要受到处理甚至免职。

质量是我们价值的取向所在，是我们工作的核心内容，是一切工作的归宿和落脚点。如果一所学校对质量无目标、无追求、无措施，处于麻木状态，正常吗？对绝大多数孩子而言，教育的意义何在呢？

就即使在高考制度不断变革的今天，选拔仍然是高考的基本属性，就即使在大众创业、万众创新的当下，升学还是改变寒门学子和家庭命运的主要通道，就即使是在注重对人才的多元评价，淡化学历与身份，关注能力与素质，实现就业多元的新形势下，教育仍然是实现阶层上升的主流渠道。

尽管伴随改革进程，大学扩招后不再是精英教育，就业多途径了，但考不上大学的寒门子弟，鉴于各个方面所处的弱势，其命运不外乎做一个打工仔。当他们读了多年书后，该掌握的文化知识没有掌握，该升学的不能升上学，对于我们学校、教师乃至所有教育人将情何以堪，何以面对？当选拔仍然是高考的基本属性时，怎么可能让学校、学生、家长不关注质量呢？

质量是学校教育成果的展示，也是评价办学水平的重要指标之一。从1977年恢复高考，举国欢腾，因为它激活了板结的社会结构，解放了人。高考也为国家选拔了众多人才，改变了千千万万人和家庭的命运。年复一年，那些具有高质量、高升学率的学校声誉鹊起，风光无限，前来取经问道者，络绎不绝。过去一些地方的县、乡政府和村子，还对考取大学、中专、中师的学生进行奖励，有的还杀猪办宴席、放电影，以鼓励众多学子勤学上进。升学被百姓誉为"民心工程"。

质量作为教育教学质量的终极反映，她承载的东西太多，既承载了学生们的梦想，家长的期盼，又承载了各级领导的要求，社会各界的关注，还承载了我们教育人的尊严和幸福。

教育的尊严是我们自己给予的。想要尊严，往往是得不到尊严的，靠别人施舍尊严，其实也就没了尊严，在目前这样的教育环境和世俗的评价标准下，教育的尊严，更多的是来自于教育质量，又特别是高考质量。如果一所学校没有升学率，一方教育没有质量，家长把孩子送到学校，没有掌握相应的文化知识，也没有获得相应的分数，这肯定是不正常的，也是不好交代的，这种教育更是没有底气和尊严的。

有选拔就有考试，就有质量要求。应试教育马上取消是不太现实的，考试，分数面前人人平等，这在相当长时期内都很难改变。为什么呢？因为现行大学的学位是很有限的，在相当长的时间内不可能很快普及高等教育，我们总是要选拔，有选拔就有考试。也只有考试相对来说是比较公平的，否则，有钱的人，有权的人，通过权势来争夺这样一个资源，对贫寒家庭的子弟孩子就更不利了。更何况选拔公务员、教师，企业招聘员工、管理人员，技能培训，甚至各种短期进修等等，均需考试。

质量更是国家意志的体现。"提高教育质量"是《中国国民经济和社会发展第十三个五年规划纲要》对教育工作的总要求，"十三五"期间是着力提高质量、进入教育强国行列的一个重要时间节点。以提高教育质量为主线，是我国教育发展到一个新的发展阶段的历史要求。

改革开放以来，中央关于教育工作有几个最重要的历史性文件，如《中共中央关于教育体制改革的决定》（1985）、《中国教育改革和发展纲要》（1993）和《国家中长期教育改革和发展规划纲要（2010—2020年）》（2010），在这三个文件中，"质量"一词出现的频率分别是 4 次、20 次、51 次，这很典型地反映了教育质量在我国教育发展过程中的地位变化。

目前，我国教育正处在从教育大国向教育强国加快发展的重要时期，面对世界格局更加复杂、国际竞争日益激烈、创新驱动成为核心动力的新时期，以提高质量为统领实现教育更好发展，可谓适逢所需、适逢其时。

特别是党的十八届三中全会进一步将提高教育质量确定为教育改革发展的

战略主题。2016 年教师节前夕，习近平总书记在视察北京八一学校并同师生代表座谈时强调，要全面贯彻落实党的教育方针，努力把我国基础教育越办越好，培养出更多更好能够满足党、国家、人民、时代需要的人才。总书记的讲话进一步指明了基础教育的发展方向，进一步明确了基础教育肩负的历史使命，为提升教育质量赋予了新的时代内涵。

可以这样说，质量是素质教育中耀眼的奇葩，是学校业绩展示的重头戏，是《校志》中闪光的书页，是同仁引为自豪的经历，是教师重要的职业责任，也是各界仰望品评的"风景"，更是国家兴旺、民族振兴的前提所在。

教育需要什么样的质量？

曾读到一篇文章，说依照世界银行新近发布的报告，中国今年可能超越美国，成为全球最大的经济体。然而奋力赶超之后，GDP 在给中国人带来信心和荣耀时，也带来了不得不面对的危机。比如国人的信仰越来越缺失，贫富差距越来越大，环境污染越来越严重，腐败等社会问题越来越让人揪心。当脆弱的自尊和虚荣逐渐变得更加理性之后，那些简单数字所支撑的虚幻第一，已经引不起人们的多少兴奋。

在 GDP 增长的背后，人们更多关注和在意的是政治文明的进步、幸福指数的提升、收入分配的公平。对于民众而言，实实在在的好日子，吃安全食品，饮放心水，喝放心奶，呼吸清新空气，远比世行报告中的"世界第一"更实在。

然而，一个不争的事实，更多的国人开始期盼绿色的 GDP。然而，在更多的国人开始期盼绿色的 GDP 的时候，不少的人却在疯狂地追求教育的 GDP。

很多地方把学校办成了应试工厂，班级则成了车间，学生自然成了流水线上一台台应试机器。残酷的应试，老师们严酷地打磨着每一件"产品"，在政府、社会、家长的综合压力和学校声誉、名利的驱使下，应试成为教育的全部，人们带着血丝的双眼紧盯的只是分数和升学率，至于孩子们是否真实，是否善良，是否健康，是否快乐，孩子们未来人生怎样，没有人去想，也一概不管，最需要"以人为本"的领域，却最不拿人当人！疯狂的应试，以至于当今的教育乱象丛生：

于是就有了校长带领班主任和学生一起到寺庙烧香拜佛，校长用秤称试卷重量评价教师和学生，还有校长向全校学生下跪恳求学生们好好读书。

于是就有了高考班集体在教室里打吊瓶，有了别出心裁的绿领巾，有了校园"状元"雕像，有了撕书烧书的壮举，有了将学生的成绩排名编制成学号印在校服上的创举。

于是就有了"眼睛一睁，开始竞争"，"不苦不累，高三无味；不拼不搏，高三白活"，"提高一分，干掉千人"，"只要学不死，就往死里学"，"生时何必多睡，死后自然长眠"之类的雷人标语。

于是就有了充满血腥味的高三百日誓师誓词："人们常说狼走千里吃肉，狗走千里吃屎，我们是一群狼，一群人挡杀人，佛挡杀佛的血狼，在我们的道路上，别无选择，只有进攻，前进。再进攻，再前进。这就是我们的精神。所以我们必须呐喊：我们是狼，一群吃肉的狼，狭路相逢勇者胜，我们，必胜！"

也就有了同班学生，形同路人，平时从不说话，从不交流，因为这无关高考，读三年高中睡觉从不脱衣服，冬天也不盖被子，和衣而睡，因为穿脱衣服，折叠被子都需要时间。

如今，国人已开始认识到了片面追求 GDP 所付出的沉重代价，已经开始淡化 GDP，在对干部的考核上，已经不再以 GDP 论英雄。然而值得警醒的是，对于教育的 GDP，也就是单纯意义上的质量，人们还情有独钟，似乎还乐此不疲，各方面外部因素更是推波助澜，大有愈演愈烈之势。

在当下，让我们不得不思考的是，我们所追求的质量是不是仅是分数和成绩，好的教育所需要的质量究竟是什么样的质量？

第一，绿色的质量。绿色的质量应该是生态的、健康的、可持续的、着眼长远与未来的质量，它绝对不是一时的、只顾眼前的质量。

第二，全面的质量。除了让学生学到相应的文化科学知识，获得相应的分数外，还要让学生拥有善良的品质、高尚的情操、顽强的毅力、健全的人格、正常的心态、良好的习惯、健康的身体、创新的能力等。新东方教育科技集团董事长兼首席执行官俞敏洪在一次论坛上提出了"终身竞争力"的概念，他认为，培养孩子的"终身竞争力""比上任何大学都重要"。对于"终身竞争力"，俞敏洪这样阐释，"培养孩子海阔天空的胸怀，培养孩子积极向上的个性，培养孩子面对挫折和失败奋勇前进的精神以及与人交往的团队合作能力"。这四句话不长，却包含了孩子将来走上社会参与竞争和健康生活的四个关键要素，这应该成为构建全面质量的着力点和努力方向。

第三，全体的质量。也就是不让每一个学生被落下。当然，这不是说让每个学生都考高分，都上大学，而是要做面向个体的教育，注重每个学生的天性，把每个学生都培养成他所应该成为的那样的人。

第四，和谐的质量。我们不可能做到学生在德、智、体、美、劳等方面平均发展，但是我们完全可以做到让每个学生在这些方面得到协调发展。协调发展就是一种个性发展、一种平衡发展、一种和谐发展。

第五，健康的质量。也就是我们的一切教育教学行为，应体现在对学生生命和人格的尊重上，体现在对教育规律和学生身心发展规律的遵循上，体现在良好师生关系和各种人际关系的建立上，体现在教育的长足和可持续发展上。

第六，辩证的质量。质量不是单向的，而是多维的，我们应该处理好今天的质量与明天的质量、当下的质量与未来的质量、一时的质量与长远的质量、表象的质量与隐性的质量的辩证关系。

第七，整体的质量。我们所追求的质量不仅是高考、中考的质量，而且是各个年级、各个阶段的质量，不仅是基础教育的质量，而且是包括各种教育在内的所有教育的质量，不仅是指的学生成长的质量，而且包括教师在内的所有教育人发展的质量，同时还包括教育管理质量。

第八，公平的质量。一个国家的教育质量是全体国民的质量，而不是部分人更不是少数人的质量，没有质量的公平是低质量的公平，没有公平的质量是少数人的质量。要有公平的质量，首先机会要公平，有教无类，学校向每个人开门；其次条件要公平，场衡发展，办好每一所学校；再次过程要公平，一视同仁，平等地对待每个学生；同时结果要公平，因材施教，为每个学生提供适合的教育。这四个阶段相互关联、相互促进、相辅相成。

教育质量的核心终归还是人才培养质量。衡量人才培养质量的根本标准有两个，一是看能否适应社会发展的需要，既满足社会当下对人才数量和规格的需求，又为未来发展做好必要的人才储备；二是看能否适应人的发展需要，既能保证对公民基本素质的培养，又能为其提供个性化的发展空间。

人才的培养质量要符合这两个标准，我以为，我们的教育在对学生的培养方向上应该注重学习性质量、发展性质量、生命性质量。

学习性质量，即为学生终身学习奠基，这是衡量学生学习成效的指标，是考试可以全面测量的，没有学习性质量，就会失去当下。

所谓发展性质量，即为学生终身发展奠基，这是衡量学生发展能力的指标，是考试难以全面测量的，没有发展性质量，就会失去未来。

所谓生命性质量，即为学生终身幸福奠基，这是衡量学生生命状态的指标，是考试根本无法测量的，没有生命性质量，则既会失去当下也会失去未来。

教育靠什么获取质量？

目前高考制度改革还没有全面推开，高考的指挥棒还必须面对，应试体制的硬指标具有迫使教师和学生就范的巨大威力，短期内也无改变的希望。完全不顾应试，显然行不通，学校和家长都不答应。一味顺应乃至迎合，被应试教育绑架，完全放弃素质教育，则为负责任的教师所不取，也为有良知的教育者所不答应。

因此，教育离不开分数，要有分数，但不能只有分数；离不开升学率，要有升学率，但不能只有升学率。

因为我们的教育要对所有孩子负责，而不是只对少数可能升学的孩子负责；要对孩子全面负责，而不是只对孩子的分数负责；要对孩子的今天负责，更要对孩子的明天负责；要对孩子一时负责，更要对孩子一生负责。

我认为，在当今体制下，一个好教师的责任和本事就在于，一方面帮助学生用最少的时间、最有效的方法对付应试；另一方面最大限度地拓展素质教育的空间。也就是不唯高考赢得高考，跳出高考抓高考，戴着镣铐也要跳出优美的舞蹈。也就是即使要盯在分数上，也有个怎么盯的问题，怎么抓高考的问题。

比如，为应付高考，你可以照本宣科，你可以死整蛮干，你可以反复考反复练，你可以让学生拼个你死我活，但你也可以通过课堂教学改革，引导学生自主学习、探究学习、能动学习、快乐学习，你也可以通过教学常规管理来提升质量，学校的中心工作是教学，教学在学校的中心地位决定了教学常规管理的重要性。

教学工作的成效，应该取决于对教学常规的管理。常规管理水平直接关系到教学质量的优劣。可以说，质量不是教出来的，而是管出来的，常规管理，在平常、在时常、在经常。这一切的一切，完全取决于我们对教育的态度和认知了。

我们看重质量，我们要的也是分数，我们不需遮遮掩掩，不需要羞羞答答。但我们绝不能为了成绩而成绩，为了分数而分数，把教育最基本的东西全部丢掉了，也绝不能为了成绩，为了分数，而以牺牲孩子的身心健康为代价去换取。

如果仅仅为了成绩而成绩，为了分数而分数，一味死整蛮缠，把学生仅当成应试机器，学生除了重复练题，就是反复无常的考试，没有节假日、没有休息时间、没有课外活动、连体育课都取消了，这样的状况学习效率会高吗？学生会获得满意的分数吗？即或是通过高压能够有一个高分，而对于分数以外的其他东西，诸如态度能力、道德情操、思想品质、意志毅力、心理素养、强健体魄等却都没有了，这样的高分又有什么用呢？

素质教育能尊重学生、尊重差异，能调动学生内在积极性，能提高学生全面综合素质。只要学生的素质真正提高了，他们对付考试的能力也就自然有了。在备考中，我们对分数以外的其他方面，比如学生能力的发展、学生身心的健康、学生个性的发挥、学生情感的表达、学生视野的开阔、学生知识面的拓展等等，给予一些关注和努力，学生在应试中也绝对不会差到哪里去，他们对于分数的拥有，那更是顺理成章，事半功倍的事了。

就是退一万步来说，即使这样的学生不能很好地应试，不能获得一个较好的分数，甚至不能考上理想的大学，只要有兴趣爱好，有激情活力，有自我选择的勇气，有面对未来生活的自信，就有一线生机让自己成为一个有责任、有担当，能够自食其力的人。

唯一同时获得美国"总统国家艺术奖"、英国女王 M. B. E 勋章和"全美最佳教师奖"的雷夫老师，一次在中国做报告，有老师提问：怎样让学生考得又好素质又高？这二者是否矛盾？雷夫回答说："我之所以爱来中国，是因为中国教师总是能够问出很好的问题。美国老师问的问题最差！我认为，分数挺重要，但是我觉得不管在中国还是在美国，都把分数看得过于重要了。当我妻子爱上我的时候，根本没问我考了多少分。今天我在这里演讲，你喜欢或不喜欢，不是因为我分数是多少。当然了，我班上学生分数很高，但是我认为其他的素质不应该和分数相割裂。所以我班还学艺术，从刚才的电影中可看到我们排练莎士比亚戏剧。这些学生显然是非常好的学生，也非常快乐。我愿意这样回答这个问题，分数只是整个追求的一部分，而不是全部。我总是持续不断告诉学生，分数不是一切。当他们不怕分数，非常放松的时候，不再担心分数的时候，分数反而提高了。"

同时他还谈道："我尽量让他们知道，考试和平时的学习完全是两码事。考试只是一个我们这种教育体制下往前走的一条小路而已。我和孩子们一起阅读非常非常难的著作，做有挑战性的数学题，所以政府对孩子们做的那点小小的测验，对我的孩子来说那是太容易了。当然，前提是教师有水平并且肯用心。即使在正常的学习中，教师也应该善于确定知识中必须牢固掌握的要点，避免让学生在次要的细节上耗费大量精力，水平之高低于此立见。"

"前提是教师有水平并且肯用心"，说得真好啊！的确，在应试体制下盲从追风，这是最容易、最省力的，它只需要强迫与高压。我以为，现在许多教师仅靠逼迫学生做大量作业来对付应试，仅凭拼时间、拼体力甚至拼生命去获取分数，其实是最笨也最偷懒、最简单的办法，说到底还是缺乏用心，不负责任。而要抵制应试，推行素质教育，那是既需要勇气，又需要本事，还需要智慧。

素质教育既不反对考试，也不反对抓高考升学率，关键是用什么办法去应试，去提高升学率。当然，素质教育是条新路，需要探索，也有一定风险。走死整蛮缠的应试教育老路，即使升学率低一些，老百姓认为你在努力，可以原谅。而走素质教育新路，老百姓是不允许在升学率上有任何闪失的。尽管如此，我们也必须要用素质教育的理念和举措抓质量，必须凭我们的良知、责任与使命，尽力少占用学生的时间，尽量为孩子们创造一个较为宽松的学习环境，尽可能智慧地工作，尽最大限度减轻应试体制对学生的危害。我觉得，在现行教育体制下，无论是我们的校长，还是我们的老师，只要能做到这一点，便也算是功德无量的事情了！

第八讲 提高教育质量,我们可以为教师做些什么

为教师松绑,给教师应有的闲暇,以便他们去欣赏生活的美好,去咂摸内心的宁静,去享受阅读的美妙。教师的生活多一点五彩斑斓,多一点美丽而优雅的举止,教育或许就会多一点舒缓、多一点从容。

提升质量，必先发展教师

党的十八大报告中指出："全面实施素质教育，深化教育领域综合改革，着力提高教育质量，培养学生社会责任感、创新精神、实践能力。"提高教育质量，不仅学生期盼，家长呼唤，社会关注，而且已经上升到党和国家的意志。

从某种意义上说，教育的所有问题都和教师有关，都与教师的素质有关，都跟教师的工作状态有关。教育质量的提升也不例外，教育质量的提升归根结底取决于教师质量，优秀的教师是提高教育质量的关键。

联合国教科文等四个组织，共同提出一个口号："复兴始于教师。"教育的复兴，始于教师；国家的复兴，始于教师；中华民族的复兴，始于教师；复兴教师，才能复兴教育，只有复兴教育，才能复兴民族。

习近平总书记曾讲："教师重要，就在于教师的工作是塑造灵魂、塑造生命、塑造人的工作。""一个人遇到好老师是人生的幸运，一个民族源源不断涌现出一批又一批好老师则是民族的希望。"党中央不断强调尊师重教，教育部不断加强教师培养培训，就是为了让更多的教师胜任塑造灵魂、塑造生命、塑造人的工作，让更多的教师能够担当教育质量提升的重任，就是为了让孩子们有更多的"好老师"。

有师生方可言学校，有教师方可言学校教育，有教师优方有教育质量强。没有教师的发展，就没有教育的发展，没有教师的专业成长，就没有孩子的快乐成长，没有教师素质的提升，就没有教育质量的提升，没有教师的积极性调动，就没有办学力量的集结和凝聚，没有教师队伍的稳定，就没有教育改革的推动与教育难题的破解，没有教师的幸福，就没有孩子的幸福，也就没有当下教育的幸福，没有教师的命运改变，就没有民族命运的改变。

"从血管里流出的都是血，从水管里流出的都是水"，教师个人素养不提高，什么法也没用，个人素养提高了，怎么教育学生都有效果，怎么去教，质量都会好。发展教育，必先发展教师。提升质量，必先提升教师。

华为的总裁任正非讲了一句铿锵有力的话：用最优秀的人才培养更优秀的人才，这就是我们的目标。

但一个不容乐观的现象是，由于教师工作负担重、压力大，教师职业的荣誉感和吸引力有所下降，报考师范专业的生源录取分数，近10年来逐渐下降，教师入口令人担忧，特别是农村教师生活环境改善明显滞后，农村教师老龄化严重、结构失调，更是制约了教育质量的提高。

"将欲取之，必先予之"，在向教师要质量的同时，更重要的是，我们必须回答：我们可以为教师做些什么？

思想引领前行方向，让教师具有使命感

俞敏洪说，最可怕的是一个人有性命，而没有使命。而让一个人具有使命感的重要方面，就是教育管理者以思想引领思想，以主张引领主张，以使命引领使命。

爱业才能敬业精业，教师只有认同自己的职业，才能迸发内在潜能，才能全身心投入，才能用心教书，潜心育人。作为教育管理者的一项重要工作，就是对教师进行职业操守教育，通过对教师职业的定位，对教师职业的引领，对教师职业内在的挖掘，也包括教师职业典型的示范，让教师发现职业的真正价值，让教师认识到教师这个职业虽然不能排在职业排行榜的最前面，但它是一个十分美好、令人向往的职业；让教师明白这个职业能够单纯地做事，能够创造性地做事，能够做有意义的事；让教师知晓，干教师这一行，其乐趣不在于物质的收获，而在于精神世界的丰盈，其幸福不在名与利，而在于学生的成长与未来对社会的贡献里，其人生价值不在于光鲜和显赫，而在于学生今日之爱戴与未来的回忆中。

理念是体现管理者行为的基本思想，是引领团队发展的基本思路。托马斯·沃森说："我相信，无论是什么组织，为了生存下去并且取得成功，就必须有一整套正确的信条，作为该组织一切政策和行动的前提。"有什么样的理念，教师就会有什么样的教育教学行为，就会有什么样的精神面貌和职业状态。

用分数主导一切，让应试教育铺天盖地，学生等同于应试机器，教师犹如一个简单的程序操作工，机械与重复会使教师过早产生对人生的麻木与对职业的倦怠。而遵循教育的基本规律，让教育回归常识，用教育的朴素与本真去支撑教育的实践，教师就会在孩子的生动成长、在教育教学生活的美好中，收获自己的专业发展和教师职业的尊严与幸福。

学校不能只关心分数，不能只关心成绩，不能让所有人的眼睛全盯住考试。应该把人类那些最美好的东西在学校里汇聚，让孩子们从中发现自己，从中寻找到感兴趣的东西。和美好相遇的过程，就是教育的最好的过程。

在教育教学活动中，我们把这些教育理念融入到日常生活里，呈现在学校的一草一木、一廊一道，甚至每一个课堂、每一个活动中。让我们的教育理念能够入教师脑，能够在教师心中深深扎根，能够成为教师内在的一种精神追求，能够化为教师外在的一种无声的行动。这样，教师在看到一草一木、春天花开、秋天花谢的时候，才能感悟到教育，感悟到生命的成长，感悟到我们应该以怎样的方式和状态赋予教育应有的意义。

卓越领导者都是一个愿景和目标的布道者，他们会经常不断地向员工提出目标，凝聚人心，让员工永远充满希望。教育管理的一个最重要的职责和使命，就是让自己的教育思想，变成每一个人共同的目标，也就是达成共同愿景。有共同的目标才有共同的价值，有共同的愿景才有共同的行动。

马云的一个重要管理思想，那就是千万不要相信你能统一所有人的思想，那是不可能的。虽然不能统一人的思想，但完全可以统一人的目标。30%的人永远不可能相信你，不要让你的同事、你的下属为你干活，而让他们为我们的共同目标干活。团结在一个共同的目标下，要比团结在一个人周围容易得多，而且更持久！

早年间，西方传教士在教堂围墙上写下标语："信耶稣，得永生"，但信众寥寥。后来下了一场大雨，把标语冲掉了几笔，变成了"信耶稣，得水牛"，信教的村民蜂拥而至，都想得到水牛。可见，国人的信仰是很现实的，得永生远没有得水牛实惠。华为总裁任正非在创业初期曾说："我们以后一定要建造大阳台的房子，这样如果我们的钱发霉了，就可以把钱放在阳台上晒一晒。"

为教师设置一个共同的愿景，用共同的愿景来凝聚大家，为教师明确一个实在而具体的目标，用实在而具体的目标来激励大家，让大家觉得有盼头，有想头，有干头，就能充分调动广大教师的积极性和激发他们的内在潜力。

在阆中，践行朴素教育理念，追寻幸福教育目标，实施学校的内涵发展，让师生过一种快乐而幸福的教育生活，这一理论与实践架构，已化作大家的共同愿景和一致的行动。阆中教育人认定目标，不为一切浮华与喧嚣所左右，执着前行，不懈坚守，犹如铿锵誓言，在阆中教育的世界，掷地有声。

以人为本，让教师具有尊严感

教师的道德不是奉献的道德、牺牲的道德，而是自我成长、自我实现和不断收获的道德。教师的工作既是付出，也是收获，既是为他人奉献，也是在为自我实现。学生对教师应无限崇敬，教师对学生也应该充满感激，我们在培养学生的同时，学生也成就了我们。教师在付出的同时，也让自己收获成功的体验。管理者如何为教师创造一片生命不断成长的沃土，这是我们的当务之急。

古希腊哲学家普罗泰戈拉说得好："人是万物的尺度，是存在者存在的尺度，也是不存在者不存在的尺度。"衡量教育的美好，太多的时候是要靠我们自己的尺度，这个尺度，就是德谟克利特说的"节制有度和文化的教养"。我们有吗？有，教育会更美！

首先，要有同理心理。校长都是从教师干起，从教师一路走过来的。想想那时我们做教师，最需要的是什么，最期盼的是啥，最讨厌的是哪些，我们最清楚，现在我们做了校长，应该怎样对待老师，我们最明白。不管任何时候，不管制订什么条条框框，不管做哪样决定，不管如何发号施令，都应该坚持将心比心，以心换心，学会换位思考，都应该带着情感和责任站在教师这一边去掂量，千万不要不顾及教师的感受，千万不要目中无教师，千万不要不可一世，盛气凌人。这样我们的所有决策和安排既能带着我们最美好的"初衷"而落地，又能在换位思考中赢得教师对你的拥戴。

"己所不欲，勿施于人"，"投之以桃，报之以礼"。日本村上春树有一句经典名言，"假如一边是坚固高墙，一边是一撞就碎的鸡蛋，我愿意永远站在鸡蛋的一边。"

安徒生童话里面有个故事，题目叫《老头子总是对的》。说的是从前有一对老夫妻，过着清贫的生活。老婆子和老头子商量着把家中仅有的一匹马卖掉换些更有用的东西。换什么呢？老婆子说：老头子，你决定吧，你做事总不会错的。

于是老头子骑着马到了市场。先后把马换成母牛，母牛换成羊，羊换成鹅，鹅换成鸡，最后把鸡换成一袋子烂苹果。

两个有钱人半路上听说了这件事都认为老头子回家会遭到老婆子打，至少要痛骂一顿，老头子却坚信自己会得到一个吻，于是他们以金子做赌注。

后来，两个有钱人惊奇地发现，在旁人看来老头子这一路越换越廉价的交易却每次都让老婆子大加赞赏。

老头子为什么有这种信心呢？显然是因为老头子做每一个选择都是诚心诚意地站在老婆子的立场上的。他把老婆子的需要看得比物品的价值更重要。

故事的结局，两个有钱人赌输了，金子奖赏给了能够无时无处不站在老婆立场上的老头子。

其次，应注重人性。棉被放在床上一直是冰凉的，可是人一躺进去就变得暖和了。要记住，我们若离开了老师和学生，什么也不是。我们教育者的眼中一定要有人。教育只能抵达只有人性的光辉才能抵达的地方。

你把教师当人，他自己就会把自己当牛；你把教师当牛，他自己就会把自己当人。管理中对教师投入人性的关怀，他们就会萌生"士为知己者死"的念头，就会产生"受人滴水之恩，当以涌泉相报"的情怀，就会有"衣带渐宽终不悔"的无悔与奉献。

杰克·韦尔奇说：当我是一个员工时，我努力成为最好的员工。当我是一个领导时，我努力使我的员工成为最好的员工。作为教育管理者最重要的职责，就是使每个教师成为最好的教师，不二途径就是对教师多些人文关怀。因此，我们应牢固树立"教师第一"的观念，悉心关注每位教职工，精心构筑人文关怀的港湾，致力于培养教师的幸福感，让教师每天能带着尽可能轻松的心情走进校园、走进课堂，走进学生。我们的人文关怀，每天哪怕行动一小步，都会换来教职工对学校、对工作的真心付出，都会增添教育人性的光辉。

第三，充分尊重。如果我们有意无意地把教师看成了"打工者"，局长是"老板"，校长是"监工"，教师的独立意识与主体地位得不到有效尊重，教师只会沦为传授知识的工具。但凡优秀教师都有一定的个性和思想，他们期望能保持一份独立的人格，他们希望能以自己的能力在获得一份较为体面的薪酬的同时获得一份尊重。

教师的尊严不在于收入的高低，不在于是否有闪光的荣誉，也不在于学生当下的考分，而在于我们是否把他们当人看待，在于我们是否给他以人的尊严与尊重，在于我们是否激发了他们对生命的热爱，对事业的热忱，对社会的责任心和勇于担当精神。

教师是否真心实意地对工作投入情感，关键取决于我们是俯视教师还是仰视教师。对教师最起码的尊重是教师拥有职业幸福的基础。

落实关爱行动，让教师具有获得感

拓展补充渠道，让教师进得来。吸引优秀人才是教师队伍可持续发展的保证，也是教育质量持续提升的关键。及时通过公招教师、选聘优大生、补充特岗教师和免费师范生，畅通入口，才能有效解决教师紧缺、年龄偏大、素质不高、学科不配套等问题，这样既能为教师工作量的减轻，工作效率的提高创造条件，又能为教育质量的提升以及教育的持续发展奠定坚实的基础。

发放政策"红包"，让教师留得住。采取有力措施提高教师待遇，足额落实教师应该享有的各种津贴和待遇，争取和维护教师应有的权益，改善教师工作和生活环境，让教师能够安居乐业，舒心敬业，不怨无悔爱岗精业，保持教师对中等水平之上高级人才的吸引力，让教师留住并能够沉下心来、扎下根去做教育。

提高教师素质，让教师教得好。广大中小学校教师，他们是人才培养的主要依靠，也是中小学教育质量提升的重要力量。这些年来，中小学教师队伍整体学历水平提升了一个层次，中学教师实现了本科化，小学教师也有相当比例达到了本科水平。但面对社会发展千变万化，特别是创新经济、信息化、国际一体化进程深入推进，知识不断更新的形势，加强教师的继续教育和岗位进修，不断提高学历的"保鲜度"，才能不断提高教师队伍的整体素质，也才能不断提升教育教学质量。

特别的爱给特别的"她"，让教师下得去。乡村教育是教育的短板，没有乡村教育的发展，就没有教育的真正发展，没有乡村教育质量的提升，就没有教育质量的全面提升。对于乡村学校，本着办好每一所学校，办好孩子们喜欢的学校，做适合每一个孩子的教育，让每一个孩子都能享受到教育的阳光雨露，让每一个孩子都阳光自信，都能抬得起头，都得到幸福的成长，必须带着责任，倾注情感，全心投入。对乡村学校高看一眼，厚爱三分，采取弥补短板、底部攻坚的方式优先规划发展、优先配置资源、优先解决困难，不断提高区域教育均衡水平。对于乡村教师，更应该考虑增加乡村教师特殊津贴，适度放开乡村教师职务晋升渠道，实施乡村基础教育家型教师培养计划，加大培养乡村教育迫切需要的学科带头人，让乡村教师的理想被现实点亮，让乡村教师感受到做一个乡村教师应有的尊严与幸福，让他们能够自觉扎根，甚至城区学校教师也愿意到乡村去主动扎根。

建设人文校园滋养心灵，让教师具有幸福感

校园环境并不是教育以外的东西，它是教育的有机组成部分，甚至就是教育本身。校园是什么？校园就是一本书，其中的一草一木、一石一壁、一道一廊、一楼一堂、一屋一房都是学生浸润其中的课程，都能成为最鲜活、最有效的教育元素。所以，我们需要有优雅温馨的校园环境。

校园总是和活泼可爱的孩子联系在一起的，因此，校园环境应该是优美、朴实的，应该是温馨、诗意的，应该是让每一栋楼都能说话，每一件陈设均有育人功能的，应该是让教师承载阳光、充满阳光，让学生沐浴阳光、享受阳光，让学校成为充满生机与活力，让校园成为孩子们幸福成长的乐园、花园和家园。

苏霍姆林斯基在创办帕甫雷什中学之初，亲自为学校的修建设计蓝图。他首先考虑的是学校要有大自然的美，要有鲜花和绿树。后来建成的帕甫雷什中学经常被苏霍姆林斯基在他的著作中称作"我的蓝天下最美丽的学校"。

现在一些学校越修越豪华，但就是越来越远离自然，越来越远离孩子的心灵。在这样的学校，可能有喷水池，却没有足球场；可能有塑胶跑道，却没有学生在兴奋时可以打滚的草坪；可能有不锈钢雕塑，却没有供学生可以胡乱涂鸦的地方……

有故事的老鼠叫米老鼠，有故事的鸭叫唐老鸭。校园文化内化于心，外化于行，是学校赖以生存和发展的根基，是流淌在校园内的温情血脉，是师生以此为寄托的精神家园，是教育能够走向远方的动力支撑，她浸润着学校的每一件物，诉说着学校中的每一件事，改变着学校中的每一个人。

决定一所学校品质和影响的，绝对不是校园里高大的建筑，而是文化，对学生影响最久远、最深刻的也不是知识和考试分数，而也是文化。学校的品位因文化的积淀而个性鲜明，与众不同，校园的生机因文化的点缀而活力十足，蓬勃盎然，教育的生态因文化的润泽而良性互动，绿色健康。

任何一所学校，哪怕是不起眼的小学校，校园有了自己的文化基因，有了自己的文化"味道"，学校就会焕发出蓬勃的生命力，教师们就会迸发出澎湃的激情和旺盛的生命活力。教师尽管觉得工作很辛苦，但是他们工作在这样浓郁的文化氛围中，身心受到浸润，情操得以陶冶，教育的梦想尽情放飞，他们会感到快乐和幸福。而一所学校如果没有优雅温馨的文化气息，就像生命没有灵魂一样，徒有一具躯壳放在那里，老师绝对是死气沉沉的，更无幸福可言。

蜂以采花，故能酿蜜；蚕以食桑，故能成丝；人以读书，故能养气。"最是书香能致远，腹有诗书气自华"，校园是学习的"伊甸园"，是读书的"百花园"，一个校园，什么都可以没有，但不能没有书香。

"茶亦醉人何须酒，书自香我何须花"。只有将书香与校园联系在一起的时候，只有在校园里四处飘逸着书香的时候，这样的校园才是飘逸、灵动、富有生命力的。老师们通过书香浸润，走进他人的精神世界，构建起自己的精神家园，便有了浓郁的书生味道，也拥有了一个飘逸书香的幸福人生。

好的关系也是好的文化，更是好的工作氛围。教师如果生活工作在一个人人自危、互相攻击、彼此猜忌、充满嫉妒、只有防守的环境中，他们会有心思工作吗？他们会有职业幸福感吗？他们给学生们又是一种什么教化和影响呢？最终还会有质量提升可言吗？

所以用自身的实力、活力、魅力去影响教师，涵养良好的师德，帮助他们形成共同的价值观，强化教师的群体意识和行为规范，让校长与教师之间、教师与教师之间、教师与学生之间、学生与学生之间拥有良好的人际关系，让广大教师感受到"家"的温馨，这比什么都重要。

注重专业发展，让教师具有成长感

卸掉枷锁，让教师轻装前行、静心成长。当下影响教师工作，制约教师专业发展，教师不能静下心来教书育人，不能静下心来学习，一个重要因素就是教师受制于外界的干扰，做了许多不该教师做的事，诸如各种考核检查，莫名其妙的达标创建，让教师陷于各种数据、各种材料、各种应酬中。

为教师松绑，给教师应有的闲暇，以便他们去欣赏生活的美好，去咂摸内心的宁静，去享受阅读的美妙。教师的生活多一点五彩斑斓，多一点美丽而优雅的举止，教育或许就会多一点舒缓、多一点从容。

为了解放教师，早在十年前，在阆中我们就做出决定，取消一切无用的评比达标、考核创建，把时间还给教师，把身心自由还给教师，充分释放了老师的积极性与创造空间，让老师与学生一道得到了快乐成长。

构建多维评价方式，让教师在充分挖掘潜能中成长。教师肩负着塑造学生精神生命的神圣职责，从事着世间最复杂的高级劳动，教育工作的本质是育人，基于这样的认识和定位，我们没有用简单的量化方法去评价，也没有仅仅依靠考试分数和升学率去作结论。我们积极探索综合的、多维的、互动的评价方式，力求从教师的学术素养、职业精神、专业品质、教学业绩等层面做出全面客观公正的评价，充分彰显老师的个性，让老师们的潜能得到充分的发挥。

任务驱动，让教师在研究状态下成长。苏霍姆林斯基认为："如果你想让教师的劳动给教师带来乐趣，使天天上课不至于变成一种单调乏味的义务，那么，你就应当引导每一位教师走到从事研究这条幸福的道路上来。"

如果教师只是一味地为了备课而备课，为了上课而上课，为了教书而教书，不去学习、不去思考、也不去研究，这样的教师慢慢就会变得呆滞木讷，变得僵化愚昧，终有一天会被提倡终身学习的这个时代所淘汰。对于教师，不仅让他们承担教育教学的任务，而且还让他们带着问题思考，带着责任研究，促使教师在工作状态下研究，在研究状态下工作。

搭建平台，让教师在展示自我的过程中快速成长。通过举办拜师会、座谈会、校内外专家讲座，让教师互帮互助，互教互学；通过举办读书会、推荐书籍、奖书赠书、开展同读一本书活动，让教师过上一种有意义的阅读生活；通过举办全国教师阅读与专业成长高峰论坛、名师大讲堂、关爱启蒙者流动课堂，让教师从名家身上汲取营养；通过开发校本教材、地方教材，还有组织教师研发卓越课程、微课程，让教师拥有专业尊严；通过成立名师工作坊，既创造条件让优秀教师不断获得提升，也带动一大批青年教师的快速成长。

多元激励，让教师具有成就感

一天，一个小男孩问迪士尼的创办人沃尔特·迪士尼："沃尔特先生，是你画的那只非常可爱的米老鼠吗？"

"不，孩子。那不是我画的。"沃尔特微笑着对小男孩说。

"那么是你负责想那些非常好笑的笑话和点子吗？"小男孩对这位迪士尼老板的回答感到不可思议。

"没有，这些也不是我擅长的。"

小男孩疑惑地瞪大了眼睛，因为他难以理解这个什么也不会的人怎么会拥有这么大的公司。小男孩继续追问："沃尔特先生，那么你到底都做些什么工作啊？"

沃尔特笑了笑，回答："有时我把自己当作一只小蜜蜂，从片场的一角飞到另一角，搜集花粉，给每个人打打气……我想，这就是我的工作。"

一个教育管理者的重要职责，不是怎样绞尽脑汁地去把教师管住、管死，而是怎样给教师空间，给教师动能，怎样让教师成为教育的主人翁，怎样把教师的心凝聚在一起，怎样去唤醒他们工作的热情，怎样去释放和挖掘他们巨大的潜能，怎样激发出教师工作的创造性与主动性。

一个教育管理者的重要使命，不是陷于具体的事物，更不是事无巨细，而是通过一定的激励方式和手段，让教师做你希望做的事情，达到你想要的工作状态和效果，成为你所希望和期盼的那种人。

一个教育管理者的重要力量，不是你的体力，也不是你必须具备的多高的专业能力，而是你的激励力，你有了取之不竭的激励力，就能用热情点燃热情，用激情引爆激情，你就能成为那只快乐自己，成就教师，提升质量，发展学校的"小蜜蜂"。

过去常说，火车跑得快，全靠车头带。如今高铁时速300公里以上，仅靠车头带不行，动车的每个节点都有动能。

没有激励，就没有管理。没有有效的激励，就没有有效的管理。

在对教师的激励引导上，物质激励仅是一个方面，仅靠物质激励，其力量是有限的，也是不可持续的，除了物质激励，更应注重精神激励。鼓励教师有职业理想，培育教师对职业的情感，增强教师对教书育人的主动性，帮助教师收获职业的乐趣和幸福；对教师成长搭建阶梯，迸发动力，挖掘潜力；渴望被认可，是人的本性，也是获得激励的重要力量，对教师充分信任，充分认可等等，这些精神激励成本低，而效果明显，力量巨大。校长如果不注重精神激励，一旦物质上的激励失去作用，教师工作的热情就很难迸发了，积极性就很难调动了。

第九讲　其实，我们都可以成为教育家

　　什么是教育家？我以为，教育家是一种社会公认，既不是任命的，也不是自封的；教育家是在教育现实生活中做出来的，而不是闭门造车造出来的；教育家是长时间自然积淀生成的，不是类似"工程"的做法成批地"打造"出来的；教育家是在持之以恒的实践与反思中成长起来的，而不是刻意培养出来的；教育家不是诞生在象牙塔、研究室里，而是诞生在教育教学一线的辛勤耕耘与不懈的实践中。

理想点亮梦想世界

　　理想是对现实的彷徨与不满，是对未来的向往与期盼，理想也是人生命的自我镜像，是人对于目标的重要追寻，理想更是远方一盏高悬的明灯，它照亮着求索者前行的路。俄国作家托尔斯泰说："理想是指路明灯。没有理想，没有坚定的方向；没有方向，没有生活。"美国政治家卡尔·舒尔茨也曾说："理想犹如天上的星星，我们犹如水手，虽不能到达天上，但我们的航程可凭它指引。"

　　教育永无止境，教育永远充满着智慧和挑战，而且教育是面向未来的事业，是为未来奠基的，而且教育是理想的事业，教育者其实就是追梦者，教育者必须要有教育理想。

　　教育者有了教育理想，面对当下的教育现状，他就不会只在那里牢骚满腹、埋怨指责、呵斥怒骂，也就不会仅在那里等待观望、裹足不前，他会向着理想的方向，采取现实的行动，一点一滴，一步一个脚印，向着理想的目标逼近。

　　教育者有了教育理想，就会有着一份教育情怀，一份对教育魂牵梦绕、荡漾于心、始终抹不掉、挥不去的深厚情谊，一份对教育"捧着一颗心来，不带半根草去"的虔诚情愫，一份对我们的孩子未来怎么样和对我们的民族明天会怎么样的"先天下之忧而忧、后天下之乐而乐"的忧思和情感。

　　教育者有了教育理想，教育对于他来说，每一天都是新的，每一个教育现象都是值得珍视和研究的，每一个孩子都是阳光和可爱的，他会因之具有强烈崇高的使命感和责任感，具有诗人的灵性与情怀，从而拥有诗意的教育生活。

　　教育者有了教育理想，他对教育就有了全新的理解，就有了不舍的坚持，就有了美丽的坚守，就能够捍卫常识，追求本真，就能够辨清方向，不迷失自我，就能够率性而为，不随波逐流，就能够耐得住寂寞，不为喧嚣、浮躁所困惑。

教育者有了教育理想，就必然会燃烧自己，激发全部力量，释放更多活力，挖掘更大潜力，不畏艰难险阻，不畏浮云遮望眼，穷尽智慧与一切，去努力抵达教育那明亮的彼岸，去经过自己的奋斗，让自己成为一个名副其实的、当之无愧的教育家！

思想让我们走得更远

思想支配行动，思想塑造尊严，思想形成人的伟大。朱永新在为"教育思想录"丛书写的总序中说："成功的教育，优秀的教育人，无论他是一位教师、班主任、校长，还是局长，支撑他站立在教育大地上的力量，一定是思想。没有思想的教育，一定是站不住、走不远的。"

教育者有了自己的思想，就有了自己的头脑，自己的话语体系，在学科中就有话语权，在管理中就有"秘方"，在实践中就会亮点纷呈，就会真正回到课堂的中央，就会具有学生的立场、教师的角度，就会站在成全"人"的发展的高度，一步步走近教育的真相。

教育者有了自己的思想，就不会鹦鹉学舌，人云亦云，就不会成为墙上芦苇，摇摆不定，就不再唯各路所谓的"专家"马首是瞻，就不再一味地奉承所谓的"模式""经验"，就不会迷茫游荡于当下的教育乱象而无所适从，躬身屈从。

而体现教育者思想的一个重要方面，那就是教育者的理念。理念决定出路，理念体现效益，理念带来事业的发展。思想新，一新俱新；理念活，一活皆活。

教育者什么都可以没有，但绝不能没有教育思想和教育理念。有自己的教育思想和教育理念，是一个教育者能不能成为教育家的分水岭和先决条件。很难想象，一个人如若没有自己的思想、没有自己的理念，不要说成为什么家，也许连做一个完整的、独立的、有个性的人都没有资格。教育者如果缺少了这一点，可以肯定的，或许只能成为一个亦步亦趋、照本宣科、依葫芦画瓢的教书匠，而永远成不了教育家。

有良知就不会忘掉初心

　　每个人都有自己的良知，这良知便是人的本心，也就是一个人的初心，是一个人内心深处所闪现的那一抹抹亮光。

　　教育最基本的良知是对教育常识的捍卫，对教育常识的捍卫，就是对教育规律的遵循，对孩子身心发展的呵护，对孩子健康成长的深切关照。在这个年代里，一些本该是常识的东西，在教育的天空里却显得无比稀缺，很多人在常识面前是常常不识。很多时候，如果我们面对指鹿为马，如果没有人挺身而出，那么我们身边的儿童就会在一个比较长的时期认为那长角的动物就是马，这是多么可笑可叹而又可怕的情形。我们不能忘记我们是教育工作者，我们必须捍卫常识，不然我们就会在有违教育本真的路上越走越远。

　　教育最大的良知就是承认孩子差异，尊重孩子个性，顺从孩子天性，体现最基本的人性，促进人的发展，人的全面发展，人的正常发展，也就是让每一个孩子成人，成为合格公民，成为有责任有担当、有爱心善心的有用之人，而不是成为只有分数而其他方面残缺甚至畸形的废人。

　　二战后，一名纳粹集中营的幸存者，成为美国一所学校校长，每当有新老师来到学校时，校长就会给这位老师一封信，这封信是这样写的：

　　亲爱的老师：

　　　　我是一名集中营的幸存者，

　　　　我亲眼看到人所不应该见到的悲剧：

毒气室由学有专长的工程师建造；

妇女由学识渊博的医生毒死；

儿童是由训练有素的护士杀害。

所以，我怀疑教育的意义，

我对你们唯一的请求是：

请回到教育的根本，

帮助学生成为具有人性的人，

你们的努力，

不应该造就学识渊博的怪物，

或者是多才多艺的变态狂或受过教育的屠夫。

我始终相信，

只有孩子具有人性的情况下，

读书写字算术的能力才有价值……

　　美国的这位校长用自己的亲身所见所闻，用自己的立足当下的行动，既在坚守一个教育人的良知，又在唤醒更多的教育人始终不能泯灭自己的教育良知。

　　面对当下社会的喧嚣浮躁，面对目前社会的日益功利，面对教育被异化为只有分数和升学，面对来自各个方面对教育的绑架，作为一个教育家型的教育者应该坚守自己的良知。因为我们所从事的一切，不仅仅是为了自我生存、自我成长，更不是为了养家糊口，而是关乎着孩子的成长，国家的繁荣，民族的昌盛。

　　有这样一件真实的事情，一位年轻医生在消化科上班的第一天，一个病人都没有，快要下班的时候来了一个患心血管病的农民因为挂错号找到了他，因此当时他就违背良心给这位农民看病给开了药。病人抓药再回来问他时，他觉得内心实在过意不去，他就告诉这位农民再去挂一个心血管的号，那个农民突然哭道"我钱都用光了"。这位医生后来说道，他当时有一种坐台的感觉，他从此告别了医院，不再做医生。

　　在我们的职责范围内，只要有远离教育根本的情况出现，只要有背离教育常识的现象存在，只要有一个学生没有实现他最好的发展，只要有一所学校没有办出适合每一个孩子的教育，作为我们教育者都应该诚惶诚恐，都应该饮卧不安，都应该有这位年轻医生那样的感觉和行动，这就是一种良心的发现，一种良知的觉醒，这应该是作为一个教育家必须具备的基本素养。

只有创新，教育才能面向未来

前不久，参加北京师范大学举办的第二届教育博览会，上海虹口区教育局常生龙局长在会上的演讲中讲了一件事情，十年前，他认识了一位老师，从外地调入上海一直租房，没有购买自己的房产。当时普通的小区的房价在每平方米 6000-10000 元左右，他说他曾几次提醒这位老师要抓紧购房，但他总是说再等等，或许是等自己的积蓄多一些，或许是等房价平稳一些再出手。没想到，这一等就不得了，十年来，房价涨到每平方米十多万了，而工资却没有涨那么多，他的积累和购买一套住房所需资金之间的差距越来越大，直到今天，他依然还租住在他人的房子里。

常局长讲这个案例，是想提醒大家，预测未来是一件很难的事情，我们基本上预测不到十年后的变化。的确，十年前我们无法预料现在的孩子可以拿着手机学习，可以在网络世界里徜徉，可以在百度里搜索疑难问题。十年前我们也没有预料到学校教育可以穿越边界，穿越围墙进入社区，甚至漂洋过海拥有了世界视野，更没有预料到从电视到互联网，从慕课到翻转课堂乃至大数据，新的技术不断影响甚至改变着教育。那么以后的十年我们的学生会是一种怎样的学习状态呢？我们的学校教育到底又会怎样呢？也许我们还无法预测。

太阳虽早上升起，傍晚落下，但太阳每天都是新的，其实，这个世界上的一切每天都是新的，孩子每天是新的，我们所面对的教育生活每天都是新的。当面对一些全新的东西，当面对社会形态的变化和社会对教育必须变革的新诉求，当面对传统教育模式的转型和一个新的教育时代的正在到来，教育不可能永远关起门来，教育者也不可能永远因循守旧，更不可能永远拿着旧船票去重复昨天的故事。如果我们固守僵化，不做出改革，不寻求变化，不力求创新，一方面，教育就只会在逼仄的道上走进死胡同，另一方面我们只会让自己在这样的一个职业生涯里心生厌倦，备感压抑，同时我们只能让自己成为知识的搬运工，成为陷入各种闲杂事务的勤务员，我们永远就成不了教育家。

只有创新，才有适应，才有改变。也只有创新，教育才有生机，才有活力。教育者必须着眼于中国乃至世界发展的全局，着眼于教育改革发展的大势，着眼于当下新的环境和形势，着眼于基础教育所面对的一些新的热点难点问题，自觉将教育管理理论与管理实践相结合，不断学习，革固纳新，弃旧图新，勇于创新，"敢做吃螃蟹的第一人"，"敢探未发明的新理和敢入未开化的边疆"。

坚守是写在教育天空的誓言

我们立志成为一名扎根一线的教育家，而不是做一个高高在上、蹲在象牙塔里的思想家、理论家，抑或是教育学家，那我们必须稳稳站立于大地之上，让自己成为一名真正的实践家。陶行知先生认为，"书生教育家"不是真正的教育家。实践出真知，实践出智慧，实践不是一时兴起，也不是三分钟的热情，实践需要一如既往，需要不断扎根，需要努力坚守。

再崇高的教育理想、再美好的教育情怀、再丰富的教育思想、再先进的教育理念，教育者再有教育良知与使命、再有教育的创新与创造，如若没有对教育的生动实践，没有对教育的默默坚守，没有对教育的行动与改变，教育的一切将是水中月、镜中花，将是海市蜃楼、虚无缥缈。

东坡先生说，古之立大事者，不惟有超世之才，亦必有坚忍不拔之志。不坚守，也是生活中的常态。很多人都是这样平凡地过一生，没有什么奇怪的。但作为教育者，要把这个行业做到极致，真的需要坚守，需要热忱，需要一种抗拒诱惑的毅力，需要一种"板凳坐得十年冷"的定力，需要一种"咬定青山不放松"的坚韧，需要一种"衣带渐宽终不悔"的执着。

在当下的教育实践中，在我们为教育梦想而坚守的时候，常常被周遭的一切，迷乱了我们的心智，干扰了我们的行为。要做到坚守，就要不人云亦云，不随波逐流，坚持自己的主见，恪守自己的操行，捍卫自己的教育理想，向着既定的目标努力前行。

新加坡总理李显龙在就职演说中曾说："把教育还给教育。"这句话的背后是因为他看到了教育领域中的失真和失衡现象。对于当下中国教育领域中存在的失真和失衡现象，还有一些乱象丛生，教育者既要有眼光发现，又要有勇气面对，更要有底气坚守。坚守教育的本真，既敢于做点什么，也敢于不做点的什么，这是一个教育家型教育者最重要的风范与品质。

一个教育者，有了这五个方面的要素，你成不了教育家，我以为，这也许都很难。成为一名教育家，这也很简单。每一个教育人都有可能成为教育家，其实，这并不是神话！

第十讲　寻找生命中那片红杉林

　　青年教师的成长离不开优秀老师的引领和指导；音体美各组的活动少不了班主任的支持和配合；优秀教师的成长缺不了学校的"铺路"和老师们的"搭桥"……相互给力，彼此借力，搭建成长的桥梁，铺垫事业的阶梯，每个人都将站在团队的肩膀上攀得更高。

什么是教师的学习共同体？

在北美有一种浅根型而且很高大的植物，叫红杉。按常理来说，越高的树需要扎越深的根，否则，木秀于林风必摧之，越高的树越容易被大风连根拔起。

可北美红杉有个最大的特点，它们都是成群结队地并肩生长。一棵又一棵的北美红杉，在地下以树根彼此携手，连结为一张巨大而牢固的网，面积可达上千顷。再猛烈的狂风暴雨，也无法掀起整片土地。这样彼此依靠、扶助，北美红杉成就了令人神往的高度：它是世界上最高大的树种，成长非常迅速；长成后高达 60 至 100 米，挺拔修长高耸入云，成为一道令人赞叹的风景。

拥有 550 亿美元资产的波音公司坐落于芝加哥，是全球航空制造业的巨擘。在新一代的 787 飞机设计和制造上，波音与其全球伙伴达成了史无前例的协同，是波音史上完工最快、造价最低的一次。波音此次商业模式的巨变，不仅仅在于提升生产效率，削减制造成本，还将新一代机型的设计和开发成本分摊至其遍布全球的合作伙伴，并建立了全球性的合作体系，由此也推动了波音飞机在全球的销售。

波音公司副总裁兼 CIO 斯科特·格里芬说："这不只是简单的协同，而是诸多方面的有效协作，这才是我们的竞争优势所在。"

这是一个高度合作的时代，再也不是一个单枪匹马，单打独斗的时代，在这样的时代里，生活因合作而精彩，工作因合作而高效，学习因合作而激情。

教师职业的特点，要求一名优秀的教师必须具备广博的知识与精专的学问。我们必须意识到，这种要求，在任何时代、对于任何职业都是很难达到的高标准。因此，每个人专攻一面的精专，在协同发展、互相交流后造就我们的广博，是学习方式的最佳选择。

当下，社会大环境对教育积淀的诸多矛盾，往往会集中在一线教育者这个出口上。面对烦扰，面对压力，面对由学生独特性和情境创生性而带来的诸多不确定性，像北美红杉一样，与同伴协力，抵御风雨，寻求彼此的共情与支撑，像波音公司那样，携手并进，以合作取代竞争，以合作实现共赢，我们的教师就能从自身的生命拔节中品尝到成长的喜悦，收获到事业成就不凡的精彩。

朵朵云彩聚在一起才能翻云覆雨，涓涓溪流汇合在一起才能成就大海，棵棵绿树连在一起才能抵御风沙，教师之间唯有形成工作的合力、形成学习的合力，教育才能铸就不朽的丰碑。于是，在这样的背景下，"教师学习共同体"就应运而生了！

教师是一个群体，教师的专业发展绝不能仅仅依靠个人的努力来实现，而是要充分发挥教师群体的作用，建立学习共同体。

学习共同体是一个具有共同愿景，有效获取、传递和创新知识的组织，是一个善于修正自身的行为以适应新的知识挑战的工作坊，是调动人的高级需要，加强交往，互相分享思想和智慧，彰显个性和特色，提高个人尊严和社会价值的有效载体，是去行政色彩的、放飞自由精神的活动天地。

美国教育家博耶尔说："学习共同体是因共同的使命并朝共同的愿景一起学习的组织，共同体中的人共同分享学习的兴趣，共同寻找通向知识的旅程和理解世界运作方式，朝着教育这一目标相互作用和共同参与。"

那么，教师学习共同体，就是以促进教师专业发展为目标、依靠优质资源共享和成员相互影响、实现每一位教师专业提升的教师学习组织。系统而明确的专业发展目标、充分共享的优于现实的学习资源、高频度互动与实质性促进以及可持续的保障机制，是这一学习组织建立和运行的基本要素。

我以为，教师学习共同体，就是教育科研的基地，业务交流的平台，自我展示的舞台，资源辐射的中心，教师成长的加油站、登高的台阶、锻炼的熔炉，就是老师们共同守望的精神家园、滋养一方教育的心灵驿站。在这个共同体中，大家生命彼此感应，思想相互碰撞，教、学、研合一，在不同的起点上实现多样的，最大可能的发展。

翻阅佐藤学的《学校的挑战，创建学习共同体》，书中开篇就谈到了新加坡把"合作学习"当作国策引进。新加坡认为，合作学习是 21 世纪人类所必须的学习力。新加坡之前一直致力于推崇竞争主义的学习，在知识拥有成为资源的时代，可能这种竞争有一定的积极意义，然而进入后工业时代，信息的对称和爆炸让人们目不暇接，知识不再那么权威，而这个时候，教育必须从竞争走向合作。

夫子说："三人行，必有我师焉，择其善者而从之，择其不善者而改之。"其实表达的就是一种合作和包容。教育要构建学习共同体，必须从站在讲台上的那些人抓起，只有这些人懂得尊重和沟通，学会合作，才可能引领出会合作、会合作学习的学生。

教师学习共同体应遵循的法则

龟兔法则——多赢共好

兔子第一次赛跑失败后提出再比赛一次，兔子没有打盹，结果赢了。乌龟不服，提出第三次比赛，但乌龟指定路线，所指定的路线要经过一条河，兔子不会游泳结果输了。总之，不管是乌龟赢还是兔子赢，两人的优势都没有发挥出来。第四次，兔子和乌龟组队参赛，在陆地上由兔子背着乌龟跑，到河里由乌龟驮背着兔子游泳。因为充分利用了各自的优势，龟兔组合赢得了比赛。

在教师学习共同体中，我们期望着更多的"龟兔组合"，这不只是简单的组合，这是朝着未来、朝着梦想、朝着可能、朝着明亮的美好聚合，也是由此出发，走向远方、走向新征程的有意义的集结。这种聚合集结就是力量，就是改变，就是"各美其美，美美与共"。

跳棋法则——搭桥借力

同为棋，道却不尽相同。象棋刺刀见红、拼死绞杀；跳棋则是相互搭台、共同前进，就算最后输一两步，也不至于你死我活。

教师的工作既具有群体性，也具有个体性。从个体角度来说，每个教师都想把自己的工作做得更出色，都想尽快"跳"近目标。但从群体角度来说，教师任何工作的完成都离不开他人的互助和支持：青年教师的成长离不开优秀中老教师的引领和指导；音体美各组的活动少不了班主任的支持和配合；优秀教师的成长缺不了学校的"铺路"和老师们的"搭桥"……相互给力，彼此借力，搭建成长的桥梁，铺垫事业的阶梯，每个人都将站在团队的肩膀上攀得更高。

海狸法则——抱团取暖

有一种在海边群居的动物叫作海狸，在平时生活中，可以说是"鸡犬之声不闻，老死不相往来"。可一旦涨潮，他们全部会走出家门，分工合作，共同修筑堤坝，力保家园平安。

在教师学习合作共同体这个团队里，大家既是老师又是学生，既是见证者又是参与者，既是秩序的遵守者，又是秩序的维护者，因为大家有着相近的温度，相似的心跳，相同的愿景，共同的承担。于是，当所有这一切在这里"相遇""混合""发酵"时，这里便会井然有序，蓬勃葱茏，气象万千。

大雁法则——交替引领

大雁在飞的时候需要头雁带领，但这个头雁是轮流当的，因为路途遥远，如果只让一只大雁领头，当它疲劳时，整个队伍的速度就会慢下来。

所以，在教师学习共同体这个团队里不论是德高望重的优秀教师，还是初出茅庐的新生力量，都有着希望和梦想的放飞、交流和展现的机会、学习和思考的空间、提高和发展的平台，都有可能成为这个"雁阵"的"领头雁"。

愚公法则——执着坚守

年近百岁的愚公，带领子孙移山，日复一日，年复一年，终于感动天帝，使天神搬走两座大山，为儿孙们开辟了外出的道路，实现了自己的愿望。

教师学习共同体的建立和运行不可能都是一路阳光，一路鲜花。我们都知道，岁月无敌，在光阴面前，谁都难有胜利可言——再相爱的人也得分开，再持久的筵席也得散场。但是，我们绝不会因为要分开就不求相聚，绝不会因为要散场就拒绝开始，就像我们都知道，人最终难免一死，但我们决不会轻易放弃生活，或拒绝生命。

里尔克说，"挺住就意味着一切。"挺住，不是结果，只是过程，是姿势，是抗拒，是暂时的不屈从，或者说，是不轻言放弃！

教师学习共同体的形式

教师学习共同体，以其参与成员、组合方式、作用方法的不同，有以下一些形式。

专业互补的教师学习共同体

师徒结对，古老而有生命力的共同体。师傅带徒弟，极富中国传统色彩。有的学校称之为"青蓝工程"，取义于"青出于蓝而胜于蓝"；有的学校称之为"炼铁工程"，意识是"锤炼特岗教师的工程"。这是一种经学校统筹安排，以新教师培养为主要任务，以能手带新手为主要方式的新教师专业发展共同体。这种方式简便易行，效果容易凸显。一旦拜师礼成，师傅将毫无保留，他们不仅口传心授、全程跟踪，有时候甚至还手把手教。这种运作模式之下，新教师一般在三五年之后都能够独当一面。在具体实施中，有的是"一对一"，即一个师傅带一个徒弟；有的是"三对一"，即一名学校领导、一名优秀班主任、一名学科骨干教师，共同带一个徒弟。这些年，针对补充的年轻教师，各学校都是采取这种师徒结对方式，携手同行，真情相助，扶上马，送一程，实现了年轻教师角色的尽快入门和专业的快速成长，有的年轻教师走上岗位不久便成为了优秀的骨干教师。

年级组和学科组，自然天成的共同体。自从有了班级授课制，有了分科教学，就有了年级组和学科组。年级组通过横向关联，将同年级教师缔结为一个工作团体；学科组则通过纵向关联，将从事相同学科或相关学科教学的教师，缔结为一个学术集体。年级组和学科组，纵横结合，经纬交叉，构成了学校立体交互式教师学习共同体，每一个任课教师都置于这个坐标体系之中。年级组、学科组一旦充分运行起来，教师交互学习的机会更多，相互促进的频度更高，专业发展的效果更明显。但在平常工作中，这一共同体的作用发挥更大程度停留于工作层面，在促进教师专业提升方面还有很大的潜能空间。

名师工作坊，跨越地域边界的共同体。这是一种以教育大家、教学专家、优秀教师或骨干教师为核心，依托他们的专业优势、学术造诣、成功经验和积极影响而建立起来的教师学习共同体。它的特点是，专业性强，靠近前沿，既可以获得理论指导，又可以获得实践点拨，教师加盟其中，不仅能进入更广阔的专业发展空间，获得有效的专业成长帮助，还能产生极强的归属感。向学术前沿靠近，向业界英才学习，已经成为更多有专业追求的教师的共同选择。

此外，还有以学科研究、改革实验、学术交流为根本取向，致力于学科教学改革与发展服务的学科专业委员会；还有把以强扶弱为重要取向的校际合作共同体、城乡共同体；还有立足整体优势或共同行动而建立起来的区域性、全国性合作共同体等。比如，中国陶行知研究会农村教育实验专业委员会秘书处从陶行知先生老家移师阆中，这就是一个全国性的教师学习共同组织，对乡村教育具有浓厚情怀的教师尽管各自东西，天各一方，但是大家因为具有相同尺码而行走在一起，携手同行，抱团发展，共同学习、彼此交流，积极探索，为中国乡村教育的改变互助前行！

教学相长的教师学习共同体

老师与学生，是天然一体的学习发展共同体。教师与学生相互促进、共同生长，早已被大家所公认。正所谓"三人行，必有我师焉。"朝夕相处，让学生成为教师最大的学习资源。学生在获得教师教导下茁壮成长，在他们成人、成才、成功的同时，也对教师专业发展产生着非常重要而奇妙的影响。

《学记》说："学然后知不足，教然后知困。知不足，然后能自反也；知困，然后能自强也。"陶行知说："民主的教师必须做到：一虚心，二宽容，三与学生共甘苦，四跟民众学习，五跟小孩子学习，先生必须跟小孩子学，才能了解小孩子的需要。否则是专制教师了，只晓得先生感化学生，锻炼学生，而不晓得学生彼此感化、锻炼和感化锻炼先生力量之大。"

与学生共处，教师可以涵养一颗永远年轻的童心，让职业生命时刻充满青春的激昂，焕发青春的光芒；与学生共处，教师可以不断涵养爱的情怀，不断优化表达爱、给予爱的方式，让爱时刻滋润学生的生命成长，也成就教师自身的职业理想和人生追求；与学生共处，教师可以不断强化对新知识、新现象、新事物的浓厚兴趣，通过学习、运用、实践和研究，不断实现专业发展的自我超越；与学生共处，教师还可以从学生身上寻觅到看历史、看世界、看未来的独特视角，进而深谙事业的真谛，获得丰富的人生感悟和生命的顿悟。

家校联盟的教师学习共同体

父母是孩子的第一任老师，也是永远的老师；教师是孩子的继任老师，是孩子的启蒙之师、学识之师、人生之师、事业之师。大家的学识水平可能不一样，人格个性注定有差异，对教育的理解也有专业与非专业之分，但在教育和帮助孩子全面发展、健康成长上，大家的立场是一致的；在希望孩子早日成才和拥有未来人生幸福上，大家的愿望也是一样的。因此，建设家校一体的教师学习共同体具有牢固的现实基础。

然而近些年来，受社会大环境的影响，由来已久的家校互动基本趋于瘫痪。老师们深入家访的很少，取而代之的是"打电话""微信访"；家长也是无事不登三宝殿，找老师除了"遇麻烦""出事了""讨说法"，一般情况下是不会与老师联系，甚至有可能直到孩子离开学校，都不知道老师姓什名谁了，更别说家校配合，共同育人。可见，建设家校一体的教师学习共同体更显紧迫，教师责无旁贷。

无论是家庭教育还是学校教育，目标指向都是孩子的健康成长、全面发展，但他们的侧重点各有不同。学校教育更大程度上是一种国家意志的体现，为了完成统一的、最基本的公民教育目标，体现为一种"共性"的要求，这也恰恰暴露了学校教育最大的短板——对个体差异性重视不够。

家庭教育除了能够给予孩子成长不可缺少的家庭温暖，奠定孩子健全的情感基础，基于孩子的个性化需求与家庭实际，还能够及时提供适合孩子个性化发展的一些内容与路径，成为学校教育的补充，但它也不可避免地带有教育理念与方法不够专业、教育内容不够系统的弊端。

家校共育就是建立教育的"家校共同体"，通过扬长避短，形成教育的合力，努力为每个孩子提供健康成长、全面发展的教育内容、教育途径与教育环境。

2016年中国陶行知研究会农村教育实验专业委员会年会，我们把现场选在了江西省的弋阳县，经验推广的主题确定为"以良好的校风影响家风，改变民风"，正是基于弋阳教育"家校共同体"建设的创新实践。按照弋阳教育的说法，家长应该"成为教育的合伙人"而不是旁观者，弋阳县教育局方华局长有个形象的比喻，家校合作如同"股份公司"，家长是"董事长"，教师是"CEO"。弋阳全县各中小学校都开展了制度化家校合作研究，成立了"家校合作协会"，积极拓展家校合作空间，帮家长搭台子、找位子、寻路子、想法子，广泛吸纳家长参加和参与学校教育教学各项活动，如学校监考、安全巡视、食堂管理、文艺会演、颁奖典礼、听写大赛、家长值日、家长大课堂等。

家长除了参与学校活动外，还积极参与全县性的有关活动，江西省家校合作培训会，弋阳60名家长志愿者参与了会务服务；首届龟峰登山节29名家长志愿者担任整个赛道的服务工作；叠山书院论坛，家长辩手尽显风采；2015年、2016年百名师生家长送春联活动，从春联征集到现场书写和赠送，全县上万名家长参与；第九届全国小学语文主题学习观摩研讨会和《教师博览》读书论坛活动，全县300名家长志愿者承担了会务服务工作，尤其是2016年的中陶会农村教育实验专委会年会，从报到接待、到会务服务、到参观解说，家长全程参与，展现了"家校共同体"的巨大成果——家校合作带来了家风改善、民风好转，形成了良好的教育生态。

与社会深度互动的教师学习共同体

教师不是孤立存在的，与身边社会有着千丝万缕的联系；教育工作也不是孤立的，离不开社会各界的支持配合；教书育人的使命，是促进人类的文明发展和社会进步，因而，旨在促进教师专业全面发展的教师学习共同体，更需跳出教育本身，与更多的社会贤达和各界精英建立起全面的、友好的、深度互动的共同发展关系。

跳出教育交朋友，可以帮助我们快速走出封闭的象牙塔，在更广阔的视野中客观审视教育，正确定位自身。这些年，教育一直饱受社会诟病，但却罕有正面的声音及时回应。

应该说，改革开放以来，从素质教育提出到基础教育课程改革，从既当运动员又当裁判员到教育管办评分离体制的建立，从大学扩招到高考制度改革顶层设计，从上学难到教育的公平发展，中国的教育改革探索实践一直都没有停步，也取得了有目共睹的成效，谁不承认这一点，那是没有良心的。但教育在当下所面对的种种问题，面对的一些乱象，也是客观存在的，谁不认可这一点，也是没有良知的。

教育到底有没有问题？教育的问题到底在哪里？当局者迷，旁观者清，跳出来看，一目了然。久病成良医，只要我们本着求实的态度和科学的精神，看清症结所在，找准问题实质，既不讳疾忌医自绝生命，也不人云亦云自乱方寸。

跳出教育交朋友，跳出教育看教育，跳出教育思考教育，也是教师发展专业、成就事业的一条捷径。北京十一学校校长李希贵是当今著名的教育改革家，他在《我的关键成功因素》一文中谈到了这样的体会："我基本上不怎么看教育学的书，因为其中的很多书太一般。我喜欢看心理学、社会学、成功学、企业管理学、法学、经济学等方面的书。这些视角会帮助我们实现教育创新，帮助我们挖到别人没有挖到的深度。所以，我一定要多接触一点其他领域的朋友，多读一点其他领域的书籍。就我个人来讲，在我最好的朋友当中，很多都是其他行业的，我书中所写的很多东西都受到企业管理案例的影响。"

在我们身边，也不乏这样的鲜活例子。一个专业优秀业绩突出的教师，往往都不是蛰居书宅的书呆子，他们往往是在与各行各业优秀人才保持良好互动的过程中，不断拓展思维，不断开阔视野，不断借力助力，不断丰富教育的智慧，一步步地走向成功、走向卓越。

基于网络平台的教师学习共同体

前面谈到的教师学习共同体种种形式，都属于实体，在具体运行中，往往受制于时间、空间、环境、条件等因素。而基于网络平台的教师学习共同体，则能超越这一切。只要网络畅通，只要大家在线，只要有共同研讨的话题，只要有学术交流的需要，就算远在天涯海角，高频度的交流随时都可以开展，深层次的互动随地都可以进行。

基于网络平台的教师学习共同体，能够为我们提供最有效的分享和交流。分享贵在及时，交流贵在顺畅。通过网络，大家都可以尽情地分享人生的经历、交流职业的感悟、碰撞事业独特的体验、探索专业发展的话题。而且这种分享和交流都是源自内心，自主而为，不需行政命令，不需下达任务，不需限定时间，不需矫揉造作，不需掩盖粉饰，不需计较名利得失，没有任何顾忌，没有任何障碍。这对教师专业成长，不失为一种重要的方式。

教师学习共同体的运行路径

共同阅读、共同写作、共同研究，是构成教师学习共同体的三原色，赋予了共同体以色彩和生命。任何形式的共同体，缺少了这三种基本色，都将黯然失色，难以为继。

共同阅读是一种吸纳，共同写作是一种梳理表达，共同研究是一种创造性实践，三者构成了一种共同而又幸福的教育生活。

共同阅读、共同写作、共同研究，是教师学习共同体走向卓越的必由之路。共同阅读是共同体的精神发育，共同写作是共同体的生命延展，共同研究是共同体的境界提升。

共同阅读——教师学习共同体的精神发育

朱永新老师认为，一个人的精神发育史就是他的阅读史，一个民族的精神境界取决于这个民族的阅读水平，一个没有阅读的学校永远不可能有真正的教育。可以这样讲，教师的共同阅读史，就是一群教师的精神发育史。

教师共同阅读，首先就要解决教师读什么的问题。朱永新老师从二十世纪九十年代末就开始做新世纪教育文库，当时为中国的孩子、中国的老师、中国的父母去挑选一批最好的书提供了依据。到了 2010 年，朱永新老师的新教育专门成立了新阅读研究所，组织专家做"中国人基础阅读书目"，从中国幼儿、小学生、初中生、高中生、大学生、教师、父母、企业家、公务员等不同层面研制了基础阅读书目，为中国社会的不同群体，提供了精神营养餐的菜单，这样大家可以按图索骥，参照着去选适合自己的好书。教师开展共同阅读，便可从教师基础阅读书目中有针对性地去选择，这样从一定层面上解决了教师共同阅读读什么的问题。

读什么问题解决了，那么教师共同阅读又怎样读呢？

在反复研读中唤醒书籍。之所以强调"研读"，是因为能被作为共读的书，差不多都是经典之作，需要我们反复咀嚼，细心玩味，不断琢磨。一方面应围绕某一本书，列出阅读计划，逐章逐节，精读细读，逐步深入，切忌囫囵吞枣。另一方面应从一本书开始，延伸读一系列书，要么是同一作者的书，要么是不同作者而同一体裁、同一内容的书，这样在阅读中比较，在比较阅读中融通，在融通中贯通，其收益会更大。

在平等对话中唤醒自我。"独学而无友，则孤陋而寡闻"，共同体成员之间，应该是真诚的朋友关系，平等的对话关系。有学者指出，"所有成员，是老师也是学生，透过交谈和对话以轻松的方式交换观念和讯息"，"成员彼此为目标而努力，不相互竞争，一起分享过程与挫折，以提供安全及开放的学习情境"。共同阅读者中每一个成员，在阅读中畅所欲言，积极交谈，在平等中找到自我，在对话中彼此心照不宣，在这里，没有"一言堂"，没有"强行灌输"，没有"尊卑贵贱"，没有"沉默恐惧"。只要生命在场，被唤醒的书籍，就会走进我们的生命，融入我们的生命，真正成为我们生命的一部分。

在榜样引领下唤醒潜能。一方面，榜样就是我们所追随的标杆。你希望成为谁，你就一定要读他的书。你希望像李希贵校长那样办孩子们喜欢的学校，你就应该读他的《面向个体的教育》；你希望像李镇西那样做老师，你就应该读他的《爱心与教育》；你希望像于永正那样教语文，你就应该读《于永正：我怎样教语文》；你希望像吴非老师那样做一个具有家国情怀的教师，你就应该读他的《不跪着教书》《致青年教师》；你希望像朱永新老师那样坚守教育理想和理想的教育，你就应该读他的《我的教育理想》《致教师》。另一方面，榜样就是平等中的首席。共同体成员是围绕着同一本书坐在一起的，也是围绕着榜样教师而坐在一起的。能否选取合宜的书籍供大家阅读，能否从读本中抽取核心问题供大家讨论，能否从众多的发言中甄别出真正有意义、有价值的东西，很大程度上取决于这个平等中的首席。这个首席一定不是行政强加的，而是成员公认的。成为首席，这本身就预示着榜样引领，追求卓越；而有了首席，又能让个体价值最大化，共读效益最大化。

在多样活动中厚积薄发。在共读中，要增强吸引力，就要开展一系列丰富多彩的活动。一是变换活动地点。比如，这些年我们开展的教师暑期读书班、寒假读书班，地点灵活，不断变化，让大家在读书之外感受到读书的情趣、生活的惬意。二是增加一些新面孔。最好能让作者本人出现在共同体成员面前，就像雷夫老师会邀请莎士比亚剧著名演员来到第 56 号教室，给学生现场朗诵台词，给大家带来惊喜。

在阆中，我们会定期邀请国内著名教育专家来阆中举办阅读高峰论坛，也会组织校长、老师们到北京十一学校这样的全国名校去参观学习，能见到朱永新、李希贵、吴非等名师名校长，得到他们的签名赠书，再来阅读他们的著作，会更有不一样的感受、不一样的效果。三是增添一些新元素。比如，搞一些阅读沙龙、生日派对、郊游小酌等。四是组织一些庆典仪式。比如设立读书节，开展"阅读之星""读书人物""书香世家"的评选并举行颁奖典礼。

共同写作——教师学习共同体的生命延展

朱永新老师认为，写作的人是文字的魔术师。无论是英文的二十六个字母，还是中文的几千个方块字，它的组合变化抵得上任何奇妙的化学反应，可以创造出世界上最神奇的东西。

写作的人是伟大的观察家。写作的人不仅需要一颗纯洁的心灵，也需要一双善于观察的眼睛；写作的人能够看到别人无法看到的世界，发现别人没有发现的风景；写作的人是智慧的思想者。学而不思则罔，思而不学则殆。学习更多的是通过阅读进行的，而思考更多的是通过写作实现的。真正的思考是从写作开始的。

写作的人是历史的创造者。所有的历史也是历史学家的历史，是记录者眼里的历史。写作，不仅记录着我们所处的时代，也记录着我们自己的生活，书写着我们生命的传奇。

教师写作的过程，其实就是对每一天教育经历梳理的过程，就是对当下教育现象不断反思的过程，就是利用零星时间让时间留住并让时间变得有意义的过程，就是拓展阅读深度增强阅读有效性的过程，就是为未来的日子留下温馨而美好的教育回忆的过程，就是战胜职业倦怠永葆职业青春永远洋溢教育激情的过程。

一提到写作，很多老师都心生畏惧，"让我干什么都可以，只要不是写文章""写文章太难了，爬格子太苦了。那简直会要了我的命"，事实上，就连那些天天与语言文字打交道，还要指导学生习作的语文老师，又有多少人能够坚持写作呢？

老师们之所以谈"写"色变，主要是他们把写作看得太高深了，太苦了。一提到写作，闪现在他们眼前的便是"吟成一个字，捻断数根须""二句三年得，一吟双泪流""语不惊人死不休"那样的折腾和凄苦……

教师写作，不是为了当作家，也不是为了成为写手，而是促进我们更好地反思。一个会思考会写作的教师，才能积淀自己的教育思想，才能实现由教书匠向专家型教师的华丽转身。一个不会思考不会写作的教师，有可能教一辈子书仍会在原地踏步。

教师写作，也不是写小说、写散文、写诗歌，搞文学创作，而是立足于课堂，立足于教育实践，立足于所发生的教育教学现象，并由此而进行的一种记录、整理。

作为学习共同体，我们不妨从以下几个方面来重启写作之门。

共写博文。网络兴起，标志着自媒体时代的到来，博客、微博、微信的出现，打破了传统媒介的樊篱，开创了个人表达的自由。这其中，140字一条的微博最容易不过。共同体的每个成员都应该开通微博，坚持用微博记录自己教育教学生活中的点点滴滴，包括成败得失、感受体会、启迪反思。既能促使我们有效管理和利用时间，又能帮助我们养成良好的写作习惯，还能储备和积累很多素材，为我们的教育教学研究奠定坚实的基础。

成员之间应该开通微博，适时在线互动，这当然不是仅仅为了博取点击率，更重要的是有人关注，无疑能激发我们的写作热情。微博虽小，但微博的社交面很广，微博的世界很精彩，像朱永新老师，经常是凌晨四五点钟就"刷微"了，在这里，可以交到很多心仪已久的朋友，可以获取很多知识和见解。

共写随笔。要让写作成为自己的事，而不是外力所迫，最好的方式莫过于写教育随笔。比如写教育随感、教育札记、读书心得、教育短评等，每日所见、所闻、所读、所思皆可入文，虽是信手拈来，却最为真实，生动鲜活。

共同叙事。也就是进行教育叙事的写作。教育叙事立足一线的教育实践，是基于教育情境的客观呈现，是对教育现象的真实还原，是对当下教育生活的一种真实表达。

教育叙事包括德育叙事、教学叙事、管理叙事等，教职员工都可以写，写法很简单。我的看法是，你在教育教学中遇到什么事，怎么解决的，经过怎样的过程，取得何种效果，从中有何感悟，就把它记录下来。至于写法，不要求从理论到理论，笔法不限，记叙也好，散文方式也好，都行。

苏霍姆林斯基、陶行知等教育家，写的都是亲身经历的东西，没有什么概念的推理，也没有高深的卖弄，更没有华丽的词藻，真正的教科研就应该是这个样子。

共同反思。教学反思是一种重要的思考方式，它是对自己的教育行为乃至教育细节的一种审视，一种推敲，一种质疑，一种研判。

繁重的教学任务、作业、考试，复杂的学生问题，再碰上一堆检查、培训，老师真是有苦说不出，每天忙得不可开交，忙得天昏地暗，像个陀螺到处转。但不管你有多忙，请记住这句很重要的话：不要瞎忙，要留一些时间去思考，要善于反思。

对于共同体成员来说，你班上所发生的，很可能也曾发生在另外的教室里，你所留心到的班级教育现象，很可能正是他人关注的焦点，你从这个角度进行反思，他站在另一个层面去思考，在不同角度反思中相互启发、在共同反思中不断提高。

共创期刊。一份报纸、一种杂志，是各种声音的交响，是不同表达的集结，是各种思想的承载，其本身就是一种写作的共同体，它所产生的效应，是任何单行文稿都取代不了的。一个成熟有品位的共同体，一定有自创的期刊。

阆中教育自办的内部刊物《名城教育》，自 2006 年创刊以来，已坚持 11年有余，出刊 110 余期，它既把我们的一些思想主张及时地传导给校长、老师，也将基层一线的生动实践源源不断地反馈上来，同时为阆中教育的发展营造了宽松和谐的外部环境。正是借助这个思想交汇融合的平台，系统上下有了对幸福教育目标的共同追求，有了对朴素教育理念的执着躬行，把整个阆中教育链接成了一个完整的区域素质教育推进共同体。

共同研究——教师学习共同体的境界提升

立足于共同体的研究，真的很重要。如果教师只是一味地为了备课而备课，为了上课而上课，为了教书而教书，为了育人而育人，不去学习、不去思考、不去总结，也不去研究，他们尽管课上了一堂又一堂，教案写了一本又一本，学生走了一批又来了一批，但教学方法依旧，工作状态依旧，教学成绩依旧，一切的一切都是涛声依旧。这样，他们除了年龄、教龄在不断地增加与变化外，专业水平、教学能力、职业态度，有可能若干年后都不会有任何变化，甚至会倒退。这样的教师慢慢就会变得呆滞木讷，变得僵化愚昧，终有一天会被这个时代所淘汰。

而立足共同体的教育教学研究，决定着一个教师能不能成长为一个有思想、有魅力、有影响的教师，能不能成为一个学者型、专家型教师，能不能成为一个受学生欢迎、拥护、爱戴的教师。

把研究与工作学习融为一体。有的老师认为，研究是教科室、教研室、教科所同志的事，从事基础教育的教师，其主要职责是备好课，上好课，教好书，育好人，如果分散精力去搞什么研究，既出不了什么成果，又劳民伤财，还有不务正业之嫌。也有老师认为，教师工作任务繁重，事情繁杂，每天既要上课，又要管理学生，还要处理随时发生的事件，哪有精力搞研究？

其实，研究的过程，就是学习的过程。美国著名学者杜兰特说："教育是一个逐步发现自己无知的过程。"在教育研究过程中，教师要学习新的理论，要学习先进的教育思想，要学习好的教育理念，要不断更新自己的知识，要学习其他优秀教师的经验，在这样的一个不断为自己充电，不断更新知识的过程中，教师的水平就会得到不断提高。

其实，研究的过程，就是思考的过程。在对自己的教学活动进行研究的过程中，就会不断地对自己的课堂进行反思，对自己的教学方法进行反思，对自己的教学效果进行反思，对自己的教学得失进行反思。教师有了反思的勇气，有了思考的习惯，就会增添自己的教育智慧，提升自己的教育教学水平。

其实，研究的过程，就是总结的过程。教师有了研究意识，在平时的教育教学工作中，就会处处留意，时时留心，就会把教育教学中的一点心得、一点感悟、一点收获，甚至一点失误，及时进行积累和总结，并不断改进教育教学方法，提升教育教学效果。在这样的一个过程中，教师的整个生命都将会有所拔节，有所发展，有所成长。

其实，研究的过程，就是创新的过程。锐意创新是好品质，刻意创新是坏习惯。研究的创新，要立足已有成果科学创新，而不是刻意的异想天开、标新立异。

研究真的很容易。研究无须拘于形式。共同体研究立足于本职岗位，贯穿在教书育人工作的每个环节，只要有共同的方向和明确的目标，只要有一种研究的状态和习惯，随心所欲，随时随地，都可以进行。

只要有交流的话题，什么时间、什么地点都可以进行。打电话、聊 QQ、发微信，哪种方式方便快捷就采用哪那种方式，不一定要坐在一起轮流发言，不一定要在会议室扯开架势，不一定要校长主任参与，不一定要有专家学者指导，不一定要立项申请。办公室、操场边，教室外，散步的路上，周末出游的郊外，甚至是深夜拨出去一个电话等等。方式方法越自然越简便越随心，干扰因素就会越少，效果就会越好。

　　研究的方式也是多种多样的。进行教学反思是研究，写教育随笔是研究，教育论文写作是研究，课堂观察是研究，微型课题是研究，规划课题也是研究。在课堂上点燃思维的火花，在备课辅导中寻找期待已久的发现，在独立思考中捕捉瞬间的灵感和顿悟，都可以，不一定要坐下来冥思苦想才叫研究，关键在于教师要根据自己的实际情况，找到适合自己的研究方式。

　　在研究中，不一定要贪大求洋，可以从小处着手，从微课题上发力。新一轮的课程改革，带来了教育理念、内容、方式和方法等方面深刻变化，也产生了很多现实而鲜活的教育问题，给老师们提供了更广阔的研究空间。共同体的研究，要注重从这些俯身即拾的微型课题入手，要致力解决教育教学工作中的实际问题。

　　比如，怎样开发校本课程，怎样教好综合课程，怎样指导学生探究性学习，怎样引导学生进行合作性学习，怎样提高小组讨论的有效性，在减轻学生负担的新形势下怎样设计作业、怎样布置作业、怎样批改作业，在新课改中教师角色有什么变化、教师怎样设计课堂提问、怎样把握讲的火候和分量等。这些问题都没有现成的、唯一的答案，都值得我们去探索、去研究。

　　研究是心灵漫步，是生命咀华，需要大家在浮躁浮华中坚守朴素，需要大家在喧嚣嘈杂中甘守宁静，更需要大家远离功利、抱守良知。如此，我们的共同研究，我们的专业发展，方能走得更远。

　　老师们，共同体是一艘新航船，有着强大的推动力，载着我们一起前行；教师学习是一个永恒的话题，专业成长没有休止符，我们永远在路上！

第十一讲　教育，从文化做起

　　"人类可以看出一粒贝壳的美丽，但是栖息在贝壳里的生命并没有意识到这一点。贝壳形成这样的形状是为了给壳内的生命提供最佳生存环境。"校园里的文化之美犹如沙滩上的贝壳之美，她不仅仅是让人们顿足欣慰，流连忘返，而是为了贝壳里面的生命个体具有成长和发展的最佳空间和最优环境，校园文化其实就是那枚优雅迷人的贝壳。

校园文化把学校派往明天

近读龙应台的一篇写文化的文章，她从三个层面对文化进行了描述和表达。第一个层面，她以为，文化它是随一个人迎面走来的——他的举手投足，他的一颦一笑，他的整体气质。

第二个层面，她认为，文化它是一个人如何对待自己，如何对待他人，如何对待自己所处的自然环境的态度。她说，希腊的山从大海拔起，气候干燥，土地贫瘠，简陋的农舍错落在荆棘山路中，老农牵着大耳驴子自橄榄树下走过。他的简单的家，粉墙刷得雪白，墙角一株蔷薇老根盘旋，开出一簇簇绯红的花朵，映在白墙上。老农不见得知道亚里士多德如何谈论诗学和美学，也很可能不曾踏入过任何美术馆，但是他在刷白了的粉墙边种下一株红蔷薇，这种对待自己、对待他人、对待环境的做法，却无处不是"美"，无处不体现"文化"。

第三个层面，她讲，文化是对"价值"和"秩序"有所坚持，对破坏这种"价值"和"秩序"有所抵抗。占领巴黎的德国指挥官在接到希特勒"撤退前彻底毁掉巴黎"的命令时，决定抗命不从，以自己的生命为代价保住一个古城。梁漱溟在日本军机的炮弹在身边轰然炸开时，静坐院落中，继续读书，她说这就是文化。

前不久我看到了梁晓声这样几句话，对文化也进行了恰如其当的表达，他说文化是"植根于内心的修养；无须提醒的自觉；以约束为前提的自由；为别人着想的善良"。

不难看出，文化是最大的魅力，是最深刻的内涵，是最有效的教化。

曾有人测量，当一个人死亡的瞬间，他的体重会减少21克，于是有人说，人的灵魂可能是21克。这种说法，有没有科学根据，我们姑且不论，但无疑的是，就是这关键的21克，让人成了一个奇特的生命体。校园里的21克是什么呢？我以为，那就是校园文化，校园文化就是校园的灵魂。

四川人喜欢做泡菜，泡出的泡菜味道取决于盐水，盐水好，泡出的泡菜味道就好，盐水什么味道，泡出来的泡菜就是什么味道。我们每个校园都是一只泡菜坛子，无论是大的，还是小的，无论是陶土的，还是瓷器的、玻璃的，反正我们都有一只泡菜坛子，校园中的几千人、几百学生，就是我们要"泡"的"菜蔬"。最终菜蔬的味道则取决于盐水的味道，校园文化就是那盐水。

"人类可以看出一粒贝壳的美丽，但是栖息在贝壳里的生命并没有意识到这一点。贝壳形成这样的形状是为了给壳内的生命提供最佳生存环境。"校园里的文化之美犹如沙滩上的贝壳之美，她不仅仅是让人们顿足欣慰，流连忘返，而是为了贝壳里面的生命个体具有成长和发展的最佳空间和最优环境，校园文化其实就是那枚优雅迷人的贝壳。

其实，校园文化不仅是校园的灵魂，也不仅是那泡菜的盐水，更不仅是那优雅迷人的贝壳，校园文化她还是一种资源，一种独特的教育资源；一种教材，一种奇特的育人教材；一种点缀，一种对环境的美化与点缀；一种提升，一种对师生能力与素养的提升；一种养成，一种对师生行为习惯的修为与养成；一种浸润，一种对师生心灵、心态、心智的耳濡目染和浸润；一种影响，一种让一个个生命个体在这样的环境中得到潜移默化的成长和影响；一种传承，一种对历史的书写、创造与传承；一种管理，一种最有效，最高境界的管理；一种方式，一种学校成员共同坚持的一整套信念和思维方式，一种大家都认为必须遵循的一系列规则和行为方式，一种大家都必须接受认可的操守和生活方式。

校园没文化，真可怕

泱泱大国，学校无数。明天，哪些学校能够"主沉浮"？哪些学校能够在明天立足并傲然于世？具有持续的学习力，具有一批优秀的教师团队，有一个优秀的校长和一支强而有力的管理队伍，具有先进的办学理念和思想，具有较好的学校评价体系，具有良好的校风，具有温馨的人际环境，固然这些因素很重要，但最关键的是具有独特的校园文化。可以说，具有独特的校园文化在学校发展中具有重要的价值和意义，是学校崛起于"众校之林"的核心要素。

因为校园文化能够让我们的学校有学校的味道，或者说让我们的学校越来越像个学校；能够让我们的学校有充分的教育功能，或者说能够让我们的学校越来越有丰富的教育意义；能够让我们的师生有师生的样子，或者说能够让我们师生拥有越来越强大的精神动力和心灵密码，拥有越来越快乐而幸福的教育学习生活。

因为一个有文化的校园，才会熏陶出一个个有着深厚人文素养的学生；一个有文化的校园，才会有和谐的人际关系，才能够让师生形成共同的愿景；一个有文化的校园，教师更容易迸发工作热情和激情，更容易产生对学校的认同感和自豪感，更容易促成教师形成独具魅力的人文气质和人文精神；一个有文化的校园才能成为师生生活的花园，才能成为师生成长的乐园，才能成为师生精神的家园，农村校园还能成为师生放飞心灵的田园；一个有文化的校园才会让人们眼前一敞亮，内心一震撼，灵魂一升腾，才会让人流连忘返，念念不忘，回味无穷。

我以为，决定其校园品质和影响的，绝对不是校园里高大的建筑、冰冷的制度，对学生影响最久远、最深刻的也不是知识和分数，而是校园里的文化。

我以为，校园不一定要有高楼大厦，不一定要有宽阔的运动场，不一定要有最先进的现代教学设施，但一定要有浓郁的校园文化。

我还以为，任何一所学校，哪怕是不起眼的小学校，校园有了自己的文化基因，有了自己的文化符号，学校就会焕发出蓬勃的生命力。学校里任何一件不起眼的东西，只要给它烙上文化的印记，就会远远超出其本身的一切，最终给师生们传达的是一种博爱的精神，一种严于律己的道德要求，一种高雅的行为准则。

有一句话说那些没文化的人，"没文化，真可怕"，其实更可怕的是，校园没有文化。

校园处处都可以成为文化

任何一所学校，在它的建筑设施背后，在环境面貌的背后，在日常教育教学活动的背后，都有一片意义的天空，都有一条情感的纽带，都有一汪精神的海洋。我们透过其背后的隐秘世界，无一不体现的是其中所蕴含的文化的因素，如果挖掘出来，并通过整理放大，校园就会闪烁着文化的光辉，飘溢着文化的芳香。

第一，管理文化

1. 理念文化

理念文化是校园文化的核心、灵魂；理念文化应该反映学校的价值取向、目标追求、鲜明个性，应该体现学校的办学方向、文化观念、历史传统；理念文化是被学校大多数成员认可而遵循的共同的群体意识、价值观念和生活信念，应该弥漫在校园的各个方面，浸透在师生的日常行为中。

学校工作尽管千头万绪，但首要的就是必须有一个科学的、先进的、明确的、符合学校实际的办学理念，通过办学理念来引领学校的办学实践，用办学理念来统一思想，凝聚人心，激发活力，使学校走向科学发展之路。

2. 制度文化

学校制度文化，即由学校制度所承载、表达、衍生和推动的文化。它是一所学校渗透在体系架构、规章制度、工作流程、岗位职责中的价值观念和风格特色，也是在生成和执行各类制度的过程中折射出来的价值取向和行为准则。

学校制度文化应该是一种柔性与刚性并蕴的文化，是一种阶段稳定与适时变易相结合的文化，也是一种可塑性与可控性共存的文化。因此，学校制度文化一方面应坚持以人为本。制度主要是和人打交道，制度不是冰冷的，应该是温暖的、人性的。制度在做到规范人和教育人的同时，应该充分地尊重人、理解人、帮助人、激励人、解放人，而不是板着脸一味生硬的"管"人和"卡"人。另一方面应坚持开放民主。任何一项制度的生成，都不可能靠少数人闭门造车就可以完成，只有秉持开放的态度，才能吸纳更多经验，集中更多智慧，整合制订出更有效的学校制度。同时应坚持与时俱进。学校制度的生成是一个动态的过程，必须在实践中不断修订，在动态完善中适时提升。

3. 人际文化

好的人际关系胜过好的教育。校园能带给学生什么，取决于校园内究竟流动着什么。如果校园内流动的仅是枯燥的知识，冷酷的面容，苛刻的规矩，还有侮辱惩罚，不和谐的人际关系，这样的校园就如同炼狱一般，带给大家的只会是死气沉沉。如果校园内流动的是笑声，是欢乐和爱，是信任、尊重和赏识，是温馨的人文关怀，是人与人之间的相互体贴和关照，这样的校园就会充满活力，就会荡漾着激情，就会弥漫着幸福！

我见到一所学校，他们有一个特殊的握手仪式，早上，校长会在校门口迎接每一位教师，握手。放学，每一个教师要和本年级的组长握手，组长要跟校长握手。透过这个现象，折射出这所学校所倡导的浓厚的、和谐的人际文化。

第二，环境文化

1. 建筑文化

建筑不只是水泥钢筋石材的堆砌，建筑它是人类文化的集中体现，学校里的建筑风格风貌则是校园文化的体现。校园的建筑不一定要高大上，不一定要时尚，不一定要把所有的旧建筑推倒重来，但一定要与学校历史文化相一致，一定要与地域特点有机融合，一定要与周围环境和谐共生，一定要与教育这个大主题对接契合，一定要与建筑文化的传承和保护相得益彰。

李镇西校长在一篇文章中谈到他考察美国普林斯顿大学的感受，说这所学校建筑落后，感觉所有教学楼、图书馆均是八百年前的建筑，风格陈旧，色彩暗淡，没有一座"高端大气上档次"的教学楼，毫无一点点现代化气息。但就是这样一所大学，从 1746 年创建以来，已走出了两位总统、44 位美国州长和 33 位诺贝尔奖得主。这就是这所大学的文化，当然也包括不朽的建筑文化的传奇与魅力。

2. 书香文化

校园的书香气息，可以说是校园文化之魂。校园文化中飘逸着浓郁的书香，这样的校园才是温馨的、灵动的和诗意的。

把校园文化建设与读书活动开展、书香校园建设、师生书香人生的构建有机结合。在校园里，让书从图书室里"请"出来，让师生能够随手可取，随地可览，随时可读，让琅琅书声回荡校园，这就是最靓的风景，这就是校园最美的文化，而且是最有内涵、最有品位、永不过时的文化。

3. 教室文化

教室是一个梦的世界，也是教师教学、学生学习与活动、教师与学生交流的场所。教师、学生的所有活动几乎全部在教室内进行，教室的文化对于教育的效果、教学的效率、学习的成效等影响非常大。

可以这样讲，优美的教室环境，具有"桃李不言"的作用，可以使学生在不知不觉中自然而然地受到熏陶、感染，并对他们的心理能够产生深刻的影响。

比如，很多教室都有个性化的名字，有"君子班""诚信班""博学班""未来班"，也有用科学家名字命名的，如"牛顿班""陈景润班""爱因斯坦班"，还有直接用班主任名字命名的；教室里有班歌、班训、班徽，有图书角、科技展示平台，有温馨的励志语，有作品园地、学习天地、人物专栏，这些都是学生设计的。在这样的氛围中，孩子们把枯燥的接受变成了生动的自我教育。

在当下，很多教室缺少文化，有的仅停留于"八个一"的物质基础层面，包括一本教材、一本练习册、一支笔、一张桌子、一把椅子、一块黑板、一台电脑、一块屏幕。有的教室更是整齐划一的课桌椅，干干净净的地板，清清爽爽的墙壁，可以说没有一点文化的气息。

有的教师开始做教室文化了，他们喜欢选用一些格言、警句，满教室张贴得到处都是，而许多孩子对此往往却视而不见、充耳不闻，就是因为好多话是空话、套话，对大部分同学而言，这些格言警句毫无指导意义。"入则静、坐则学，让我们在安静的氛围中品味书香。老师相信你们一定做到"，这是我前不久走进一间教室看到的，就好像一位老师拉着一个学生的手说着"知心话"，娓娓道来，如影随形，十分亲切。也有很多班级教室文化一成不变，有的甚至一个学年都不变换一次，时间久了，再好的美味佳肴也会平淡无味。

4. 寝室文化

寝室文化，是校园文化建设的一个重要组成部分。营造出整洁、自律、高雅、向上的寝室文化氛围，对孩子们的习惯养成、心灵净化、健康成长具有积极的作用。

到一些学校去，学生的宿舍都有一个名字，男生有"将军斋""简朴寨""陶然居"等，女生有"慧心阁""雅静轩""博雅亭""爱心屋"等。这些名字，匠心独运，寓意深远，体现出一种个性，其实命名过程就是学生们确定人生坐标的过程，看名字就知道命名者的涵养与境界，身居其中，就是一种影响和浸润。

5. 食堂文化

传统意义上的食堂，仅是满足师生们一日三餐的生活场所，而一旦给食堂涂上浓厚的文化色彩，它除了具有为师生提供生命机体不可缺少的食物功能之外，更具备了为师生们提供精神食粮的功能。

有文化的学校食堂绝不能局限于让学生吃好、吃饱、吃得健康，而应超越其原有的定义，充分注入校园文化元素。比如建设"文明食堂""书香食堂""文化食堂"等，让食堂上升到一个更高的文化层次，让师生们在就餐的过程中感受到消费的不仅是食品，而且感受到的是知识，享受到的是文化的盛宴和熏陶。

6. 厕所文化

厕所与人类生活息息相关。校园厕所文化一方面反映着学校文明的程度，也反映着师生的文明素养。校园厕所文化建设要有教育性和趣味性，要有亲和力和感召力，要体现以人为本，要充分关照师生的生存与发展，要较好地传达学校的精神文化，要承载一定的人文内涵。

7. 楼道文化

我以为，校园楼道文化建设是整个校园文化建设中最为重要的一环，校园楼道是表达叙述校园文化最好的一个载体。

楼道文化，可以反映学校的核心办学理念，可以突出学校德育主题，可以展示师生精神风貌，可以挂放师生的艺术作品，可以装上书壁书橱摆放图书，给师生提供精神食粮。楼道文化建设好了，应该是校园中一幅美丽的画，师生驻足观赏，会如痴如醉；应该是一首韵律优美的诗，师生徜徉其中，会回味无穷。

8. 门窗文化

校园门窗是楼宇、教室的"眼睛"，利用门窗搭建校园文化建设平台，营造健康向上的门窗文化氛围，既可以使门窗成为全校师生励志人生、陶冶情操的精神园地，又可以使校园鲜活靓丽起来。

特别是乡村学校，一些陈旧的门窗，有碍观瞻，即使换上新的门窗，隔上一段时日，同样又会给人以陈旧的感觉，如果师生以门窗为载体，动手在门窗上做出丰富多彩的文化，或诗书，或绘画，门窗一下就"新活艳"了，校园顿时也就充满生机与活力了。

9. 围墙文化

校园围墙，不止是一道孤寂的墙，也不只是默默地守护校园的一个屏障，如果在其上面做上文化，烙上文化的印记，赋以文化的符号，让围墙"说话"，围墙一下就"鲜活"了，就有意义了，让它点缀校园，校园就会增添浓浓的人文之美。

第三，教学文化

1. 课程文化

在众多的教学文化中，课程文化可谓多姿多彩、斑斓夺目。除了国家的统一课程外，还包括地方课程、校本课程、班本课程、特色课程、微课程等。就拿特色课程来说，也应该是琳琅满目、包罗万象。比如：仪式课程、节日课程、悦读课程、入学课程、散学课程、毕业课程、写绘课程、博客课程、升旗课程……

"萝卜青菜，各有所爱"，课程文化的多样性与选择性，既让每一个学生都有属于自己而且又适合自己的课程"套餐"，使学生学会选择，在选择中学会学习，在选择中拓宽学生的发展渠道，为每一个学生的充分发展提供更多的可能，又让校园文化异彩纷呈，情态各具，魅力无限。

2. 课堂文化

学生"学"无止境，教师自然"教"无止境。教与学就如同放风筝一样，风筝飞不起来，你累得满头大汗，也是白费劲。如果风筝飞起来，就轻松了，你的任务就是牵着手中线，任风筝在空中翩翩起舞，自由翱翔，你的目光随风筝而移动，尽情地享受着愉悦和幸福。

课堂文化丰富的课堂不仅在于教师教得有多好，教得有多认真，而关键在于学生学习兴趣是否被激发，学习主动性是否被唤起，学习积极性是否被调动，学习能力是否在提升，所学知识是否被很好接受。

一个课堂文化丰富的课堂应该是让学生成为学习的主人，让所有学生都会学，让所有学生都学会的课堂；应该是课前有期待、课中有创造、课后有回味、师生有成长的课堂；应该是教师能动、学生主动、师生互动、课堂生动的课堂；应该是学讲结合、关系和谐、气氛融洽，质量不错、负担不重的课堂；应该是教师变地位，教育变简单，课堂变有效，学习变轻松的课堂。

一个课堂文化丰富的课堂应该建设与课改相适应的团队文化、发展规划、班级条约、管理机制等，使课堂文化与管理文化相协调，形成统一的课改文化。

一个课堂文化丰富的课堂应该确立规则，形成规范，包括学习小组建设、课堂流程实施、导学案编制、评价系统建设等，以确保课堂教学的有序进行。

3. 活动文化

针对学生的不同爱好与兴趣，所组织开展的各种社团活动，让学生在参与中发展个性，培育特长，体验乐趣，学会合作，涵养技能，增强才干，提升素养，这既是一道道活动风景，又是一道道文化盛宴。

组织开展各种社团活动，不仅是停留于活动层面，而是在构建丰富多彩的校园文化，而且这种文化是把其神韵蕴含在各种丰富有趣的活动中，可以说是"活的、流动的"校园文化。

一所学校没有丰富多彩的社团活动，就没有真正意义上的校园文化。

4. 劳动文化

孩子们动手劳作，搞一些种植、养殖，既能够让他们学到劳动知识，养成从小爱劳动的品行和习惯，懂得劳动的艰辛和劳动创造一切的美好，珍惜劳动成果的来之不易，又能够培育他们对生于斯、长于斯的这方土地，以及在这方土地上日夜耕作、繁衍生息的我们的祖祖辈辈热爱的情感。更重要的是种植更多地体现了一种生长过程，孩子们能够从这些农作物的滋滋拔节中感受到自己同农作物一起生长，领略到自己的不断向上成长，因而，孩子们参与劳作，它不仅是一般意义上的劳动，而是最好的教育。

怎样做校园文化？

　　校园文化建设应该充分挖掘地域文化。有的学校不管自己的情况如何，从历史的典籍中选几个励志句子，往墙上一贴，选几个历史人物，做成喷绘，往壁上一挂，就自认为这是校园文化了。在我看来，校园文化不但需要从学校历史、华夏历史，甚至是全球历史中去寻找咀嚼，根据这些历史去提炼自己学校的文化，而且要对地方文化进行充分挖掘整理，从地域特点的反映中生成具有浓厚地方特色的文化。

　　校园文化建设应该具有教师和学生立场。校园文化建设固然要体现校长的办学思想和理念，但是反映的不仅是校长的个人意志和审美偏好。校园文化建设应该具有教师和学生立场，应该多听教师和学生的看法，应该从教师的视角和学生的角度去思考和构建，应该给师生留下一定的创意和空间，能够让校园文化成为师生举手投足之间的一种共同的精神符号。

　　校园文化建设应该让师生动手参与。舞蹈只能在跳动的旋律中绽放，文化的意义只有在师生的行动中获得。校园是师生的精神家园，校园文化永远都是自己的事情。校园文化必须靠师生自主设计，师生自觉参与，师生自己动手，用师生的智慧和心血来积淀生成，才能达到以"文""化"人之目的。

　　如果把做文化当成一种形式，一种应付，一种交差，如果把文化做成一种匠人文化、商业文化，如果靠烧钱的方式去打造包装，那就是劳民伤财，得不偿失。如果校园文化离开了老师、学生的参与和合作，如果没有留下他们的身影和痕迹，如果没有付出他们的心血和智慧，这样的校园文化就像失去灵魂的躯体一样，只能成为活着的僵尸。

　　而靠师生动手生成文化，师生在参与的过程中，一方面，提升发展其素养和能力，另一方面，让身心及灵魂受到熏陶、浸润和改变，同时在共同动手，其乐融融的氛围中，让师生在相互认知了解中，构建良好的师生关系。当然还有一个因素，那就是节省资金，用较少的钱做出更实用、更实在的文化。有可能我们做出的文化还很稚嫩，还不成熟，甚至还留有遗憾，但她毕竟是自己的"孩子"呀，是自己付出了心血与智慧的结晶呀！我们会投入更多的欣赏眼光和爱的关注啊！

校园文化建设应该生成自己的文化故事。学校是"人"汇聚的地方，有"人"的地方一定有故事，有文化的学校一定有生动的故事，校园里的故事是校园文化的最好载体，真实的校园故事是教育存在的一种形式。

做校园文化，就是通过文化讲述故事，传承故事。校园里有自己的文化故事，就具有强大的生命力。我们品鉴一所学校，就可以从校园故事中展开无尽画卷，品味到学校的真谛。比如，从季羡林先生的帮助新生守包的故事可以感悟清华大学的校训"天行健，君子以自强不息；地势坤，君子以厚德载物"的某些内涵。

有的学校的校园文化建设却热衷于拿来主义，在校园里大搞名人雕塑、照搬经典名言，而忽略了自己的故事。北京市第四中学校长刘长铭说："学校文化，就是一个个故事。我们在做校长的时候，应该在学校的历史上留下什么样的故事，我们留下了什么样的故事，就是给我们后代留下了什么样的文化。"

因此，校园文化不仅是一些概念，一些语句，或一些说法，它最重要的是体现在学校中的人、事、物上。在策划学校文化时，我们可以让学校通过教育故事、发展日记和教育随笔等形式记录流淌在学校中的文化，以此来丰富学校文化的内涵。

有什么样的校长,就有什么样的文化

校园有无文化氛围,关键在于校长。校长的文化素养、思想理念、认知水平、做人境界、职业操守决定着学校文化的方向和水平。

可以这样讲,校长的眼界有多开,校园文化建设就会行走多远;校长的品位有多高,校园文化建设就会有多么美;校长的心胸有多大,校园文化建设思路就会有多广;校长的素养有多好,校园文化建设就会有多靓;校长用心程度有多少,校园文化建设就会有什么样的深度和内涵。

校长必须要有文化意识。作为学校文化建设的设计者和引领者的校长,我们既要明白学校文化建设"功夫在诗外""功夫在诗内"的道理,又要有文化管校、文化治校、文化立校的意识。我们既要充分认识文化建设对学校发展的助力作用,又要充分意识到校园文化建设的艰辛。因为文化建设的特点决定了它不可能是一朝一夕的,更不可能仅仅靠一个理念,一种思想,一次行动就可以见效的。

校长必须要有文化使命。学校文化的建设,校长不仅要有耐心,更要有信心;不仅要有责任,更要有担当;不仅要有良知,更要有使命。只要有了这些,我们才可能在学校文化建设中不停地思考,不断地创设,成为学校文化建设的有力推进者,也才可能把充分挖掘内部力量和广泛借助外部力量结合起来,实现文化建设的无穷化和办学效益的最大化,也才可能使自己带领的学校形成它特有的校园文化。

校长必须要有文化行动。我们做校园文化,应该是身心投入其中,浸润其中,让师生的情操与灵魂得到熏陶与洗礼,让博大精深的文化得以弘扬与传承,让我们的校园变得靓丽与温馨,让我们的思想和行为得以提升与改变,这是一件多么有意义多么实实在在的事!

因此,校长要从对学校战略发展的高度,从对师生幸福的教育生活负责的角度构建学校文化，并力求全心投入，坚持不懈，用整个的心去做整个校园文化，从每一个细节和校园处处皆文化入手努力搭建学校文化平台。

校长用心思考并躬身践行了，校园必将是充满文化的，师生员工的行为一定会是魅力四射的，更是充满睿智的。

泰戈尔有一句话说得好："教育就是向人类传递生命的气息。"我们的校园如果少一些匠人的气息，多一些文化的味道；少一些压抑的氛围，多一些灵动的成分；少一些抽象的符号，多一些教育的元素；少一些喧嚣浮躁，多一些师生的宁静与归属，这样的校园，一定是幸福的，校园里的每一个人一定是幸福的。

教育，从文化做起。教育，因文化而改变。教育，因文化而美好！

第十二讲　将课改进行到底

　　课堂是孩子们汲取知识的海洋，是孩子们生命成长的原野，是孩子们放飞梦想的摇篮。课堂本应充满笑声，本应彰显活力，课堂的主人本应是学生，课堂里的师生关系本应是平等美好、和谐温馨，然而现实中的课堂却不十分理想，甚而至于问题很多。

最大的问题是课堂

传统课堂一切以师为本、以教为本、以知识为本，它的基本表现方式是教师讲学生听，这种方式存在着先天的缺陷。一是无法解决全体学生全面发展的问题。二是无法解决教师专业成长与职业幸福尊严的问题。三是无法解决学生综合素质与应试能力同步提升的问题。

在这样的课堂，我们看到的常常是模式上的墨守成规，方法上的一成不变，气氛上的噤若寒蝉；看到的常常是教师板起面孔空洞的说教以及挥舞教鞭体现的无上的权威；看到的常常是孩子们双手靠背正襟危坐以及无条件地接受和战战兢兢的服从；看到的常常是教师对课堂的完全把控，对知识的生硬灌输，让学生没有一点自由自主自发，完全被老师牵着鼻子走；看到的常常是教师把学生当作知识的容器、考试的机器，大搞题海战术、疲劳战术，不仅使学生不会思考，而且使学生连应试的能力也失去了；看到的常常是课堂里的知、行、做不合一，让教育与生活、与实践、与现实社会的严重脱节；看到的是孩子们对大自然花红柳绿、鸟飞鱼跃的无限憧憬，对外面精彩世界的无限向往和急切认知，然而教育的功利却让孩子们长期被禁锢于课堂。

有一则笑话说的是，如果能使一个死去 100 年的人复活起来，那么他会惊讶地看到，社会虽然已经发生了天翻地覆的变化，取代打字机的是电脑，取代牛车马车的是汽车，取代手摇电话的是卫星通信和光缆传播……只有一个场合，与 100 年前没有什么两样，那就是学校和教室。学生照样在教室里静静地听课，教师依然在讲台上滔滔不绝地讲解。

关注教育，应该从关注课堂入手。改变教育，必须在改变课堂上着力！

我心目中的高效课堂

相对于高效课堂，那就是低效课堂。人们常常为低效课堂所贴的一个标签就是"满堂灌"，似乎"满堂灌"的课就不是好课，"满堂灌"似乎成了过街老鼠，人人喊打。

于是乎我在想，如果说"满堂灌"的课不是好课，那么"满堂问"的课是不是好课？"满堂练"的课是不是好课？"满堂动"的课是不是好课？"满堂学生讨论"的课是不是好课？

如果说运用信息技术手段的课是好课，那么，一根粉笔上下来的课是不是好课？如果说学生热热闹闹的课充满了启发是好课，那么教师娓娓道来、绘声绘色的"一言堂"，学生听了还想听，始终感觉到还没听够，这样的课又是不是好课呢？

教亦有法，但无固定之法。什么课堂是高效的课堂，这没有刻板的模式，但是高效的课堂是有方向和价值取向的，我以为：

高效课堂一定是师生关系良好的课堂

师生关系好坏，决定教育的成败，也决定着课堂是否高效。师生关系好，教育很可能是成功的，课堂一定是高效的；师生关系糟糕，教育就一定是失败的，课堂必然是低效或者无效的。

从根本上来说，师生目标一致，应该是很好的合作者。老师爱护学生，学生尊敬老师，师生关系是一种教学相长、亦师亦友的关系，课堂氛围和谐，其乐融融。如陶行知先生所说："师生彼此崇拜，培养出值得彼此崇拜之活人。"这种关系所架构的课堂一定是高效课堂。

发生在安徽蒙城一学校的课堂上，学生一哄而上，拳打脚踢，群殴老师，师生关系恶化到这种程度，这样的课堂你说是高效课堂吗？

高效课堂一定是学生喜欢的课堂

学生喜欢的课堂一定是有用、有趣、有效的课堂。

有用，不仅是指短期的有用，让学生能学到知识，而是指对学生的终身发展有用，使其提升综合能力、形成正确价值观等，为他们今后能够有声有色地工作、有情有义地交往、有滋有味地生活奠定基础。

有趣，就是课堂富有情趣，充满着笑声，学生们觉得好玩，感到快乐，能够吸引学生，让学生在课堂上兴趣盎然，心情愉悦，如沐春风，学生们在活泼轻松、愉悦欢快的状态下接受知识，发展能力，启迪心智。而且学生们觉得时间过得很快，还没听够就下课了，下课后还盼着第二天再听这位老师的课。如果一节课索然乏味，学生就会觉得枯燥，难以听下去。

有效，就是教师不仅完成了教学任务，而且学生们无论是在知识的，能力的，还是在情感的，思想的方面，都有收获。

如何才能达到"有用"？所有课程的教学内容不仅要重视知识的传授，而且还要注重对学生健全的人格、高尚的道德、良好的素质及人文情怀的培养。

如何才能达到"有趣"？语言的诙谐风趣，让课堂妙趣横生；将知识和学生的生活相联系，让学生觉得学知识其实就是学生活；引导课堂讨论甚至争鸣，让学生的思想碰撞；组织学生参与课堂教学，让学生自主学习……这些都能让学生感到课堂有趣，因而能够全身心地投入。

如何才能达到"有效"？课堂里流动着的，应该是教师的态度、道德、智慧，以及由他而引发的学生们的态度、道德、智慧的总和。如果课堂里流动的，仅是知识，是机械的传授，是冷漠的规矩，是惩罚和害怕，是厌恶和敌对，这样的课堂一定是无效的；如果课堂里流动的，是智慧，是彼此的交流碰撞，是信任、尊重和赏识，是爱和激情，是浓浓的兴趣和不竭的动力，这样的课堂是有效的。

高效的课堂一定是让学生成为课堂主人的课堂

一些学生上课不专心、有的干脆睡觉，根本原因是学生没有真正成为学习的参与者，而是旁观者，学生没有成为课堂的主人，而是被动的学习者。

大家应该有这样的体验，你如果只看别人做菜，看过就可能忘了，但如果边看边试着做，你会学得很快，而且学会就记得很清楚，不会忘掉。还有生活中我们常常佩服一些司机会认路、会记路，因为司机开着车亲身体验，特别专注，更重要的是他的一切意识和行为都是主动的，而车上的乘客常常是被动的，漫不经心的，一看而过，当然记不住。

学生对自己的学习负责，真正成为学习的参与者，成为课堂的主人，这是提高课堂教学效率的决定因素。因为学生一旦真正成为学习的参与者，成为课堂的主人，他在学习中，就会做到眼、耳、脑联动，口、手、脚齐动。在"动"中，学生的思维能力、语言能力、实践能力，还有合作精神、创新精神等在日积月累中"厚积薄发"；在"动"中，学生的情感得到释放；在"动"中，学生的好奇心，展示欲得到满足，自信心、自尊心得到尊重，责任心、行为习惯及道德品质得到培养。

高效课堂一定是让学生站在课堂正中央的课堂

在二十世纪九十年代，山东十几个校长跑到辽宁盘锦去听魏书生老师的课。校方很热情，把他们安排进教室，坐在后面，等着魏老师上课。校长们想，今天终于如愿了，看看魏老师的课有多厉害！上课铃响了，魏老师走进来，一句话没说，只是在学生中间转来转去，瞧瞧这个，看看那个，时而嘀咕几声，时而交流几句。校长们沉不住气，跑到跟前去看学生在干什么。学生一边看书、一边讨论，写写画画，一会儿下课铃响了，魏书生悄悄地走出了教室，学生还是该干啥就干啥。

回来的路上，校长们悻悻然。有的说："跑了这么远，啥也没看到。"也有的说："魏书生一句话也没说，这是什么课?!"

我以为，教师无为而为，不讲而讲，这才是好课的最高境界！

记得苏霍姆林斯基说："在学生的脑力劳动中占首位的，不是熟背、死记别人的思想，而是学生自己进行思考。"

智慧的教师，会坚持学生立场、儿童立场，他们会站在学生的角度研究教材，站在学生角度设计教学，站在学生的角度组织语言，他们在课堂上会把自己当学生，把学生当自己，把学生当学生，把自己当自己，他们更会把学生置于课堂的正中央，而自己只会置身一隅，起着陪衬作用，默默注视着学生。

高效课堂一定是充分开启学生动力的课堂

传统的教育一般认为学生是无知的，什么都不懂，从而导致人们在内心里总是不相信学生，表现在课堂教学上，就是教师代替学生完成本应由学生本人完成的学习任务。

有一个寓言故事可以来类比我们当前的教学：有人送了一辆汽车给一个印第安老人，这位老人找来四匹最好的马，把汽车绑在马的后面，他试图通过马的跑动带动汽车的运动。

有的教师总以为学生的学习不能自己进行，非得要老师去代劳不可，这就恰如那个把汽车绑在马后面的印第安老人一样，他不知道汽车是有动力的，是可以自己运动的。

教师应该让学生拥有的这台学习发动机，自我发动，自主运行，主动奔驰，而不是靠马拉着汽车跑。

高效课堂一定是为学生未来人生负责的课堂

真正的教育是什么？我想套用龙应台的话说："教育并非仅是知识教学，它是生活方式，是思维方式，是你每天呼吸的空气，举手投足的修养，个人回转的空间。这，在分数的小方格窗里是看不到的。所以如果你对低分感到失望，不要忘记，真正的教育就在日常生活里，在方格以外的纵深和广度里。"

高效课堂不是只传授知识、只迎合考试要求的课堂。高效课堂也不是指单位时间完成了多少学习任务的课堂，而是要看教师的教学在多大程度上关注了学生的生活，要看教师今天的教学对学生的未来发展以及未来幸福人生做了多少准备，奠定了多少基础。

陶行知先生说："先生不应该专教书，他的责任是教人做人；学生不应该专读书，他的责任是学习人生之道。"

高效课堂一定是开放的课堂

传统的课堂大多是封闭的课堂，封闭的课堂是控制之下的秩序井然，教师和学生之间有着森严的等级划分。教师尤其注重对学生的控制，只有这样才能体现教师的师道尊严。在某种意义上，这样的课堂精确得像仪表，封闭得像潜水艇，这样的课堂无视生命的丰富多彩，只不过是工厂车间在校园里的一种复制罢了。

"以生命成长为中心"的课堂是开放的，这种开放一方面体现在教育价值的开放，它追求课前预设目标与价值的实现，但同样重视课堂上随时生成的其他价值；另一方面体现在学生在课堂上不再是被动的知识接受者，而是有着鲜明个性的学习者。他们不仅表现出对学习知识的热情，更表现在学习过程中被激发出的学习兴趣；同时，这种开放的课堂不仅是对教育教学价值多样性的追求，更意味着课堂向所有人打开。就如同佐藤学在《静悄悄的革命》中所列举的那样，教师、学生、家长、社区热心人士为了共同的教育目标，一起进入课堂，共同合作探讨。

我对推进课堂改革的主张

去年，网上疯传的河北省涿鹿县教科局局长郝金伦的辞职演说以及悲情结局，在全国上下引起轰动，并引发了教育内外的热议。郝金伦担任教育局长三年来，面对传统课堂的种种弊端和教育质量提升难的瓶颈，在全县中小学推进了"三疑三探"的课堂教学模式改革。

从郝局长的辞职演讲中，我们能够强烈地感受到郝局长浓浓的教育情怀，热切的改革愿望，以及一个教育人应有的教育良知。为推动区域课改的有效进行，他孤军深入，大刀阔斧，坚定不移，赴汤蹈火，在所不惜，舍弃名利追求，置个人得失而不顾，其改变教育之精神，感天动地，其发展教育之拳拳心，日月可鉴。

尽管郝局长他有"虽千万人吾往矣"的气度，有"俯首甘为孺子牛，横眉冷对千夫指"的豪情，然而他这一切的用心与努力，一切的执着与坚守，却是以家长上街拉横幅并上访提出罢免局长而登场，以县委县政府研究决定，全面停止这种模式而告终，以自己的辞职和激情演讲而画上了一个值得思考的感叹号。

满腔热血搞课改，为什么却得不到人们的认可与支持？敢于拿政治前途赌课改，为什么结局竟是如此的悲情与壮烈？甘愿做出牺牲为让教育换新天，为什么还遭受如此多的质疑与否定？

一方面说明改革是漫长而艰辛、复杂而险恶的，改革是会经历分娩般的阵痛的，改革甚至是会付出流泪且流血般的代价的。因为改革是对传统东西的抛弃，是对固有观念的破除，是对旧有势力的挑战，是对既得利益的摧毁。为什么很多人习惯于因循守旧，安于现状，不求变化？为什么不少人在改革面前畏首畏尾，瞻前顾后，惧怕改革？为什么任何一项改革都会遇到空前的阻力，都会招致一些是是非非、说长道短？其原因就在这里。

其他改革如此，教育改革亦然。面对当下教育上的墨守成规、生硬灌输，面对课堂上的噤若寒蝉、死气沉沉、毫无生机，河北涿鹿郝局长毅然决然推进课堂改革，然而这场改革从最初发动到所经历的种种曲折艰辛，以致到最终的流产，就能越发感受到改革到底有多难！

另一方面说明改革不仅需要良知、需要担当、需要胆魄，改革作为一条看不见的战线，改革还需要注意很多方面。

推进课堂改革需要常识的回归

作为教师，每个人都有自己的那一套看家本领，作为学习者同样有一套他自己的学习方式，不同的学校有它不同的传统与文化，不同的学科也有其不同的教学特点，这就是常识；课堂面对的是人，教育也是人的艺术，人有其独特的个性和复杂性，教育有其自身的规律性和不确定性，这是常识；教育需要春风化雨，无声润物，高效课堂的生成同样需要积淀浸润、因势利导、趋利避害，需要先易后难、各个击破、稳扎稳打、步步为营。课堂改革绝对不能急躁冒进，绝对不能急于求成，绝对不能搞成轰轰烈烈的政治运动，这也是常识。

推进课堂改革不管出于多好的用心，不管我们有多大的胆识和魄力，也不管我们表现出的是多大的勇气和豪迈，最基本的底线那就是遵循教育规律，捍卫教育常识，那些严重背离教育常识与教育规律的课堂改革，是应该值得警惕的。

推进课堂改革要有包容的心态

学校有学情、班级有班情、老师有师情、学生有生情，更何况我们面对的教育对象千差万别，面对的教育环境可谓千变万化，因而课堂随时都充满着很多变数。再好的鞋子只有适合的脚才能穿，再好的衣服只有合体才合身，再好的饭菜只有合口才合味，再好的教学模式只有适合学情、班情、师情、生情才有效。

很多年前，有人听完吴非的课。问："你属于京派还是海派？"吴非说不懂是何意，听者又说："是北派还是南派？"吴非答："初出茅庐，无宗无派。"但他心里却是另外一种声音："老子是王派！"（注：吴非本名"王栋生"）

时过境迁。今天要是我们听了某老师的课，或者有人听了我们的课后，会不会冒出这样一种声音："你这节课运用的是什么模式？""杜郎口、洋思、123、321……还是？"或许我会这样作答："对不起，本人无招无式。但我眼中有学生，心里有课标，出招有自我。"

杜威早年也这样告诫："如果我们把一个所谓统一的一般方法强加给每一个人，那么除了最杰出的人以外，所有的人都要成为碌碌庸才。"课堂模式化的巨大风险性，一方面否认了孩子的个性差异，抹杀了教育价值的多元化表达，令整个生态衰退为单维度的同质化，乃至劣质化趋向；另一方面必然导致教师对教学模式的过度依赖，必然束缚和伤害教师在教育教学活动中的主动性和创造性，必然影响到个性化教学的探索以及学生个性化的成长与发展。

课改中，涌现出不少课堂模式，有的规定一节课要有几个环节、几个模块，有的甚至将某个环节几分钟都规定得清清楚楚。这样的课堂模式到底好不好？在一定范围、一定程度上也许是特别有效的。比如，对缺乏课堂教学能力的教师特别是刚刚入职的新教师而言，清晰的环节和模块为他们提供了"葫芦"，新教师可以照着画"瓢"。但教育不是工业，固化的、千篇一律的课堂教学模式，培养出来的只能是"固化"的、同一个模子刻出来的"零件"，而不可能是创造型人才。一个优秀的教师，一定要追求教学有法、法无定法。

在推进课改上我们可以引导，可以助力，但是必须具有包容的心态，包容教师、包容课堂、包容创新、包容探索、包容一切有利于孩子和课堂的教学模式。凡是有利于学生进行自主学习、合作学习、探究学习的，凡是有利于课堂教学效率提高的，就鼓励教师大胆尝试，摸着石头过河，让高效课堂的构建充分体现因校制宜，因班而异，因人而变，因情况而定。

课堂应该百花齐放，五彩斑斓，多姿多彩，如果大家千篇一律、生搬硬套同一种教学模式，这是绝对不行的！

推进课堂改革要有助力教师专业成长的情怀

发展教育必先发展教师，改变课堂必先改变教师，推进课堂改革必先助力于教师专业成长。教师只有具备相应的专业知识、专业技能和专业态度等诸方面的素质，教师才能支持并认可课堂改革，才能全程参与、全心投入课堂改革，才能带着责任、带着感情去实施课堂改革，也最终才能让课堂改革真实而有效地发生。

一个区域、一所学校的课改程度与教师专业成长水平密不可分。教育者在教师专业化成长上起着举足轻重的作用，我们必须扮好管理者和服务者的角色，正确引导和促进教师专业化成长，积极为教师专业化成长搭建平台，致力为教师专业化成长提供条件和支持，让教师专业化的成长足以支撑和驾驭课堂改革，这才是真正推进课堂改革的关键所在。

推进课堂改革需要良好的关系

这里所说的"关系"，不是指的世俗意义上的人际关系，而是一种氛围、环境，一种和谐、协调，一种支持、认同，一种关切、关照。教育不是生活在真空里，教育的一切都置于复杂的社会与人际关系中，教育不可能单兵作战，教育需要大家互助同心、结伴同行，需要众人拾柴、抱团取暖。离开了这些，教育发展包括课堂改革将障碍重重、寸步难行。有一句诗"海内存知己，天涯若比邻"，首要的前提是"知己"才有"若比邻"，还有一句诗"莫愁前路无知己，天下谁人不识君"，如果我们的课改"知己"甚少，有一种"大漠追杀匈奴，回头一看，援兵没了，粮草切断，孤军深入"之感，这样的课改，就很难推动。

课堂改革是一项系统工程，涉及与家长学生之间的关系，涉及与校长教师之间的关系，还涉及教师与教师、学生与学生之间的关系，我们需要做的就是通过深入沟通、充分协调，施以方方面面、上上下下以积极影响，改变其对教育的态度，达成对教育的共识，消除对教育的误解和误读，减少教育改革和发展中的一些无序冲突，从而形成教育发展的合力。

在这样的一个功利与浮躁的时代，如果没有教育发展良好氛围的营建，没有一个良好关系的平衡与构建，你再有美好的愿望，你照样会成为又一个堂吉诃德。就像马云说的：今天很残酷，明天更残酷，后天会很美好，但绝大多数人都死在明天晚上。

推进课堂改革需要专业的引领

课堂改革固然需要行政推动，因为校长手中掌握着很多资源，可以说课改离开了校长的推动，就没有真正的课改。然而课堂改革如果没有理念引领，教师不能从观念上得到转变，思想上受到教益；如果没有典型引领，让教师不知所措，无所适从；如果没有专家引领，不能让事实说话，不能让教师对课改有深度的获得感，不能让教师从真真切切的课堂教学效果和教育成果中吸引他们自主参与，自发投入；如果课堂改革仅完全依靠行政手段和方式生硬地推动，今天一个会议，明天一个文件，后天一个通报，外后天一个处分，这样的课改绝对搞不下去，最后绝对只会因带来众多的反感而适得其反、浅尝辄止、半途而废。

课堂改革需要同步推进

课堂改革不仅仅是对课堂的变革，也不仅仅是课堂方法的创新，而是包括课程改革在内的一系列配套改革。特别是如果没有卓越的课程研发，没有适合孩子们的课程设计，没有地方课程、校本课程、生本课程、微课程的配套，如果仅仅是使用统一的课程去应对所有的孩子，如果仅仅把课堂的变化，仅仅停留于诸如孩子座位的变化、教师讲多少的变化、使用导学案的变化、课堂氛围的变化，那不是真正意义上的课堂改革。

课堂改革的核心是课程。说到课程，不是叫我们人人去编教材，其实生活中的一切，大自然中的一切，都可以被拿来当教材。知识原本就源于生活，而生活源于自然。如果你有勇气能够拓展课堂，延伸教材，带领学生把知识还原于生活，还原于自然，我以为那就是真正的课堂改革，而且是最有效的课堂改革。

课堂变革我们应该主动作为

课堂改革，教师固然扮演着举足轻重的角色，没有教师广泛的参与，就没有真正的课堂改革。然而作为教育管理者，比如说教育局长、学校校长，面临的是如何引领教师实施课堂改革，如何高效地推动课堂改革，可以说，没有教育管理者的主动作为，也同样没有真正的课堂改革。

要有变革课堂的勇气

课堂教学改革是教育的最核心的改革，它不仅仅涉及教育的内部变革，还要涉及教育的外部变革，或者在某种程度上说是一种制度的变革和利益关系的重新调整。

我以为要想真正深化改革就必须打破三大壁垒：一是必须推翻教育的功利主义。即推翻以少数人升学为目的而放弃全体学生的成长的功利主义教育；二是必须推翻教育的本位主义。即推翻以师为本，以教为本，以知识为本的本位主义；三是必须推翻教育的僵化模式。即推翻教师讲学生听的僵化教学模式。

推翻压在我们课堂头上的三座大山，功利主义、本位主义、僵化模式，是我们课堂教学改革的根本任务。然而这些年，很多人已经习惯于传统课堂的"一言堂""满堂灌""考讲练""题海战术"了，已经顺从于教育和课堂上的功利主义、本位主义、僵化模式，许多教师依然满足于"经验型"，停留于

"辛苦型"层面。

如果要变革，毕竟要舍弃很多，毕竟这些"法宝"已经伴随着我们好多年了；如果要变革，毕竟要付出沉重的代价，毕竟这些东西已经在我们的头脑中根深蒂固了；如果要变革，没有一种壮士断腕、刮骨疗伤之勇，是绝对没有效果的。

要有变革课堂的意识

高效课堂，既能解放学生，又能成就教师，我们没有理由抵制，也没有理由不去构建。

请记住：你所站立的地方，就是你的课堂；你是什么，教育便是什么；你怎么样，教育便怎么样；你有变革课堂的意识，我们的学校便充满活力，你有变革课堂的向往，我们的教育便充满希望。

识时务者为俊杰。我们应该接受改变不了的，改变能够改变的。

一流学校，创造变化；二流学校，顺应变化；三流学校，被动变化；末流学校，顽固不化。

一流校长，引领课改；二流校长，主动课改；三流校长，被动课改；末流校长，执迷不改。

因此，我们应该树立"得课堂者得天下""赢得课堂者赢得先机"的意识，要有"先知先觉"主动，"后知后觉"就要付出成本和代价的觉悟，要有"咬定青山不放松""不达目的不罢休"的行动和坚守。

要有推进高效课堂的能力

我们说，高效课堂是开放的课堂，课堂一开放，课堂也许就不好驾驭了，这个时候学生稀奇古怪的想法就出来了，各种各样的问题就产生了。课堂一开放，推门听课，大家都可以观课、听课、评课；高效课堂，把学习的主动权还给学生，老师少讲精讲，讲要讲在关键处，讲在精要处；高效课堂课要上得有趣，一切都要那么自然而然，都要那么水到渠成，都要那么协调融洽，都要那么游刃有余。这就对教师的素质提出了挑战，需要我们教师具备扎实的专业功底，深厚的人文素养，丰富的课堂驾驭经验，并且澎湃着教育激情，充满着教育机智。

推进高效课堂，校长要领导课改，指导课堂，这对校长管理课改和课堂的能力也提出了挑战。

只有关公才能要大刀。校长一方面要将课上好，上得有滋有味，上得令老师们心服口服。从教师的身份出发，其实校长对于我们只是一个临时工，教师才是我们一辈子的职业，校长千万不要将自己这个校长当回事，也千万不要当了校长就疏远课堂。另一方面校长要加强学习，不断提升领导课改和指导课堂的能力，同时还要给教师塔建平台，创造条件，营造氛围，努力促进教师的专业成长。

要有推进高效课堂的行动

教育管理者要走进课堂。"没有水平的教育管理者瞎忙乎，有水平的教育管理者抓课堂。"教育管理者对教育的有效管理不是听汇报，也不是居高临下的指手画脚，更不是蜻蜓点水般的跑马观花，而是沉得下去，静得下心来的听课评课。只有教育管理者经常深入教学一线，走进课堂，听课评课，才能了解课堂教学的现状、掌握第一手材料，才能避免瞎指挥，给予教师正确的指导和帮助，也才能提高自身的课堂教学指导水平。

苏霍姆林斯基说："经验使我深信，听课和分析课——这是校长最重要的工作，经常听课的校长才真正了解学校的情况。"

*教育管理者要关注课堂。*关注课堂里究竟发生了什么，应该关注孩子在课堂里的表现如何，孩子是不是进入了一种主动学习的状态，应该关注教师对教材的理解如何，教师是对知识的生硬灌输，还是在充分理解中恰当地对孩子的引导与点拨，应该关注课堂里的师生关系如何，是戒备森严、唯师独尊、唯师是从，还是气氛和谐、关系融洽。当然，我们还应该把关注课堂的目光放在学生的脸上，放在学生的眼神中，从中读出他们是否因为受重视而自尊自信，是否因为课堂能实现自身的发展和成长而渴望，是否因为能参与其中并获得认同感和成就感，是否因"有所得"而"欣欣然"，而洋溢着幸福……

*教育管理者要研究课堂。*课堂是学校工作的主渠道，是师生生命消耗最多的地方，同时，课堂的探索永远没有止境，课堂改革永远在路上，高效课堂的

构建，永远都是摸着石头过河，因此，校长不仅要走进课堂、关注课堂，而且还要研究课堂。在研究中推进课堂改革，在推进课堂改革中不断研究。

教育管理者要重建课堂。重建课堂，就是要颠覆传统的"满堂灌""一言堂"，让学生成为学习的主人、思考的主人和课堂的主人，把课堂上更多的时间、空间还给学生，让学生在主动学习、能动学习、合作学习、探究状态下学习；就是要颠覆以知识、以分数为衡量标准的教学价值观，形成以知识为载体，以思维能力为核心价值的追求，开启学生的思维，发展学生的智力，提高学生的能力；重建课堂，就是要颠覆课堂教学的思维模式，激发学生自主学习的潜能，引导学生提出问题，并学会自己解决问题，让课堂成为培养学生批判性思维、实现自主发展的重要阵地。

教育管理者要给力课堂。教育管理者手上毕竟掌握着许多资源和手段，我们必须充分利用好这些资源和手段，做高效课堂建设的真正推进者。一方面要突出课堂主体地位，一切围绕课堂转，一切指向于课堂，一切服务于课堂。另一方面要立足于课堂改革，通过请名师上示范课，通过竞课、赛课，通过观课、评课，帮助教师提高驾驭课堂的能力和水平。同时还要建立完善课堂评价与高效课堂推动考核机制，把高效课堂的生成与建设作为评价校长、评价教师、考核学校的重要内容。除此之外，还要同步推进教师培训与学生培训，不仅要让教师知道课改中如何实施课堂教学，也要让学生明白主体价值如何彰显，自主学习如何进行，课堂各个环节如何规范等。

第十三讲 面向未来，从"新"出发

美国教育家克洛威尔曾说：教育面临的最大挑战，不是技术、不是资源、不是责任感，而是发现新的思维方法。面对教育的新常态，我们必须具备新常态思维。

新常态思维要由"成人立场"转化为"儿童立场"，由"成人意志"转化为"孩子需要"。

唯一不能没有的是精神

天之三宝乃日月星，地之三宝乃水火风，人之三宝乃精气神。精是精神的精，而不是精神病的精，神是神圣、神奇的神，而不是装神、神头的神，气是气质、气度、气势的气，而不是怨气、怒气、泄气的气。

鲁迅说："人是要有点精神的。"一个人什么都可以没有，但一定要有精神。我们作为教师中的首席，教师中的教师，尤其需要有点精神。我们有没有精神，既关乎着自己工作的投入、工作的状态、工作的成效，也影响和决定着教师对职业的态度。一个没有精神的人是带不出一支有着精神和活力的队伍的，如果我们缺乏一种精神，要寄希望于教职工和学生具有朝气并昂扬精神，那是绝不可能的。当然我们有没有精神，还决定着我们做人的质量以及我们的幸福感和幸福指数。

有一种拼搏叫永不放弃，有一种境界叫永不言败，有一种顽强叫永不服输，有一种信念叫永不动摇，有一种意志叫永远坚守，有一种力量叫洪荒之力。中国女排之所以在沉寂十二年之后，勇摘金牌，于狂澜处扭乾坤，在无声处响惊雷，从疑虑和焦灼中带给民族以尊严和自豪，带给国家以信心和勇气，带给每一个中华儿女以脊梁的挺直和渴盼已久的扬眉吐气，答案就在于此，就在于中国女排所具有的一种独特的精神。其实，赢得教育特别是乡村教育的发展与改变，同样需要这些精神。

我们的教师面对所从事的这份工作，尽管有无数的光环罩着，诸如蜡烛成灰泪始干、春蚕到死丝方尽、辛勤的园丁、人类灵魂的工程师、太阳底下最光辉的职业等等。说到底我们的职业也只是三百六十行中普普通通的一行，无所谓灿烂不灿烂，如果我们的教师缺乏一种精神作支撑，很多教师就只会把这一工作仅仅视为借此养家糊口、赖以生存的一种途径而已。如果我们有了一种坚韧不拔，一种执着坚守，一种永不放弃的精神，有了一种竭尽全力，一种全力以赴，一种洪荒之力的担当，我们就会把教师这一职业，视作生命，视为我们的终身事业。

当下许多教师，明知做教师很难，很难，但仍然要做，而且十分投入。他们对当下教学工作的困境有着清醒的认识，明知无力也根本走不出困境，却不肯放弃自己的努力，仍然在困境中求生存，在束缚中寻发展，仍然戴着镣铐也要跳出优美的舞蹈，无论如何也仍然要为孩子开拓一条健康成长之路，并在这一挣扎、奋斗过程中寻求并获得自己生命的意义与价值。在其背后，必然有一种强大的精神在支撑，这种精神就是知难而进的精神，就是知其不可为而为之的精神，就是不问收获、只顾耕耘的精神，就是舍我其谁，忘我奉献的精神。

应该颠覆的是思维

美国教育家克洛威尔曾说：教育面临的最大挑战，不是技术、不是资源、不是责任感，而是发现新的思维方法。面对教育的新常态，我们必须具备新常态思维。

新常态思维要由"成人立场"转化为"儿童立场"，由"成人意志"转化为"孩子需要"。传统的思维，教师就是课堂的上帝，教师主宰课堂的一切，学生只能正襟危坐，洗耳恭听。学生需要接受什么知识，学生没有自主选择权，教师教什么，学生就必须接受什么，学生完全成了一个容器。甚至学生成为什么样的人，教师都必须捆绑，都必须成为教师一个模子要求下的那样的人，学生没有个性发展，没有外在自由，没有心灵放松，也没有人生规划。

新常态思维教师必须转变角色。按照促进学生自主发展的要求，教师的角色则应该从演员转变为导演，教师不是自己表演，而是帮助、协助、欣赏学生表演。学生应该从观众、听众席上走向教学舞台的中心，成为表演者，在表演的过程中增长知识，增强自信，实现人格的独立。

新常态思维要由知识教学转化为素养提升，由短视功利转化为对教育规律的把握。功利的教育所关心的是外在的效率，是单纯的分数，是简单的知识传授，它只发展人的某一部分，而对人的全面发展根本没去顾及，这种思维下的教育除了提供知识和技术训练外，就再没有其他的办法与手段了。这种思维下的教育往往太过于急切，总担心出不了成绩，总担心孩子输在起跑线上，总担心人家没有注意到自己，缺乏一种宁静期待的意识，缺乏一种悠闲从容的心态，因而最终也忘记了教育出发时的初心，让教育远离了本真。而新常态思维则注重人的发展，人的个性发展，人的基本素养的全面发展，在遵循教育规律的大框架下的人的协调发展。

新常态思维要由苦教苦学苦撑转变为乐教乐学乐干。传统的思维认为教育生活一定是苦的，学生要苦学，教师要苦教，校长要苦撑，"十年寒窗苦"、"吃得苦中苦，方为人上人""学海无涯苦作舟""梅花香自苦寒来""春蚕到死丝方尽，蜡炬成灰泪始干"，还有挂满高中校园、高三班级的雷人标语"提高一分，干掉千人""只要学不死，就往死里学""生时何必多睡，死后自然长眠"。凡此这些，都向世人昭示了一种万般的"苦"。其实，学习是快乐的事情，而教育是"好玩"的，教育生活应该是幸福的。这也是新常态思维下教育所应追求和努力的方向。当然，要让学习变成快乐的事情，要让教育变成是"好玩"的事情，要让教育生活充满快乐幸福，一方面，需要我们教育者具备优良的精神素质和智力品质，具有丰富的内心和高贵的灵魂。另一方面，需要我们教育者具有博大的父母本能，具有大爱情怀和学生立场。同时，需要我们教育者的内心有一种诗意追求，需要始终对教育保持激情与专注，需要始终着眼于教育人的初心与本心。

新常态思维要识时务。识时务者为俊杰。这是一个不断发展变化的新时代，一切个例将被取消，一切惯例可能都会被打破，一切特例都不允许存在，一切秩序可能都需重新定义，一切规则可能需重新制订和学习，一切现实都必须自觉地面对和接受，直到习以为常。因此，我们无论是认识问题，还是做教育，乃至于在做人做事上都要体现一种新思维。

永恒的动力源于不朽的职业

新形势新态势下支撑我们及事业的力量来自什么呢？我以为：

一是职业信念。信念无敌，信念至上。《圣经》上说："如果你内心的光明熄灭了，那黑暗多么可怕。""人类教育最基本的途径是信念，只有信念才能影响信念。"著名教育家乌申斯基说。行走在教育的路上，有了对教育职业坚定的信念，哪怕待遇再低，哪怕条件再有限，哪怕前进的道路荆棘坎坷，哪怕教育的乱象再多，教育的生态再不好，我们都会无怨无悔，主动适应。

当下的教育需要的不仅仅是我们教育者的道德和良心，更需要的是坚守这种良知的勇气和信念，坚守需要勇气，扬弃也需要勇气，因为有勇气有信念才会在这泥沙俱下的时代洪流中有所为有所不为，守住心灵中的那份美好。正如鲁迅先生所言："真的勇士敢于直面惨淡的人生……"罗曼·罗兰也说过："世上只有一种英雄主义，就是在认清生活真相之后依然热爱生活。"

有勇气和信念之路，也一定是一条通往理性的教育之路，通往理性教育之路，就是不忘初心之路，就是让教育回家之路。理性的教育之路意味教育只有可能，没有一定能，教育只有从容，没有急于求成，教育只有等待，没有拔苗助长，教育只有参差不齐，没有整齐划一，教育只有适合，没有刻板的标准，更没有所谓的最好。

二是职业理想。郑智化的《星星点灯》里有这样一段歌词："天边有颗模糊的星光偷偷探出了头，是你的眼神依旧在远方为我在守候。星星点灯，照亮我的家门，让迷失的孩子找到来时的路。星星点灯，照亮我的前程，用一点光，温暖孩子的心。"美国诗人希尔弗斯坦的《总得有人去擦星星》中有这样一段："总得有人去擦星星，它们看起来灰蒙蒙，总得有人去擦星星，因为那些八哥、海鸥和老鹰，都抱怨星星又旧又生锈，想要个新的我们没有，所以还是带上水桶和抹布，总得有人去擦星星。"我们每一个教育工作者，便是星星点灯人，便是擦星星的人，星就是我们的方向，星就是我们的理想，星就是我们的动力！

三是职业精神。每一个教育工作者都应该具有教育家精神，教育家精神其实并不是要求我们一定都要成为教育家，但是我们必须要有教育家的情怀、教育家的品质、教育家的智慧，还要有教育家的行动和教育家的追求，这就要求我们要树立正确的教育价值观，要热爱教育，要熟悉教育，要致力于改变教育。

四是职业品质。庄子说："治大国若烹小鲜。"教育上没有那么多的轰轰烈烈、荡气回肠，教育就是要为微小的美好而付出努力。教育是细节的文化，教育上的一些细微之处，既影响着教育的品质，又体现我们的做事风格。有一句话是这么说的：你正在做的事就是大事，无论你是在指挥一场战争，还是在剥橘子。我们需要做到的，既要能抓"大"，也要能放"小"，既要能"仰视"，也要能"鸟瞰"，既要"疏能跑马"，也要"密不透风"，既要面对"一万"，又要面对"万一"，既要统领宏观，又要把握微观，既要从大处着眼，又要从小处着手，也就是要过一种精致的教育生活，把各种小事情做好，做出味道，把平凡的事情做细，做出品质。

五是职业幸福。我们所从事的职业绝对不是最好的职业，然而它是一种使人类、使他人、使自己都会变得更加美好的职业。我们以其创造性的劳动去实现自己的生命价值，我们可以不受干扰地做自己喜欢做的事情，我们可以在自己的一方天地里放飞职业理想、成就职业梦想，我们可以在身心的付出中享受因过程本身而带来的自身生命力焕发的欢乐，从这一点来说，我们的职业是最高尚的，也是最幸福的，这是我们敬业、精业、乐业的力量源泉。

最不能安于的是现状

在与一些同志的闲聊中，他们认为这些年我们付出了很多艰辛和努力，让教育有了发展，而且产生了不小的影响，阆中教育名声在外。言下之意，可以放慢脚步，可以稍作停歇，不能太苦了自己，也不能太难为自己，言辞中虽有不尽的好意，但我却始终觉得，人，绝不能安于现状。事业，同样不能停步不前。

我于是想到了这样一则故事：

有一个叫《沉入海底的家园》的故事，发人深省。在很久以前，非洲大陆的一角因漂移而成为了孤岛，孤岛上只剩下玛族人和相族人。这两个族世代都是冤家，连年的战争，弱小的玛族每次都以失败而告终。如今相处一个孤岛，强大的相族人根本不把玛族人放在眼里，他们要消灭玛族，统治这个岛屿，独享这个岛上的资源。

与此同时，玛族人也聚集在一起，讨论如何把相族赶出岛屿。正当大家七嘴八舌、献计献策时，有一个叫连天的族人却提出了不同意见，他说："在这个孤岛上，只剩我们两家了，我们应该与相族和睦相处，只要相族不主动与我们为敌，我们为什么要去与他们为敌呢？岛屿现在是我们共同的家园，我们要好好保护，不能用战争去毁灭它。"族人觉得连天说得有道理。连天接着说："我们目前虽住在这个孤岛，但是根据种种迹象表明，孤岛有下沉的可能。因此，我们应该更多地关注脚下这片土地的安稳，而不是去关注相族对我们的态度。"

玛族人开始日夜监测岛屿的动向，并着手研究和制造大船，以备迁离岛屿所需。消息传到相族那里，他们一点也不相信，还认为玛族人是杞人忧天。时间很快过了两年，突然有一天，负责监测岛屿的玛族人报告，非洲大陆离岛屿最近的地方发生了强烈火山爆发和地震，岛屿加快了下沉速度。这时大船已经造好，他们便迅速撤离，玛族人安全地离开了岛屿，回到了非洲大陆。可怜的相族人，全部随着岛屿沉入了大海。

这个故事告诉我们，世界上很多失败、消亡，常常都不是外界给予的打击和影响，而是因为自己选择了安于现状。

安于现状是一个人惰性滋生、不思进取的代名词，是一种保守消极、无所事事的人生态度。本来可以用十分的热情去工作，因为安于现状，一点激情都可能没有；本来可以全身心地投入去干事创业，因为安于现状，我们可能会打不起精神来；本来可以获得更大的工作业绩，因为安于现状，在小小成绩面前便会自我陶醉；本来可以把工作做到最好，因为安于现状往往还没有做到最后就停止了脚步。

现在我们有了一份稳定的工作，也有了一份自己支配还能够基本维持正常生活的工资收入，还有了工作条件和环境的改善，这些应该成为我们敬业勤奋、热情投入工作、用心教书育人的一种支撑和动力。

这些年我们的教育发展了，教育生态好了，城乡教育均衡了，师生的面貌焕然一新了，这些不应该成为我们安于现状，墨守成规、禁锢自我，不思进取，停步不前，懈怠事业的理由，而应该成为将过去的一切回归为零，从现在做起，从这里做起，从现在出发，从这里出发的起跑线，更应该成为改变自己、超越自我、追求卓越、走向未来的起跳台。

我以为，一个人只要安于现状，那么所有的成功规则都帮不了你；一个人只要安于现状，就会看不到远方，最终将被更多人超越；一个人只要安于现状，惰性、恶习就会像强大的蜘蛛网牢牢地束缚着你的心灵，裹足不前、平平庸庸就是一种注定；一个人只要安于现状，就会失去追求幸福和卓越的原动力，人生更会黯然失色。

我觉得，人的平庸，大多数不是因为环境条件太差，也不是因为自身能力不够，而是因为我们安于现状，没有激发自己的潜能，在得过且过的状态中埋没了自己。不要总羡慕别人头上的光环，其实你也有能力给自己戴上美丽的桂冠，那就是永远不要让自己安于现状。

第十四讲 好校长对角色的生动扮演

这个世界的每个人，都承担着相应的责任，扮演着相应的角色，一个人要有所作为，必须按照社会所给定的角色承担好责任。

校长作为教育教学的组织者和管理者，有多种角色，"团队的引领者""老师的老师""教师的教师""师生的心灵导师""平等中的首席"等。一个好校长应该怎样扮演好这些角色呢？

有角色意识才有起色

在西方比利时，有一出基督受难舞台剧，著名演员辛齐格在剧中扮演饱受苦难的耶稣，他高超的演艺与忘我的境界，常让观众不觉得他在演出，而是像真的看到了台上再生的耶稣。

一次，一对年轻的夫妇在演出结束后，他们想见扮演耶稣的演员辛齐格，然后与他合影留念。合完影后，丈夫猛一回头，看见了靠在旁边的巨大十字架。这正是辛齐格数十年如一日在舞台上背负的那个道具。他一时高兴，对妻子说："你帮我拍一张背着十字架的照片吧。"妻子答应了。于是丈夫走过去，想把十字架放到自己背上去。这时，他才发现那个十字架根本不是什么道具，而是真正用橡木做成的沉重的十字架。最终在用尽九牛二虎之力后，他不得不无可奈何地放弃了。

他站起身来，疑惑不解地对站在一旁的辛齐格说："道具不是假的吗？你为什么要每天都背负着这么沉重的十字架演出呢？"此时，辛齐格意味深长地对他说："如果感觉不到十字架的重量，我就演不好这个角色。"

是的，离开沉重的十字架，便没有了受难的耶稣形象。舞台上的辛齐格，正是由于每天背着沉重的十字架，用其艰辛和汗水，才在舞台上扮演好了自己的角色，也才完美展示了耶稣的艺术形象。

这个世界的每个人，都承担着相应的责任，扮演着相应的角色，一个人要有所作为，必须按照社会所给定的角色承担好责任。

人生如戏，每一个人都扮演着不同的角色。校长作为教育教学的组织者和管理者，也有多种角色，"团队的引领者""老师的老师""教师的教师""师生的心灵导师""平等中的首席"等，一个好校长应该具有角色意识，尽力扮演好这些角色。

一个人最大的悲剧不是失败。失败其实并不可怕，哪儿失败了，就从哪儿站起来。而一个人最大的悲剧却是不知道我现在是谁？我应该是谁？自己未来应该是谁？也就是缺乏角色意识。

演什么就是什么，因为你属于这个角色；演什么就是什么，是一种意志，因为精彩是生命的归宿；一个人具有角色意识，才能够付出行动，全情投入，才可能呈现出精彩的自我，演绎出精彩的人生。

好校长首先是好人，其次是一个好老师

一个好校长首先应该是个好人，这是最起码的，试想，校长如果连一个好人都不是，他绝对做不了一个好校长。

习近平总书记强调，"世界上最难的事情，就是怎样做人、怎样做一个好人"。他说："要做一个好人，就要有品德、有知识、有责任，要坚持品德为先。"

做一个好人，坚持品德优先，我以为就要深谙做人的准则，就要学习和传承中华民族传统美德，就要学会弯腰，懂得低调，谦卑为怀，谦逊待人；就要从容淡然，知足为乐，知恩图报，懂得感恩；就要公道正派，刚正不阿，正直无私，不计得失；就要心系全局，坦坦荡荡，心胸开阔，包容万象；就要心怀善念，与人为善，积善成德，善行天下；就要明礼诚信，诚实守信，言行一致，表里如一；就要学会吃亏，学会糊涂，不要太精明，更不要成天去算计人。

其次好校长必须是个好老师。苏霍姆林斯基说，"一个好校长首先应当是一个好组织者、好教育者和好教师。"好老师未必是好校长，但好校长的前提一定要是个好老师。大凡当了校长的和想当校长的人，一定要清楚，我们只有成为一个好老师，才有可能成为一个好校长。

其实校长应该始终明白，校长对于我们只是一个临时工，我们第一身份是教师，最美好的身份是教师，永远的身份也是教师。校长们啊，千万不要将自己这个校长当回事，教师才是我们一辈子的职业，做一个好老师应该成为我们永远的志趣和永恒的追求！

你想想看，你教师都做不好，你有什么资格做校长呢？你连一个好老师都不是，你凭什么对其他老师发号施令呢？校长的威信有权力因素和非权力因素两个方面，就即或你做了校长，有了权力方面的因素，但教师会发自内心的认可你吗？教师表面上有可能拿你没办法，他们会心服口服吗？有威信的校长，站着就是一面旗，就是一个标杆，他们会不语自威，不令而行，你做得到吗？

假如我们自己如果连课都上不好，甚至不敢上，我们怎么去指导教师的教育教学？怎么去进行有效的教育教学管理？又怎么去领导教育教学改革呢？

校长只有先是一个好老师，才会懂教育、懂学生，才能成为内行中的内行；才会说行话，讲行话，才能真正实现内行领导内行；才会懂老师，具有教师立场，才会将心比心，以心换心，具有同理心，才会善于从教师的角度去思考问题、谋划工作、解决问题，并且体恤到老师的所需所盼和艰辛。

我曾听到这样一个讽刺校长的段子，说："有的人书教得不好，教师不会做，班主任更不会当，又不能开除，怎么办呢？就干脆让他做校长"。这段子确实刻薄辛辣！但也从另一个层面警醒我们校长，不要以为自己是校长，就有天上无地下，就自认为很了不起。其实，我们的好老师很多，有些老师虽然没有当上校长，但他们的教育素养和综合能力有可能并不比一些校长差。

当然，要成为一个好老师是不容易的，一个好老师应该是有教育理想，充满激情和诗意的教师；应该是有教育信念，善于认识自己，不断挑战自我的教师；应该是有教育思想，熟悉教育规律，拥有教育智慧的教师；应该是有教育素养，能够勤于学习，积极探索的教师；应该是有教育大爱，视学生为自己孩子，把教育作为终身事业的教师；应该是有教育追求，敬业乐业，开拓进取，勇于创新的教师；应该是有教育德行，是一个智情双修，德才兼备，师德高尚的教师。

我们很多校长在做校长之前是一个好老师，但是一旦做了校长之后，就丢掉了课本，远离了课堂，荒废了课业了，就高高在上，疏远教师，与教师有隔阂了，就自以为是，拍脑袋决策，一味发号施令，没有顾及老师们的感受了，甚至把一个好老师应该拥有的一切都丢掉了，以至于让自己离一个好校长的要求越来越远了，这实在令人惋惜！

老子说："上善若水，水居下而善利万物。"校长们一定要懂得这个道理。

好校长应该是一个放风筝的高手

风筝大家知道怎样放吗？你只要把握这样的原则，"心中有天空，眼中有目标，手中有拿捏，脚下有土地"，就一定会成为放风筝的高手。

校长大凡能做到这几个方面，这样的校长一定是一个受人们欢迎和拥戴的好校长。

第一，心中有天空。校长要学会仰望星空，不忘初心，既要立足眼下，又要胸怀长远，既要读书本知识，又要阅知天下事，既要教书育人，又要关注国家民族未来，既要努力实现教育理想，又要同筑共圆中国梦。

原国务院总理温家宝在同济大学演讲时说："一个民族有一些关注天空的人，他们才有希望；一个民族只是关心脚下的事情，那是没有未来的。"

校长有了仰望星空的情怀，才有高远的眼光、海纳百川的胸襟和高屋建瓴的办学理念，才能使学校走向更高的境界。一个校长如果盯紧的是分数，攥在手中的还是分数，没有从孩子的未来从长计议，也没有放眼长空，关注国家和民族的情愫，这样的校长，是不可能走远的。

第二，眼中有目标。有一则故事讲的是，课堂上，老师给学生讲故事，有三只猎狗追一只土拨鼠，土拨鼠钻进了树洞，树洞只有一个出口。可是一会儿，居然从树洞里蹿出一只兔子，兔子飞快地向前跑，并爬上另一棵大树，兔子在树上还没站稳，仓皇中掉了下来，砸昏了正在仰头看的三只猎狗。最后，兔子竟然逃脱了。故事讲完后，老师问，这个故事有什么问题吗？学生回答，兔子不会爬树，一只兔子不可能砸昏三只猎狗。老师继续问，还有什么问题吗？学生再也找不出了。老师这才说，那只土拨鼠到哪儿去了呢？因为兔子的冒出，让人们的思路受到干扰，土拨鼠竟在大脑中消失了。

许多时候，我们也像故事里的情景一样，土拨鼠原本是最初目标，但因为忙碌应付一只又一只跳出来的兔子，竟然迷失了人们最初所锁定的目标。

目标就是方向，目标就是力量，目标就是牵引你不断前行的动能。教育目标、教学目标、教师专业目标、学生成长目标、队伍建设目标、校园文化建设目标、学校管理目标、学校长远发展目标，对于这些，校长既要保持头脑清醒，有一个准确的定位，又要盯紧目标，心无旁骛，不达目的不回头。有一句话讲，带着梦想入眠，带着目标醒来。校长切忌在忙中迷失方向，偏离目标，随意而为，乱了方寸，来一个瞎忙乎、乱折腾。

第三，手中有拿捏。"拿捏"就是一种研判，一种分寸，一种把握，一种审时度势。就正如放风筝的人，他手里得有分寸，得好好把握，如果抓得过死，风筝就不容易飞起来，如若手里放得太松，风筝任意飘飞，你又不好控制。

校长要实现办学目标，也得注重把握拿捏。一个好校长的拿捏就是要做正确的事，要把事做正确，要清楚什么时候该做什么事，不该做什么事，怎么去做事，要懂得我们肩上所担负的责任和使命。应该明白"校长"这个称谓，也许对你不太重要，而对于教师、孩子却是那么的重要，你的工作态度将决定着学校发展的高度，教师专业成长的程度，还有孩子的当下与未来的向度。

一个好校长的拿捏还表现在管理上要有松有紧，有宽有严，张弛有度。如果过松过宽，管理失去规矩，容易成为一盘散沙；如果太紧太严，没有人文情怀，又可能让学校空气凝固，成为一潭死水，缺乏相应的生机与活力。

第四，脚下有土地。校长有思想，有理念，有目标，这是一个方面，更重要的是校长要务实求真，要真抓实干，要落地落实。如果校长夸夸其谈，坐而论道，当成甩手掌柜，这样的校长再有思想理念，再有宏伟目标，那一切都是空中楼阁，海市蜃楼。

校长要接地气，要脚踏实地。一要贴近学生，走进学生的心里，感知学生的心思，体察学生的烦恼，了解学生的需要，一切为了学生。二要贴近教师，应学会换位思考，理解教师，体谅教师的辛苦，缩短与教师的距离。三要贴近课堂，了解课堂，走进课堂，做课堂建设的引领者和创设者。四要贴近生活，珍惜生命，热爱生活，让教育充满生活气息，让人生更加有意义。五要贴近时代，顺应社会发展，始终与时代脉搏同步。

好校长应该有自己的教育思想

黑格尔讲，人是靠思想站立的。人之外的一切动植物也都有生命，但人比它们的高贵之处，唯在于人有思想。思想练就人的魅力，形成人的伟大。思想让人这根苇草成为了一根能思想的苇草，思想也为此让人成为世间主宰、万物之灵。

教育是心灵的沟通、灵魂的交融、思想的碰撞、人格的对话。一个好的校长与一个普通的校长相比，其根本的区别就在于，有没有自己的教育思想。一般校长只要能坚决执行党和国家的教育方针政策，做好学校的日常教育教学管理工作，就可算是称职的校长。而一名好校长仅有这些，是不够的，还应该有自己较系统的教育思想。

"没有思想的高度就没有行动的高度"。肖川先生说过："你真正的生命是你的思想，你的思想就是你的处境。"

一个好校长对大家的引领不仅是行政上的引领、专业上的引领，更重要的是思想上的引领。只有灵魂才能唤醒灵魂，只有激情才能迸发激情，只有个性才能造就个性，也只有思想才能点燃思想。有思想的校长不仅让自己富有教育智慧，具有管理高度，让自己变得与众不同，而且才能带出有思想的队伍，教出有思想的学生，也才能办出有品位的学校和有影响的教育。

在外面作讲座，与一些年轻教师交流，一些年轻教师给我讲，他们在大学里有很好的教育梦，走上讲台之前也曾激情燃烧，热情洋溢，并想把先进理念付诸教育教学，但是一旦踏上讲台之后，喧嚣的社会，功利性的现实，人们浮躁的心态，分数至上的氛围，一点一点地蚕食了他们当初的理想，他们还来不及改变现实，就被残酷的应试现实改变了。有的说，如果他们不搞纯应试那一套，校长们就会不高兴，甚至还会反对。有的还说，他们那里的校长在教师会上公开讲，白猫，黑猫，捉到老鼠就是好猫。只要你能让学生出成绩，你想怎么样都行。看来，校长有没有科学先进的思想对年轻教师的成长，对一方教育的发展影响是多么的巨大！

校长的科学先进思想从哪里来？首先是从学习中来。学习是终生的事业，是时代永恒的主题，是一个人获取知识、铸就能力、提升素养最基本的渠道，也是让我们产生思想永不枯竭的源泉。因此，一个好校长要有强烈的学习意识，要树立终身学习的观念，要有见缝插针挤时间学习的精神，要有再忙都不能荒芜学习的境界，要有多学科融通学习、跨边界多元学习的思维与自觉。

其次是从思考中来。学习来的东西都是零碎的、杂陈的、不系统的，就像摆放的一堆杂乱无序的零件，要组装成一台机器，必须进行分拣、归类、检测、组装等工序，对于学习来的那些零碎的、杂陈的、不系统的知识，要想形成思想，那必须通过反复的思考与提炼。思考越经常，思想就越丰富；思考越深入，思想就越深邃。一个好校长应该养成对教育教学的一些现象敏于求知、敢于质疑、勤于思考和理性总结的习惯。通过思考、思考、再思考，去粗取精、剥茧抽丝、去伪存真、由表及里、由此及彼，形成自己对教育特有的、立体的、综合的、全方位的、多方面的深刻认识和系统思想。

再次是从实践中来。实践出真知，实践出智慧，实践也出思想。我们不否定在象牙塔内，甚至关着门儿也能出思想，但是这样的思想往往因缺乏实践的根基，没有实践的检验，要么会因为肤浅而没有深度，要么会因为狭隘而没有高度，要么会因为虚缈而接不了地气。而在实践中孕育的思想是丰富的、内涵的、多维的。一个好校长因而要多了解社会政治、经济变革的大趋势，把握时代的主旋律，把握教育教学基本规律，把所学所悟对接于教育教学实践，通过实践去检验，通过检验去试错，通过试错去反思，通过反思去提升，从而不断凝练升华自己的教育思想。

一个人真正的生命，是一个人的思想，人因思想而伟大。我们不奢望成为思想家，但至少我们应该成为独立的思想者。

好校长应该激情荡漾

我们都有这样的体会，对一件事情，只要我们对它有热情，对它充满着激情，再艰巨，都不会把它当一回儿事，再苦再累，也不觉得，而且越干越有兴致，越做越有劲头，就即或是完成它所应具备的水平和能力差一点点，我们都会穷尽一切办法把它完成得最好。对于再简单的事情，如果我们对它失去热情，缺乏激情，哪怕我们能力再强，再有水平，都有可能把它做不好，甚至弄砸。

这说明激情这种美好的情绪很重要！它能够给人带来积极的正能量，它能够让人对生活、对工作产生一种强烈的而且很美好的情感。

的确，一个人在激情的支配下，可以精神振奋，精力旺盛，可以昂扬斗志，顽强意志，可以迸发灵感，激活思维，可以产业动力，激发创造力，可以超越常态，打破常规，挑战不可能，创造一个又一个的奇迹。

教育是面向未来的事业，也是充满激情的事业，教育需要激情，教育者更需要激情。激情是爱的源泉，也是智慧的使者。一位好校长具备的品质应该有许多，但我觉得首先应该要有激情。一位好校长，最重要的品质，是对工作的激情，而不是能力。

朱永新先生说："实际上，做任何一件事情，尤其是管理一所学校，作为校长，最重要的应该有一种激情，应该有一种创造冲动，有一种不断挑战自我的成就动机。我认为，这是最最重要的。"

一个没有激情的校长，必然是一个平庸的校长，一定是一个没有追求的校长，更是一个没有教育情怀的校长。这样的校长办学校，他只会人云亦云，拾人牙慧，只会平铺直叙，按部就班，只会拿着一张旧船票去重复昨天的故事，只会在那里牢骚满腹，怨天尤人，感觉教育昏天黑地，已经无可救药了。他对手头的工作会得过且过，应付了事，做一天校长撞一天钟，浑浑噩噩度日子。

他绝对不会带着情感去对待教师，对待孩子，还有教育；他绝对不会对当下教育现象去进行思考研判，然后结合实际情况去创新，去突围，去改变；他更绝对不会对教育、对工作投入更多的时间、更多的精力、更多的心血，去办出孩子们喜欢的学校，做出孩子们向往的教育。

而一个有激情的好校长，他天生是不安分的，他是有期盼的，他是会做梦的，他是有教育理想的，他的每一天都是新的，他所面对的一切都是美好的，而且他是好学的，他是有追求的，他是会不断创造的，他是会善待每一个老师和孩子的，他是会诗意地栖息在校园里的，同时他永远都是谦逊的，永远都是不会满足的，永远都是会盯紧目标不放松的，永远都是会像哲学家一样深刻地遥望着那遥远的星空的。

精神要靠精神去振作，激情要靠激情去燃烧。校长有无激情，更关键的他不仅是关乎一个人的事，而是关系着整个团队的面貌，关系着团队里所有教职工的精神状态。一个校长如果萎靡不振，无精打采，像秋天里的茄子蔫蔫的，这样的情绪就会像传染病一样在校园里迅速弥漫开来，以致传染给每一个教职工乃至所有的孩子。试想，这样的校园会充满生机活力吗？会有幸福的教育生活可言吗？

学校不仅仅是校长大展宏图的天地，也是教师大显身手的舞台，更是孩子们快乐成长的摇篮。校长理念的实现，学校愿景的达成，仅校长有激情是不行的。由校长的激情所点燃的每一位教师的激情，才是校长所拥有的宝贵财富，也才是学校长久发展永恒的动力。由校长和教师迸发的每一个孩子对学习、对生活的激情，才是学校美好明天的希望所在，也才是孩子走向未来人生所应该具有的一生有用的东西。

激情常在，希望无限。当校园里的激情如潮水般的荡漾，教育的天空就会奏响出一首首美妙动听、旋律优雅、极富韵味的教育交响乐和进行曲。

好校长应该具有自己的良知

一说到良知，其实并不陌生，每个人都有自己的良知，连那些小偷也不例外。

冯友兰先生在《中国哲学简史》中谈到明代哲学家王守仁关于"良知"的认识时，曾举了一个例子：王守仁的弟子有一次半夜里捉到一个小偷，便对小偷讲"良知"的道理。那小偷笑着问道："请问，我的良知在哪里？"当时天气很热，王守仁的弟子请小偷脱掉外衣，随后又请他脱掉内衣，小偷都照办了。但脱到最后一件时，小偷犹豫说，这恐怕不妥吧。王守仁的弟子便对小偷说："这便是你的良知！"

这之前的一则报道，说的是苏州有一老两口，以捡破烂为生。一天，他们出外拣拾破烂，一小偷撬门而入，见老两口家徒四壁，一贫如洗，他竟然掏出包里仅有的三百元钱放在桌上，并压上一张手书的纸条，上面写道：你家里真是太穷，拿去换一把锁吧！

良知源于人的本能与感性，是人性的复苏与表达，是人之所以为人的生命底线，是人内心深处隐藏的那一抹亮光。

即使是小偷，他的良知尚存，良知未泯，良知在某种情况下都能复苏，那么作为我们校长呢？我们在教育教学生活中更应随时拷问自己的良知。

一方面我们应该拷问，教育承担着传承文明、泽及后代的责任。今天，家长把孩子送到学校，他们的目光满是憧憬，他们对未来充满期待，他们不知道他的孩子以后究竟会怎样，明天，我们应该还给他们怎样的孩子呢？

另一方面我们应该拷问，其他什么都耽误的起，但教育耽误不起，孩子耽误不起，其他什么都折腾的起，但教育折腾不起，孩子折腾不起。在你的学校，也许有成百上千孩子，每个孩子对于你来说，有可能只是你工作对象的几百分之一、几千分之一，但对于孩子来说，那却是百分之百的事，那就是一辈子的事，那就是整个人生的事，对于孩子的父母来说，那就是一代人、几代人的事。如果因为我们的疏忽与懈怠，误了孩子的成长，让孩子不能成为他应该成为的他那样的人，那就是我们的失职，甚至是渎职。

现实教育中，孩子们的作业越来越多，书包越来越沉，考试越来越频繁，分数越来越重要，应试越来越浓厚，教育在有违本真的路上越走越远。有的校长会觉得：我们给了学生知识，学生考出了满意的分数，面对一张张重点大学的录取通知书，然后就可以欣慰地说，我对得起自己的良知。

你果真对得起自己的良知吗？其实，当你看到孩子们不断增加的一圈又一圈的眼镜，当你看到孩子们每天都在卡着分秒奔跑进教室、进食堂、进厕所的身影，当你看到孩子们每天都在欠账的睡眠和他们疲惫不堪的身心状态下拼死拼活，你不得不思考当今基础教育存在的一些乱象。我们的孩子也许成绩很好，然而身体素质却急剧下降，我们的孩子也许分数考得很高，人文素养却严重缺失，我们的孩子也许各个方面能争第一，但却没有了合作精神，我们的孩子也许通过拼时间拼体力获得了名校入场券，最终却付出了兴趣与爱好、快乐与幸福的沉重代价，我们学校的升学率或许很高，但却是靠"反教育"的一些东西换来的。你难道还会说，你在坚守一个教育人应有的良知吗？

作为一个好校长，这个时候我们还应该静下心来拷问自己：我们是否知道哪些是我们应当做的？哪些是不应当做的？哪些是为今天需要做的？哪些是为明天必须做的？对于那些孩子，我们除了给他们当下的文化知识，给他们当下的分数，给他们当下的一个敲门砖，我们还应该给他们什么呢？还能够给他们什么呢？还必须给他们什么呢？

面对这样的情况，你完全可能会说，高考指挥棒就是这样挥舞的，评价标准就是这样潜规则的，家长就是这样期盼的，社会就是这样功利的，领导就是这样要求的，主管部门就是这样考核的。我要告诉你的是，你只是在坚守岗位责任心，只是在服从上级的命令，然而你却没有服从一个教育人应有的良知，在这样的气候与环境下，你完全可以把枪口抬高一厘米。

有这样一件真实的事情，当柏林墙还存在的时候，很多翻越柏林墙从东德逃去西德的人会被东德的守卫士兵打死。柏林墙垮塌之前，有一个士兵打死了一个人。很快，柏林墙垮塌了，两德统一之后法官就对他进行了审判。这个士兵觉得自己很冤枉，他说自己开枪只是执行上级的命令，如果不执行命令就会被军法处置，应该追究下命令开枪的那些上级的责任，自己则是无辜的。最后法官判他有罪，理由是，当有人翻越柏林墙的时候你开枪射击，虽然体现了你对所处的岗位的责任心，但是你没必要打得那么准；你只选择了服从上级的命令，却没有服从自己的良心，你完全可以把枪口抬高一厘米。

哲学家周国平先生在他的著作《让教育回归人性》中谈到了他认识的北京的一位校长，他说他从这位校长身上看到了在今天这个应试教育体制下，一个有良知、有识见的好校长会怎么做，应该怎么做。这位校长对当下的教育体制有清醒的认识，他对全校老师说："在今天这个社会，最大的弱势群体其实是被考试和作业夺去了无数黑夜与白天的孩子们，我们虽然无法破解体制造成的这个困局，但一定不要盲从和追风。"他对全校学生劝解和呼吁：考不上理想大学算什么，不要把人看得太简单和渺小，只要你葆有自我选择的勇气。而且这位校长还讲，他无意和那些顶级名校攀比，而是立足于人的全面教育，如果要在名气和明亮之间选择，他会毫不犹豫地选择后者，全力打造一所照亮学生内心的学校。

向这位有良知的好校长致敬！

一个好校长他不会浮躁，也不会功利，更不会被教育以外的其他因素绑架，他会知道他真正的良知是啥，他会听到他内心随时发出的声音，他会懂得他的价值取向在哪里，他会知道教育究竟该怎样做，自己究竟该怎样作为，他绝不会人云亦云而去干那些"反教育"之类的事！

好校长应该懂得责任担当

1985 年，人们发现，牛津大学有着 350 年历史的大礼堂出现了严重的安全问题。经检查，大礼堂的 20 根横梁已经风化腐朽，需要立刻更换。每一根横梁都是由巨大的橡木制成的，而为了保持大礼堂 350 年来的历史风貌，必须只能用橡木更换。

在那个年代，要找到 20 棵巨大的橡树已经不容易，或者有可能找到，但每一根橡木也许将花费至少 25 万美元。这令牛津大学一筹莫展。这时，校园园艺所来报告，350 年前，大礼堂的建筑师早已考虑到后人会面临的困境，当年就请园艺工人在学校的土地上种植了一大批橡树，如今，每一棵橡树的尺寸都已远远超过了横梁的需要。

这样一个故事所给我们的启示，可能让我们联想一系列的词汇，比如可持续，资源，长久，环境，远见，但这些都显得太弱。可能，只有另一个词汇能给我们信心和力量，那就叫"责任"。建筑师的墓园早已荒芜，但建筑师的责任还没有结束。

在电影《泰坦尼克号》中，当船即将沉没的时候，船长走进了船长室，选择了和船共存亡，这就是一种责任与担当。在大船开始沉没的时候，船长请船上的小乐队到甲板上来演奏，以安抚大家的情绪。在演奏完毕之后，首席乐手向大家鞠了一躬，乐手们开始离去，船上非常混乱。大船马上就要沉没了，首席乐手看见大家都走远了，他自己又回到了原来的位置，架起小提琴，拉起了一支新的曲子，已经走远的乐手，听到音乐声，不约而同地又回到了首席乐手身边，大家重新开始演奏。船要沉没了，大家相互握手，互道珍重。责任与使命在这些乐手身上，同样体现得淋漓尽致。

平庸的人有一条命：性命；优秀的人有两条命：性命和生命；卓越的人有三条命：性命、生命和使命，它们分别代表了生存、生活和责任。

世界上万事万物，乃至众生百相，有一个共同的东西难以割舍，那就是责任，有一种永远的东西谁也挥之不去，那还是责任。责任，就是一种与生俱来的使命。一个人什么都可以缺失，唯一不能缺失的是责任。一个人如果没有责任，就标志着他这个人的一生将碌碌无为，一事无成，甚至这个人有可能是可有可无，没有存在的价值和意义。

有这样一则笑话，讲的是五个国家的人找针：两个人交接一根针时，不小心掉在了地上。德国人会把地分成许多方格子，然后一格一格地去找；法国人会喝着香槟、吹着口哨，愉快地去找；美国人开放豪迈，他们会用扫把一扫，在扫拢的一小堆物件中去找；日本人善于合作，他们商量着，你从这边找，我从那边找；而中国人，首先不是去寻思如何去找，而是千方百计推卸责任，谁的责任，谁去找！这说明，中国人缺的不是水平，不是能力，而是责任。

校长是学校的灵魂。真正决定教育品质和学校品位的，永远取决于学校的那个牵头人，有什么样的校长，就有什么样的学校。

我们的校长虽然算不了什么官，但是校长的责任重大，使命崇高。一方教育的发展，教师的职业幸福，孩子的当下学习生活，孩子们未来人生走向，成百上千个家庭的命运改变，全都攥在校长手中，全都维系在校长身上。如果我们校长没有责任，没有担当，没有一种积极向上的态度，没有一种精益求精的精神，那是绝对做不好教育的。

中小学校长的责任用陶行知的话说，直接关系着千百人的学业前途，关系着国家与学术之兴衰。因此，一个校长的责任无限。

我认为一个校长最大的责任就是办孩子们喜欢的学校，做孩子们向往的教育，做适合每一个孩子的教育。校长要在这方面有所作为，校长就必须树立绿色、全面、整体、辩证、和谐的质量观，就必须营建浓厚的文化氛围，就必须构建温馨诗意的书香校园，就必须研发卓越实用的校本课程，就必须生成有效高效的课堂，就必须开展丰富多彩的社团活动，就必须通过变革教育评价和促进教师发展做出充分的保障。

特别是当今中国教育无奈地被"应试教育"这只"无形的手"牵着鼻子走，它使我们的基础教育乱象丛生，越来越背离育人的初衷，甚至在"反教育"的路上走得太远。

一个有责任的校长就不应当只盯着分数，就不应当把反复考、讲、练和死整蛮干作为管理的法宝，就不应当为了我们的功利和目光短浅而对应试教育推波助澜，就更不应当因我们责任的缺失而让一个个天真可爱的孩子不能成为他应该成为的他那样的人。

一个有责任的校长就应当有敢于拨乱反正、正本清源的勇气，就应当有敢于坚守正确的办学理念，敢于冲破"应试教育"藩篱的底气，就应当有敢于顶住各种错误教育观念的压力和一些反教育现象与行为对我们的影响，不随波逐流，不人云亦云，不做"考分"的奴隶的锐气，就应当有敢于遵循教育规律，遵循孩子身心发展规律，让教育回归常识，回归本真，引导教师做个性化的教育，让师生们都能过上一种快乐而幸福的教育生活的豪气。

当然，一个好校长，仅有责任还不行，他还必须有承担责任的本领和能力。一个好校长他应当热爱教育，热爱学生，热爱教师，热爱生活；他应当勤学善思，是先进教育观念的倡导者，先进理念的实施者，先进教育思想的引领者；他应当谙熟教育规律，懂得尊重每一个学生的人格和个性特长；他应当知人善任，循循善诱，信念坚定，克己奉公，做全体教师的良师益友和引路人；他应当作风民主，察纳雅言，谦逊勤勉，躬耕立行，做现代教育制度的实施者和推动者；他还应当具有良好的道德修养和人格魅力，具有坦荡的胸怀和高尚的情操，能够成为一面鲜艳的旗帜，在全体教师和学生的心中飘扬。唯有如此，校长才能担当起这份国家、社会和千百个家庭委托的这份沉甸甸的责任和使命。

好校长应该拥有大爱情怀

决定一个校长能否成为一个好校长，其因素很多，但我以为，最重要的一个因素是校长要有大爱情怀。

首先好校长这种大爱情怀应该体现在爱教育上。一个有大爱的校长，他应该是爱教育的，他应当视教育为终生的事业，全心全意地去投入，用整个心去做整个的教育。

黄玉峰，很多人不陌生，2015 年 8 月以 70 岁高龄出任上海复旦五浦汇实验学校首任校长，致力于把自己长久以来对教育的思考化为理想的学校形态、教育形态。在五浦汇，他把对学生的培养，渗透在办学的每一个细节之中。例如，秋季开学前，他花了半个多月时间，用毛笔给被录取的 160 名学生，每人写了一封信。这些信笺无论是内容还是字体，每一封都有所不同。有的信上还配上梅竹兰菊松五君子。这一封封亲笔信，既昭示着教育是有温度的，又体现了他爱教育的深厚情怀。

其次好校长这种大爱情怀应该体现在爱教师上。学校发展，教师为本，教师作为教育发展的中坚力量，起着举足轻重的作用。校长，作为一个学校的领导者，其真正爱教育的情怀应该表现在爱教师身上。只有爱自己的老师，激发他们的内在潜能，将他们凝聚在一起，拧成一股绳，让他们和你一起扑在教育事业上，才会将大爱之花浇灌出累累果实。

校长对教师的爱，一方面应通过多种路径了解教师的性格特点、兴趣爱好、专业特长、工作经验和发展潜力，用高尚的道德情操和人格魅力潜移默化地熏陶感染教师，引领他们具有健全的人格、向善的人性和高尚的情操，助力他们专业起跑与成长。另一方面，要最大限度地倾听教师的心声，帮助他们解决具体困难，给教师多一点人性空间、多一点人文关怀、多一点人情温暖，去改变教师的行走方式。要知道，你不经意的一个眼神，一句温暖的话语，一声发自内心的赞美，一个心领意会的动作，都会让教师们感动不已。

再则好校长这种大爱情怀应该体现在爱学生上。学生是学校的生命，是教育的出发点，又是教育的归宿。作为校长，心中要有学生，要懂学生，做学生生命的放牧者，去引导孩子寻找到"丰美的水草"，使其滋养、生长，人性更趋完善、完美；作为校长，要走近学生，与学生交流、攀谈，倾听他们的想法和建议，做学生的好朋友，成为他们的知心人。你喜欢学生，并且知道学生喜欢什么，学生才会喜欢你，你走进他们的内心世界，你才会全面掌握他们的所需所想，才会有的放矢地把握学校发展方向，办出学生们喜欢的学校；作为校长，对学生的一次善意的微笑、一个慈爱的眼神、一句温暖的话语，其实就是相视一笑的瞬间，彼此的心中便会多一抹阳光，多一份开心。更重要的是，在学生的心中，会增添一份对学校的好感，对校园的眷恋。"细雨湿衣看不见，闲花落地听无声"，只有学生真的喜欢学校，感受到学习的快乐，教育才算真正找到了起点。

清华大学附属小学校长窦桂梅为了认识、了解甚至熟悉学校的每一个儿童。于是，每天早晨，她披着清晨的霞光，站在学校门口迎接每一个学生走进校门，很少间断。有时她出差，学生们几天没有看到她，回到家里就要跟家人说：今天没有看到窦校长……孩子们把每天在校门口看到窦校长当成了一种期待。全校大部分学生的名字她都能叫上。在她带动下，学校的其他教师，甚至学生、家长义工，每天早晨也会站在路口或校门口行鞠躬礼、竖大拇指，互相问候与赞美、击掌与拥抱。

最后好校长这种大爱情怀应该体现在爱国家爱民族上。一个好校长他的大爱不仅是爱自己的教师、爱自己的学生、爱自己的学校、爱自己所做的教育，他的大爱还要走出一校之围墙，胸怀祖国，胸怀全局，心系民族，心系国家，关注整个教育。同时还要具有家国情怀，同国家的兴旺、民族的振兴同呼吸，共命运，心相通，情心连。从某种意义上说，其使命应该远远超出办好自己学校的本身。

第十五讲　校长应该用什么态度做教育

　　真正决定教育品质和学校品位的，永远取决于学校的那个牵头人，真正决定孩子学习生活的状态是乐学还是厌学，乃至于孩子的未来人生是幸福还是悲催，永远取决于站在讲台上的那个人。一个好的校长，一定会办出孩子们倾心向往、满心喜欢的学校。

是职业还是事业？

校长是学校的灵魂。校长可以福泽一所学校，也可以毁掉一所学校，学校的兴衰与校长息息相关。

真正决定教育品质和学校品位的，永远取决于学校的那个牵头人，真正决定孩子学习生活的状态是乐学还是厌学，乃至于孩子的未来人生是幸福还是悲催，永远取决于站在讲台上的那个人。一个好的校长，一定会办出孩子们倾心向往、满心喜欢的学校。

一所学校能够遭遇一个好校长，可以说是教师们的福气、孩子们的福气、家长们的福气、一方教育的福气。

我经常讲，其他什么都耽误的起，但教育耽误不起，孩子耽误不起，其他什么都折腾的起，但教育折腾不起，孩子折腾不起，庄稼误了是一季，孩子误了就是一代人、几代人的事。

李镇西校长曾为拙著《修炼校长力》题词："校长不一定是教育家，但一定要有教育家的追求。我们每一个人都不敢奢望自己能够改造中国教育，但我坚信，如果中国每一个校长都有教育家的高远理想和执着行动，中国教育一定会得到改造的！"

我们的校长虽然算不了什么官，但是校长的责任重大，使命崇高，如果我们校长没有担当，没有一种积极向上的态度，没有一种精益求精的精神，那是绝对做不好教育的。那么，校长做教育，应该坚持一种什么态度呢？

20年前，大卫·安德森与吉姆·墨菲都是普通的铁路职工。20年后，大卫还是一名普通的铁路职工，而后者则成为铁路总裁。人们问其原委，大卫感慨地回答："在当时，我工作是为了一小时1.75美元的工资，可吉姆不是，他工作是为了这条铁路。"

小小而又真实的故事，却耐人寻味，原来人与人之间的差距就在于此！

一哲学家请教老农，什么是爱情，什么是婚姻，老农答，和一个人恋爱了还想恋爱，那叫爱情，和一个人恋爱了不得不恋爱，那叫婚姻。哲学家茅塞顿开。联想到事业和职业，我以为，今天工作了明天还想工作，那就叫事业，今天工作了明天不得不工作，那就叫职业。

教育是事业而不是职业。虽一字之差，所折射出的态度标准和精神境界却截然不同。职业是什么，职业的本质是交换，我付出劳动，你给我报酬和利益；事业不是交换，事业是超越交换的。职业的动机是生存，是养家糊口；而事业是为了自身的价值，人生的意义，它是一种更高层面的东西。

我们的校长把所从事的神圣工作仅作为获取有限工资的一个差事，作为养家糊口的一个途径，作为生存下去的一个手艺，你就只会视所面对的工作为职业，在工作中你就只能持一种职业心态。

如果校长把办好学校，发展好一方教育作为自己的神圣使命，而且全心投入，全力以赴，那么校长所面对的便不是职业而是事业，你就会以一种事业境界、一种宗教般的情怀对待工作。对于一个优秀的校长来说，教育是从职业走向事业不断超越的过程。

阿尔伯特·哈伯德说："如果你只为薪水而工作，你的生活将因此而陷入平庸之中，你找不到人生中真正的成就感。工作的目的虽然是为了获得报酬，但工作能给你带来的远比工资卡上的工资要多得多。"

我想，校长工作的意义，绝不仅仅是获得相应的报酬，也不仅仅是维持生存的需要，而是为了孩子的成长，为了教师的发展，为了教育的改变，而是为了自己人身价值的实现，为了这个民族的强大与振兴，为了这个国家的繁荣富强与屹然直立！

是多用心还是少用心？

有一组用数字表达的公式，便形象地告诉我们了一种做教育也包括做人做事的直观态度：（1+0.01）的 365 次方 = 37.78343433289，1+0.01，也就是说一个人每天进步一点点，一年以后，你将进步很大，远远大于"1"；1 的 365 次方 = 1，"1"代表原地踏步，每天没有变化，一年以后你还是原地踏步，还是那个"1"；（1-0.01）的 365 次方 = 0.02551796445229，1-0.01，也就是说你每天退步一点点，你将在一年以后，将会退步很大，远远小于"1"，远远被人抛在后面，将会"1"事无成。

与时俱进，不进则退。不管是做人，还是做教育，我们每天多用心一点点，每天多付出一点点，每天多努力一点点，比如，比别人每天早起一点点，每天比别人多用点零碎时间，每天比别人多作一点反思，每天比别人多做一点点事，你就会变得卓越优秀，变得与众不同，不可替代，教育也就会做得很地道，很有味道。

前不久《中国教育报》的一篇题为《一所被判"死刑"中学的逆袭》的报道，更凸显了校长用不用心，对办好一所学校的意义和作用。江西萍乡市湘东区的新华中学，21 世纪初因被列入撤并计划，各级便停止了对该校的投入，办学条件极其简陋，而该校升学率却不仅持续名列前茅，而且学生综合素质也发展得很不错。

这所早已被判"死刑"的学校，之所以能得以神奇的逆袭，与该校校长的用心办学分不开。该校长在 2005 年之时，便说服妻子放弃工作，带着原在镇上读书的儿子转到山窝里，坚持以校为家，真心关爱全体师生，学校变成了一个温馨的大家庭，新华中学也真正走出了一条因地制宜的内涵式发展道路。

我们很多学校，起点差不多，条件差不多，但一些学校办得很有特色，师生精神面貌很好，社会认可度很高，但有的学校却有着天壤之别，究其原因，还是我们的校长用不用心，用了多少心的差异。

是尽力而为还是竭尽全力?

猎人带着猎狗去打猎，猎人一枪击中了一只兔子的后腿，受伤的兔子拼命地逃生，猎狗在后穷追不舍，可是追了一阵子，兔子跑得越来越远了，猎狗知道追不上了，只好悻悻地回到猎人身旁。猎人气急败坏地说：你真没用，连一只受伤的兔子都追不上! 猎狗听了后很不服气地辩解道：我已经尽力了呀! 兔子带着枪伤成功地逃生回家后，兄弟们都围过来惊讶地问：那只猎狗很凶，你又带了伤，是怎么甩掉它的? 兔子说：它是尽力而为，我是竭尽全力!

你知道 90%×90%×90%×90%×90% 等于多少吗? 你可能想不到，看起来很不错的 90%，累积起来，却是一个很不理想的效果。它告诉我们，完成一项工作如若只是尽力而为，哪怕用 90% 的力气，虽然已经很不错、算出了很大的力气了，但是如果是一周 7 天，得出的结果约是 0.48；如果是一月 30 天，得出的结果约是 0.04；如果是半年 180 天，得出的结果约是 0.0000000058。

如果做一件事情，承担一项任务不是尽力而为，而是竭尽全力，用上110% 的力气，那最后一定是非同凡响的效果了。如果是一周 7 天，得出的结果约是 1.95；如果是一月 30 天，得出的结果约是 17.45；如果是半年 180 天，得出的结果约是 28228209.27。

这就是对待工作是尽力而为还是竭尽全力的差别!

事实上，对于工作，能够尽力而为已经是难能可贵了，这比那些不做事、不出力的人好多了。但是尽力而为的人，总是有所保留，总还留有余地，总还没有开足马力，总还没有使出浑身解数和所有力气，尽管这样的空间很小，但却很重要，它决定着工作效果的最终好坏。

其实，一个校长面对一项工作任务时，他表示将"尽力而为"，实际上他已经从思想上打折扣了，从信念上动摇了，从行动上开始懈怠了，就不要寄希望他有什么出色表现了。而他表示将"竭尽全力"，就意味着他将穷尽一切努力，不惜一切代价，甚至克服千难万险，去实现和演绎工作的完美与事业的精彩。

是差不多还是追求完美？

大家知道胡适先生在《差不多先生》一文中给我们描写了一个十分可笑的人物"差不多先生"：

他小的时候，他妈叫他去买红糖，他买了白糖回来。他妈骂他，他说，红糖白糖不是差不多吗？他在学堂的时候，先生问他，直隶省的西边是哪一省，他说是陕西。先生说错了是山西，不是陕西。他说，陕西同山西，不是差不多吗？他在一个钱铺里做伙计，把十字常常写成千字，千字常常写成十字。掌柜生气了，他说，千字比十字只多一小撇，不是差不多吗？他搭火车到上海去。可走到火车站，迟了两分钟，火车已开走了。他望着远远的火车上的煤烟，摇摇头道，只好明天再走了，今天走同明天走，也还差不多。有一天，他忽然得了急病，赶快叫家人去请东街的汪医生，家人一时寻不着东街的汪大夫，却把西街牛医王大夫请来了。差不多先生心里想道，王大夫同汪大夫也差不多。

这虽然是文学作品里的人物形象，但是在我们校长队伍中，也不乏其人。做任何事情只求"差不多""大概""将就""过得去"，而没有尽力去追求完美，去力求最好的效果，这实际上缺乏一种精益求精的精神，缺乏一种追求卓越的工作态度。

没有最好，只有更好。正如做人一样，人无完人，做人不可能绝对完美，做事同样不可能尽善尽美。做人我们可以有完美的追求，虽然不可能完美，但是在追求的过程中让我们得以历练，得以成长，最后再差也不会差到哪里去。

同样做事我们只要有精益求精、尽善尽美的追求，即使达不到尽善尽美的程度，但是在高标准下，最后一定会有一个很好的效果。如果我们一开始就定位于过得去，立足于差不多、将就着，那么我们在这样的过程中完全可以降低要求，马马虎虎，得过且过，随便应付，到最后看结果，那将是惨不忍睹、一塌糊涂。

美国金融家斯蒂芬·吉拉德说："我们要的，不是做得很不错，而是做得没有任何一点儿错。"克洛克也曾说："如果你想经营出色，就必须使每一项基本的工作都尽善尽美。"

教育无小事，教育无小节，处处是细节，我们应该有细节意识，应该有工匠精神，应该有追求完美与卓越的品德，让每一个细微之处都散发出教育智慧的光芒，让每一个教育日子都变得特别温馨和美好，让当下的教育生活都充满着快乐与幸福！

是主动还是被动？

一个人主动思考、主动探索、主动作为比起被动接受与应付，虽然更有难度，甚至更具挑战性，却充满着无限生机，蕴含着无穷的可能。凡事有了主动，便能洋溢热情，燃起激情，也能够担当责任，坚守良知，不畏险阻。对于有主动担当的人来说，生命是奔跑的，燃烧的，永远腾跃的，永远年轻的。

主动适应环境。物竞天择，适者生存。大家所面对的环境有可能不是你理想的工作环境，但它毕竟是你现实中的环境，面对你觉得还不十分理想的环境，是逃避？是忍耐？还是主动适应？正如你不习惯黑夜，黑夜还会适时降临，你是逃避不了的，忍耐也是痛苦的，而在主动适应中，一场好梦后，天就亮了。也正如你不喜欢冬天，冬天同样会适时而至，你也是逃避不了的，忍耐的冬天将更寒冷，但主动适应后，一场大雪的洗礼，春天便到了。

主动改变自己。这个世界上肯定会有很多令人不满意的事情，也有很多令你不爽的人，这些或许都是你改变不了的，与其在那儿郁闷、痛苦，还不如主动改变自己。山不过来，我就过去。改变自己能够改变的，适应自己暂时不能改变的。

改变不了天气，我们可以改变心情，改变不了现实，我们可以改变活法，改变不了他人，我们可以改变自己，改变不了世界，可以改变身处的环境，改变不了鸟儿在头上飞过，我们完全可以阻止鸟儿在头上筑巢。

英国一个无名人士的墓志铭我想会给大家带来一些启发："小的时候我们都有伟大的理想，我们想改变这个世界，当我们再大的时候发现不这么容易，我们希望改变这个社会、改变这个国家。当我们年纪大的时候，我们知道国家是改变不了的，我们希望改变我们的家庭、改变我们的周围的人。当我们真正病入膏肓的时候，我们才发现我们家庭、周围的人也改变不了。如果我们在年轻的时候改变自己，也许我们会影响和改变我们周围的人，改变了周围的人，也许我们会改变这个国家、这个世界。"

主动应对工作。没有成功是自动送上门的，也没有幸福会自动地降临到一个人身上，这个世界上所有美好的东西都是靠我们主动争取来的，天上不可能掉馅饼，机会只会青睐于主动工作的人。主动工作，一方面要学会独立思考，主动发现和解决问题。另一方面要发挥自己的主观能动性，不等不靠不观望不依靠。同时要用更高的标准来出色地完成任务。这样才能成为一个与众不同、鹤立鸡群的人，成为一个让老师和同事信赖的人，成为一个可以"把信送给加西亚"的人。

是宁静还是喧嚣？

面对现实教育的诸多尴尬，我们应该不断地追问：是不是因为我们的一味求快，让我们对教育的一切美好而无暇顾及？是不是因为我们的行色匆匆，让我们对教育上看似无用却最为有用的许多东西给抛弃了？是不是因为我们的步子迈得太急，让我们的教育只是拣起了芝麻，而丢掉了让教育成为教育的"灵魂"？是不是因为我们受一些喧嚣与浮华的左右，让我们难以静下心来做教育？是不是因为我们对教育的本真失去了一种坚守与捍卫，让我们的教育在其应有的方向上越来越远离？

梭罗的《瓦尔登湖》，让无数人沉醉沉迷，在这样的一个人心浮躁，世态喧嚣的社会，显然很难找到属于自己的瓦尔登湖了。然而我总是常常期盼，我们的校长，在其内心深处能够保留一片属于自己的瓦尔登湖，不管外界怎样浮华，人心怎么惶惶，世态怎么炎凉，让我们能够静下心来，从容而自信地行走在教育的路上。

然而在我们的身边，有一些校长却缺乏一种沉潜的意识，缺乏一种悠闲的心态，让自己在外界的喧嚣与浮躁中俘虏了自己。

教育是静的事业，也是纯粹的事业。这就要求我们的校长要静下心来，心无旁骛，守住一颗宁静的教育心，真正做到"任他桃花争观赏，不为繁华易素心"。同时要竭尽全力让育人环境保持纯净纯粹。因为当教育裹夹了太多的偏离教育本真的东西的时候，就会迷乱我们的心智，让我们在迷乱中迷失行走的方向。

校长能在喧嚣中坚守宁静与纯粹，能在浮躁中用平平常常的心态，虔诚而又静心地做着教育，并把平凡而实在的教育做得有滋有味、有声有色，这既体现一个校长对教育的情怀，又彰显一个校长做教育的品位和境界。

其实，一个优秀的校长应该具有两颗心，一颗是能静的心，静时如莲，暗自芬芳，抛却浮躁，享受宁静，在静中充实头脑，丰盈内心；一颗是能动的心，动时如火，暖彻心房，充满热情，积极主动，充满灵动，让人感动。

一个优秀的校长的最高境界就是能够达到"动"与"静"的完美统一，也就是能在"静"中修炼，做到在"沉静"中积累，在"宁静"中布局，在"清静"中守望，在"安静"中提升，在"幽静"中坚守内心。同时能在"动"中激发，做到在课堂中"生动"演绎，在活动中"能动"释放，在教育中"感动"生命。凡事都在静中沉淀，在动中彰显，成功的教育者便能在这一静一动中成就自己精彩的教育人生。

是放眼长远还是鼠目寸光？

非洲黑奴伊索在奴隶主家当管家，一次奴隶主带奴隶远行，临行前大家都想携带轻一点的东西，只有伊索选择了最重的米袋子，大家都笑他傻。一行人每天都要吃饭，米袋子越背越轻，最后伊索空着手走路了，大家佩服他的高明。

作教育一定要有远见卓识，绝对不能只顾眼前，急功近利，更不能拔苗助长，杀鸡取卵，竭泽而渔。对于那些或许当下看不到成绩收不到益处但却对未来会有长足发展的事，要耐得住寂寞，守得住清贫，抗得住浮躁，去执着坚守，而对于有些当下便能斩获显著成绩但却对今后发展带来不利的事，要能够痛下决心给以摒弃，千万不能只顾眼前利益而牺牲学生的未来幸福人生。

特别是面对当今教育的乱象丛生，面对教育领域的综合改革，面对教育人的良知与使命，校长眼中关注的应该不再是领导的喜与怒，不再是升学率的高与低，不再是学生成绩的好与坏，也不应该再是学校的名与利，而是教师的尊严幸福、学生的快乐成长，教育的持续发展。

在一次研讨会上与一校长交流，校长讲：办学校很容易，只要抓住要害就行了。问及抓住什么要害？校长回答得挺爽快轻松：只要管好 3 个数，也就是考试的分数、升学的人数和奖金数。校长还补充道，前两个数决定奖金数，奖金数按前两个数算就行了。当教育沦为只有分数、人数、钱数的时候，岂不是教育的悲哀吗？

清华附小校长窦桂梅讲，社会无论怎么变化，我们都不要以自己的心愿、功利之心联手"折磨"我们的孩子，我们的理念及言行决定给未来世界一个什么样的孩子！我们应共同努力培养出咱的孩子，既不应试唯一，也不以素质教育作掩护的无所作为，而是培养他们低头奋斗的智慧和抬头看天的情怀！

做教育要有远见，做人更要有远见。郑渊洁说，其实所有人都是井底之蛙，区别在于井口的直径不同。既然我们都是井底之蛙，每个人都是有局限的，我们就应该尽可能选择直径更大的井去看世界，这样有可能看得更远些。

很欣赏左宗棠的"择高处立、就平处坐，向宽处行"！择高处立就应该做到有眼光、有境界、有梦想，有一览众山小的气势，能够跳出自我而超越自我；就平处坐就必须做到与人为善，谦逊示人，学会分享，将心比心；有了这两方面基础，你就能左右逢源，如鱼得水，人缘广播，生命终将行至宽处。

是力求变革还是因循守旧？

斯宾塞博士的《谁动了我的奶酪》一书，用生动的故事讲述现实的智慧，轻松活泼，寓意深远。人生犹如"迷宫"，每个人都在其中寻找各自的"奶酪"，然而"变是唯一的不变"，变化总在时时发生，奶酪随时可能变质，我们需认真思考，究竟是谁动了我的"奶酪"，我们又该如何发现新的"奶酪"？

"唯一办事聪明的是裁缝。他每次总要把我的尺寸重新量一番，而其他的人，老拖着旧尺码不放。"萧伯纳的嘲讽告诉我们，教育需要创新。

教育的本质是创造，当面对社会形态的变化和社会对教育必须变革的诉求，当面对传统教育模式的转型和一个新的教育时代的正在到来，教育不可能永远关起门来，也不可能永远因循守旧，应该勇立潮头，革除顽疾，勇于创新。如果我们固守僵化，不做出改革，不寻求变化，教育就只会在逼仄的道上走进死胡同。

当然变革要经历阵痛。说猴子想变成人，它知道要变成人必须要砍掉尾巴，它决定要砍掉自己的尾巴。但是在动手的时候，它却被三件事困住了：一是砍尾巴的时候会不会很疼呢？说明改变是有一定痛苦的。二是砍了以后，身体还有没有灵活性？说明改变注定会有一定风险。三是活了这么久了，一直以来就跟老伴在一起，跟了很多年了，不忍心抛弃它。说明改变在情感上会有些许难受。

我们发现猴子直到今天也没有变成人，因为要成就一些事就必须要舍弃另一些事，舍不得你所拥有的，当然就得不到更好的。

创新是校长面对新的社会形态让教育走向未来的必然选择，是实现当下学校快速发展的重要手段，也是学校教育的坚强推动力量，更是学校提高质量和办学水平的不二法宝。

校长一方面应该具有创新意识，不墨守成规，不因循守旧，不自我封闭，敢于冲破传统的教学模式和管理模式，创造性地进行教育教学改革，创造一套适合本学校发展、高效运转的教育教学管理模式。对传统课堂的改革，对新的教学模式创新，对新的教学方法的更新，需要校长的智慧和勇气，需要校长对创新的胆识和魄力。

另一方面，校长要正确处理好继承与创新的关系、创新与务实的关系。在创新上，不生搬硬套，不盲目跟风，不千篇一律，一切因势利导，因地制宜，在传承中创新，在创新中注重实际、实用、实效。

同时校长还要想别人所不敢想的，走别人所没有走过的，做别人所没有做过的，以新观念、新机制、新办法开创新的局面，创造教育新的辉煌。这种敢想、敢走、敢做，不是为了一味地标新立异，也不是不讲科学，不尊重规律，而是一种对形势的研判，对规律的把握，对一切的掌控与拿捏。

我先后两次到过北京十一学校，这的确是一所"奇怪"的学校：学校实行选课走班，取消了行政班，实行导师制，没有了行政班级，没有了传统的教室，没有了警察式的班主任，学生不怕老师，老师和学生都是平等的关系，学生们每天根据兴趣在不同教室"走班上课";校园里有学生自己开办的"银行"、超市、书店、广告公司、基金会,还有学生设立的奖学金……比如十一学校的学生的大使社团,他们负责接待许多来访。十一学校每周基本上都会有外事活动,包括一些外地的友好学校来参观,这些活动往往都是大使社团的同学来负责接待,包括接待一些外国的教育部长、外国驻华大使等。

这一切听起来像天方夜谭,可走进学校,你会发现,这一切的一切,是李希贵和他的同事们在他人面对教育困局束手无策时,用智慧和勇气选择不断"突围",不断变革,不断创新,创造出了一片新天地,实现了培养具有中国灵魂、世界眼光和多样化理解能力的一流的人才的办学方向和愿景。

也许有人会说,十一学校很多东西不能复制,当面对人们关于"十一学校改革难以复制"的疑虑时,李希贵的回应淡定而深刻:"改革过程中最大的阻力来自我们的内心。如果我们首先觉得不能改,那再好的条件也不能让改变自然发生。如果我们认定必须改,一所大城市的学校和一所山沟沟里的乡村学校,同样都可以进行教育改革。"

是埋头拉车还是抬头看路?

卖辣椒的人总会遇到这样的问题:"你这辣椒辣吗?"怎么回答呢?说辣吧,怕辣的人,立马走了;说不辣吧,对于喜欢吃辣的,完全可能错过生意。起初我觉得解决这个问题很简单:把辣椒分成两堆,有人要辣的你就给他辣的这堆,有人要不辣的你就给他不辣这一堆。然而有一次路过市场,遇到一个卖辣椒妇女的卖辣椒的技巧,却给我上了生动的一课。

一买主问:辣椒辣吗?卖辣椒的妇女很肯定地告诉他:颜色深的辣,浅的不辣!买主认真地挑好付过钱,满意地走了。不一会儿,颜色浅的辣椒就所剩无几了。

又有个买主来了，问的还是那句话：辣椒辣吗？卖辣椒的妇女看了一眼自己的辣椒，信口答道：长的辣，短的不辣！买主又按照她的分类标准开始精心地挑起来。不一会儿长辣椒便很快卖完了。看着剩下的都是深颜色的短辣椒，我心里想：这回看你还有什么说法？

当又一个买主问"辣椒辣吗？"卖辣椒的妇女信心十足地回答："硬皮的辣，软皮的不辣！"可不是嘛，被太阳晒了半天，确实有很多辣椒因失水变得软绵绵了。

几个回合，辣椒便抢了个精光。

这件妇女卖辣椒的事情，其实背后可以生成很多教育哲理，比如：教育应该多些选择，而且应该把选择权交给孩子，让孩子成为选择的主人，主动选择，而不是被动地接受，等等。除此之外，那就是教育方法问题。

一个人勤奋地工作很重要，一个人要有作为，他的工作必须勤奋，但勤奋不是死整蛮干，不是拼时间、拼体力乃至拼生命。勤奋需要巧干，需要方法，不为做事找借口，只为做事找方法。方法胜于能力，更胜于努力，我们一定要用对方法做对事。

教育教学上的低效，不一定是教师的不负责任或者懈怠造成的，有时恰恰是教师的太勤奋太努力造成的。比如教师在课堂教学上的一言堂、满堂灌，教师越讲，学生往往越糊涂，教师越辛苦，学生往往越无所适从，教师越勤奋，学生往往越厌学。教师的课堂教学，仅仅靠辛苦和勤奋是不够的，还需要教师的智慧和方法。

校长管理上的低效乃至无效，也往往不是校长的不努力不用心造成的，有时也恰恰是校长太忙碌太事无巨细造成的。当校长忙得不可开交、忙得晕头转向、忙得连思考和读书的时间都没有的时候，校长就必须要反思自己的工作方法是不是对头，是不是干了自己应该干的事，是不是干了别人该干的事，是不是懂得授权，是不是没有集中大家的智慧和力量，是不是没有发挥团队的效应和作用，是不是没有管理和利用好时间，是不是只在埋头拉车而没有抬头看路。

校长应该做校长应该做的事，只做关键的事，只做那些具有战略意义的事，只做提升效率的事。当我们自以为做了许多事情、做得很好的时候，有时候可能留下的却是教育的灾难。在这个时代，我们的校长许多时候明白该做什么，但是不明白不该做什么。也有一些校长很多时候明白该做什么，但是却不知道用什么方法去做！

第十六讲　教育怎样走内涵发展之路

　　教育的内涵发展，必须把学生发展放在第一位，一切服从并服务于学生的发展。具体来说，就是要尊重孩子的差异，尊重孩子的个性，尊重每个孩子不同的成长道路，为不同的孩子提供适合的教育，为不同的孩子提供适合的课程，为不同的孩子提供适合的活动。

学生成长乃内涵发展之本

教育发展有外延式发展和内涵式发展两种基本方式，在教育发展初期及布局阶段，应以外延发展方式为主，而当教育发展到一定规模和水平时，就应该转变到以内涵发展方式为主，内涵发展是教育发展的必由之路。

什么是教育的内涵发展？我以为，教育的的内涵发展应该是一种相对于粗放发展的精细发展，是一种相对于传统模式发展的新常态发展，是一种相对于只顾眼前发展的可持续长足发展，是一种相对于同质发展的特色化发展，是一种相对于仅追求片面质量发展的全面质量发展，是一种相对于忽视人的发展而立足于人的发展。

前苏联教育家苏霍姆林斯基曾在《把整个心灵献给孩子》一书中说过这样一句话："教育——这首先是人学。"

我们提出教育内涵发展，其实真正昭示教育内涵发展的不是学校，是人，是学生。教育的对象是学生，学校发展最终取向在于学生，最终落脚点也在于学生，没有学生的发展，就没有学校的发展，也就没有教育的真正内涵。

教育上所有的选择，都因为我们的立场，校长、教师包括每一个教育工作者都应该具有学生立场。学生立场就是一切决策，一切教育教学行为，都应以学生为出发点，都应以学生的发展为归宿，都应具有学生视野，都应站在学生的角度去为学生着想。没有学生立场，就没有教育的慈悲，就没有教育的终极关怀，就没有人性光芒的闪耀，也就不会有真正的教育。

因此，教育的内涵发展，必须把学生发展放在第一位，一切服从并服务于学生的发展。具体来说，就是要尊重孩子的差异，尊重孩子的个性，尊重每个孩子不同的成长道路，为不同的孩子提供适合的教育，为不同的孩子提供适合的课程，为不同的孩子提供适合的活动。

现在学生的学习负担为什么重？是因为他的学习是被动的，不是主动的，学习内容是单一的、枯燥的，不是多元的、生活化的。

现在的学生为什么压力特别大？是因为现在学生的压力都是来自家长、校长、老师们强加给他的，学生完全被他们绑架，他们的学习、他们的成长不是自己内心的一种需要。种子被压在土壤里，它的压力肯定大，但是种子不畏压力，仍然顽强蓬勃地向上生长，因为种子有强烈的自我成长需求。鸡蛋有两种命运、两种结局，第一种，被人用外力打破，结局是只能变成别人口中的食物，第二种，用内力冲破蛋壳，结果是诞生新的生命。

读书为了什么，考大学又是为了什么，不少学生认为，就是为让自己读一个好大学，找一份体面的工作，挣一份他人眼红的工资，讨一个人们羡慕的老婆，让自己的命运和家庭的处境有所改变，甚至还可以显赫门庭，光宗耀祖，却没有把自己将来的事业，同国家和民族的未来联系起来，更没有对人类命运的终极关怀，因而缺乏一种蓬勃向上的内生力。

学生的成长，教育的最大作为，就是激发他们的内生力，焕发他们学习的热情，充分调动他们主动学习的积极性，改变他们的学习性质、结构和状态，让每个学生都能在过一种有意义的学习生活状态下健康成长。学生一旦有了内生力，成长就是一种永远也躲避不了的常态，教育的内涵更是一种始终回避不了的现实！

质量彰显内涵发展

质量是教育的生命线，是教育的永恒主题，是教育的核心竞争力，也是教育人的尊严所在。有内涵的教育绝对有优良的质量作支撑，而没有质量的教育，一定是没有内涵的。

人们常说办人民满意的教育，什么样的教育人民才满意呢？我以为，人民满意的教育首要的是要有质量。我们所追求的质量，当然不仅是分数和成绩，它应是全面的质量、绿色的质量、整体的质量、和谐的质量。也就是说，我们所追求的质量不是一个单数，而是一个复数。

单数就是只为考试分数而进行的学习，其所有的学习过程，所践行的理念，所运用的手段，所牺牲的个性发展，所扼杀的想象力、创造力这样的代价，一切都是为了那个分数。

而复数是什么意思呢？打个比方，就像一瓶矿泉水，除了水之外，里面还含有各种丰富的矿物质，这样的水就是一瓶复合水、营养水。而复数除了孩子的分数之外，分数的背后是有丰富的支撑的，是有多重营养构成的，而不是只有那个分数本身。

为了收获教育的这种复合质量，应该体现"三个坚持"：

坚持教育不仅要立足当下，而且要着眼长远，不仅要对孩子眼下的学习负责，而且要为孩子未来幸福人生奠基，不仅要注重对孩子知识的传授与掌握，而且要充分关注孩子对知识的创造与运用，不仅要把办学的视野放在为考试而准备的方面，而且要把教育的重心放在孩子的成长与成人之上。

坚持教育绝不能办成"世界杯"，而要办成"奥运会"，世界杯以其他队伍的牺牲或者失败为代价，最后造就了一个世界杯的获得者，除了冠军以外，其他球队都是含泪离开赛场的。对于教育，我们更要提倡奥运会，奥运会有300多块金牌，每一个选手都可以根据自己的特长、爱好，选择适合自己的项目参加比赛，展示特长，展现自我，教育需要这样一种百花齐放成全每一个人的生动局面。

坚持君子爱分，取之有道，围绕立德树人目标，深化教育教学改革，规范办学行为，扎实上好每门课程，切实减轻课业负担，强化教育教学常规管理，既为学生成长打基础，又为升学做准备，戴着镣铐也要跳出优美的舞蹈。

有内涵的教育就是让孩子能过上一种快乐而幸福的教育生活，这种快乐而幸福的教育生活，并不是仅局限于孩子好玩好耍，无忧无虑，想干什么就干什么，也不是要求孩子放松学习，甚至虚度时光，不学无术，而是改变学生学习的性质、结构和状态，鼓励孩子进入自主、能动、生动和探究学习的状态。把学习当成自己的事，在快乐而幸福的学习中享受学习的快乐和幸福，在快乐而幸福的学习中让自己的学习质量、生命质量、生活质量和生存质量都得到提升。

内涵发展必须变革传统课堂

周斌教授在一次报告中曾说过：学生课外的一切问题，都出自于课堂。其观点似乎有些绝对，却不无道理。课堂是撬动教育内涵发展的支点，学校内涵发展，必须借助于课堂教学改革这个学校内涵发展的关键要素。

一个好的母亲就是在孩子跌倒的时候，让他自己爬起来，一个好的老师就是在学生遇到问题的时候，让学生自己去解决，一个高效的课堂就是在教师与学生的互动中，教师充分相信学生、解放学生，并充分利用学生和发展学生。

每个孩子都是天生的学习者，传统的课堂长期以来过多关注的是教师必须全力以赴、竭尽全力地"教"，而对于课堂主体的学生如何更好地"学"，更愉快地"学"，"更有效地学"，却被我们忽视了。

事实上"好课堂"不仅在于教师教得有多好，教得有多认真，而关键在于学生学习兴趣是否被激发，学习主动性是否被唤起，学习积极性是否被调动，学习能力是否在提升，所学知识是否被很好接受。学生"学"无止境，教师自然"教"无止境。教与学就如同放风筝一样，风筝飞不起来，你累得满头大汗，也是白费劲。如果风筝飞起来，就轻松了，你的任务就是牵着手中线，任风筝在空中翩翩起舞，自由翱翔，你的目光随风筝而移动，尽情地享受着愉悦和幸福。

校园文化为内涵发展铸魂

党的十八大报告指出："文化是民族的血脉，是人民的精神家园。全面建成小康社会，实现中华民族伟大复兴，必须推动社会主义文化大发展大繁荣，兴起社会主义文化建设新高潮，提高国家文化软实力，发挥文化引领风尚、教育人民、服务社会、推动发展的作用。"文化发展对于国家富强和民族复兴至关重要，对于教育同样意义重大。

国学大师钱穆说过，一切问题因文化问题而产生，一切问题又由文化问题来解决。对于学校而言，没有对学校文化这个核心的破题，学校内涵发展就无从谈起。

学校的文化是学校的灵魂，是师生心灵的鸡汤。学校发展水平取决于学校文化的水平，学校品位境界取决于学校文化的品位境界，学校魅力影响力取决于学校文化的魅力影响力。学校要营造和谐幸福的育人氛围，首先要营造温馨温暖的文化氛围，师生要过上一种幸福的教育生活也必须先享受到文化的洗礼与盛宴。

校园文化除了文化本身对孩子的教化熏陶，浸润影响，启迪改变外，还在于点缀校园和环境，让教育因优雅的环境和温馨的校园而变得美丽。当然这种教育之美其真正价值和意义不在外表的美，也不仅是为了美而美，而是给校园里的孩子提供一个良好的成长环境。

这些年，我们一直致力于校园文化建设，让校园因文化而变得靓丽，让教育因文化而格外美丽，这一切，绝不是形式，而是为了孩子的成长！

一所学校浓厚文化氛围的积淀，关键在于校长。校长的文化素养、思想理念、做人境界、职业操守决定着学校文化的方向和水平。校长必须要有文化意识、使命意识，要从对学校战略发展的高度，从对师生幸福的教育生活负责的角度构建学校文化，并力求从每一个细节和校园处处皆文化入手努力搭建学校文化平台。

内涵发展离不开书香校园

教育上所有的问题最终都是校园缺乏书香，都是师生不读书造成的。

面对当下教育的喧嚣与浮躁，短视与功利，还有浅薄与虚妄，更多的人期盼教育的改变。怎样才能改变呢？我以为最快捷的路径应该是让我们的校园都成为书香校园。

一所学校可以什么都没有，只要有供师生博览群书的书籍，只要有弥漫校园的浓郁的书香气息，只要有能够给孩子未来人生奠定坚实基础打好精神底色的读书习惯，这就是一个幸福校园，也是一所有内涵的学校。正如苏霍姆林斯基所告诫我们的："启发智慧和鼓舞人心的书往往决定一个人的前途。学校首先是书籍。"

要坚信，一个有内涵的校园，一定是一个弥漫书香的校园。一个弥漫书香的校园，一定是一个能够让师生过上幸福教育生活的校园。

在教室里建书角，在办公室里放书柜，在廊道上设开放式书架，在墙壁上造书橱，在建筑立面上弄书壁，把书从图书室"请"出来，随手可拿、随地可取、随时可读，校园会因书的芬芳弥漫而生机盎然，师生会因书的味道浸润而儒雅气质，教育会因书的气息而内涵无限。

书香校园的建设，除了让校园放满书籍、充盈书香外，最重要的是师生读书习惯的养成。书只有去阅读，才有价值，再好的书不去读，就是一堆废纸，校园摆设的书再多却不发生阅读行为，一切都是徒劳和形式。

要建设书香校园，要提升教师的"阅读力"，要让孩子养成一个好的读书习惯，关键在校长。罗曼·罗兰说："要散布阳光到他人心里，首先自己心里要充满阳光。"要帮助师生养成良好阅读习惯，要建设书香校园，校长的责任是第一位的，校长的带头读书也是最关键的。

我一直以为，一个优秀的校长首先应是一个读书人。我还一直以为，如果校长是个读书人，姑且不说阅读可以帮助校长理解教育，理解学校管理，理解师生的需求，也姑且不说校长有了"自读"与"工作之外的阅读"可以理直气壮地倡导"书香校园"建设，至少这个校长可能是个明白人，他会认识到教师作为学校的中坚力量，他会明白书香校园建设的重要，他会懂得用怎样的办法与智慧去推动师生的阅读。他更会清楚校长的读书不仅是为了示范引领，也不仅是推动书香校园建设，更重要的是通过自己坚持不懈的读书，在书香浸润中让自己变得丰富一点，变得有气质一点，变得儒雅一点，变得有学养一点，或者变得更像一个校长。

所以，校长无论有多忙，都必须把读书作为生命中的头等大事。

卓越课程助力内涵发展

课程是学校的主要载体，是学校教育的灵魂，是学校教育特色的标志，课程建设是学校内涵发展的重要因素。

一所学校，如果没有自己的课程资源，学生没有自己的选择机会，如果仅使用国家的统一课程，仅是刻板划一的教育内容和方法，如果只注重共性而没有个性，学生就会千人一面，教师就会停步不前，学校就成为一潭死水，学校也就内涵不起来。

课程要具有多样性、可选择性。正如超市的发明、自助餐的产生，都是因为它们在较大程度上满足了不同人群的需求，而被人们所钟爱。学生全面而有个性的发展，那就是要在保证共同基础的前提下设置丰富多样、灵活而又能选择的课程。"萝卜青菜，各有所爱"，让每一个学生都有属于自己而且又适合自己的课程"套餐"，使学生学会选择，在选择中学会学习，在选择中拓宽学生的发展渠道，在选择中为每一个学生的充分发展创造条件。

对于十一学校，给我印象最深的，那是一所充满选择的学校，学校研发的一千四百多门课程，那简直就是一个课程大超市，每个学生他的课程表都不一样，他选择的课程门类也不一样，同时针对某一个学科来说，他选择的课程层次也是不一样的，所以说他充满了选择。

课程改革的方向是为每个孩子提供适合的教育。目前，学校课程分为国家课程、学校课程和地方课程，然而，国家课程已经占到课程总量的 80% 以上，改革的重点恰恰在于如何将国家课程校本化，从过于集中的大一统方式转到高度的可选择性上来。如何通过弹性课程、地方课程、校本课程、班级课程、选修课程、微课程等，让学生有更多选择的可能，是目前必须及时调整和努力的。

这些年，我们立足国家课程拓展、课外综合实践、地域特色文化等，着力研发孩子们成长需要的特色课程，比如，植根于社会主义核心价值观的德育实践课程，起源于优秀传统文化的国学课程和传统节庆课程，基于学科教学的整合课程，基于探究创新的科技制作课程、基于地域特色文化的乡土课程，基于视听阅读的电影课程等，让学生个性得到了充分发展，特别是农村学校研发的劳动实践课程，以实践基地留住了学校的乡村味道，让乡村学校更有乡村的气息和魅力。

没有社团活动就没有真正的内涵发展

学生在校园中的学习生活是非常宝贵的一段时光，但这段学习生活主要还是围绕教室、班级、课堂展开的，并不是完完全全的社会。社会是最好的课堂，要想真切地了解社会，最好的载体是学生参加各种社团活动。

早在二十世纪二三十年代，教育家陶行知先生就提倡在教学中"要解放孩子的头脑、双手、脚、空间、时间，使他们充分得到自由的生活，从自由的生活中得到真正的教育"。艾里克·弗洛姆说："教育就是要帮助孩子们认识到自己的潜能。"那些学习天赋好并擅长考试的学生，通过考试能让他们认识到自己的潜能，而相当部分学生虽然没有学习天赋，虽然在考试中不能获得理想的分数，然而他们却有可能在其他方面独具潜能。

让孩子头脑、双手、空间、时间真正得到解放，让学生自身的潜能真正得到挖掘，让他们的个性得到充分彰显，让所有学生在学校里能够找到志同道合的伙伴，找到尊严与自信，找到热爱学校、喜欢学习的理由，让每一个学生在校园里面都能抬得起头，让师生能够过上一种快乐而幸福的教育生活，都离不开社团活动。可以这样说，没有社团活动，就没有真正意义上的教育，也没有教育真正意义上的内涵发展。

开展社团活动，学校可以依托学生组建由学生自主申报、自主成立、自主管理的微社团。微社团应是学生自己开发的微课程，自己做主的小社会，自己寻觅伙伴的新天地，自己茁壮成长的大舞台。学校有更多微社团，学生能够玩转微社团这个神奇魔方，就能够真正体现教育的个性化，也就能够真正实现个性化的教育。

其实，学生不仅可以参与各种社团活动，而且可以参与学校管理。校园文化建设的方案设计让学生参与，学校各种社团活动的策划与组织交给学生负责，学校校务会议研究学生的议题邀请学生参加，校长岗位包括学校各部门可以设立学生助理，也就是学校所有的机会，都交给学生去参与，学校所有的教育"场"，都让学生去感受，让校园里无时无处不生长学生的智慧和想法。

教育评价是导向，又是激励

教育评价很重要，有什么样的教育评价，就有什么样的教育结果。评价什么，我们就会拥有什么。评价那些我们真正想要的东西，我们就会获得那些想要的东西。

然而当下对教育的评价法宝是考试，考试也似乎成了唯一评价教育的方式。通过考试然后依据分数排名，然后把好学生和差学生区分开来。

其实考试只是教师和学生进行沟通的一种重要方式，是了解学生对知识的掌握程度的一种方法，而不仅是为了排名。对于一个 85 分和一个 90 分的两个学生，虽然在这一次考试中有几分之差，你能通过排序认定 90 分的学生就一定是好学生吗？他的未来人生就一定比考 85 分的学生好吗？考 85 的学生今后就一定没有出息吗？

其实考试不能考出一切，也不能决定一切，很多东西是无法从考试中知道的，而这些"无法从考试中知道的"，恰恰比"考试中知道的"重要得多，也精彩得多。因此绝不能以考试成绩来代替一切。

在考试面前永远只有一个英雄，其他人在一定程度上都是失败者。当我们的考试仅仅是为了把学生区分开的时候，考试本身的价值已经丧失了。当考试成绩的排名成了评价学生的全部内容，成了家长和学校关注的唯一的一个东西，把本来千姿百态的孩子培养成一样的人就是必然，重智育轻德育、重知识轻能力、重学科学习轻社会接触的严酷现实便理所当然地存在，不能为升学赢得分数的其他学科被边缘化，学生其他活动的时间越来越少，死整蛮干越来越严重，应试教育越来越猖獗，教育的畸形发展也就在所难免。

每个孩子都是一个小小的精灵，他来到这个世界上都应该有他存在的理由和价值，应该有他实现梦想的空间和平台。我们的教育，应该是帮助孩子真正地享受教育的过程，去找到属于他自己的那方天空和世界，让孩子不再自卑，让孩子成为最好的自己。其实，每个孩子都有自己的优势，用不同的标准去评价，每个孩子都是成功者，所以我们的评价观要发生变化，多元而全面的评价体系必须尽快建立起来。

多一把尺子多一批人才。如果一个人全部的生命被考试成绩排名所遮蔽，如果我们的教育最终剩下的只有考试了，那是多么可怕的事情！只有多元而全面的评价，才能真正实现个性化的教育，才能让每一个孩子真正抬起头来，也才能促进教育的内涵发展。

第十七讲　一方乡村教育的"逆生长"

　　试想一下，在那一片青山环抱之中，能够有一面五星红旗迎风招展；在那一片鸡犬相闻的地方，能够清晰地传来琅琅书声；在那阡陌交错的田间地头，能够邂逅一队队背着书包戴着红领巾的活蹦乱跳的学童，整个乡村或许一下就活了，就有生机了，就有梦想了，就有希望了。

最不能丢掉的,是乡村教育情怀

乡村、乡村学校与乡村教育。乡村,我们祖祖辈辈在这里劳作躬耕,繁衍生息,它承载了多少乡音、留下了多少乡愁,在不经意间会勾起人们多少乡绪。

乡村学校,是乡村的灵魂、乡村文明的载体,在陶行知先生看来,它不但是"改造社会的中心",而且是"小的村庄与大的世界沟通的中心",它更寄托着多少人对乡村的美好愿望与情感,承载着多少人对乡村的温馨回味与记忆!

乡村教育在乡村的经济社会发展中具有基础性、先导性作用,办好乡村教育,既是乡村孩子与他们家庭的希望,也是乡村的希望,没有乡村教育的发展,就没有乡村的美好未来。

试想一下,在那一片青山环抱之中,能够有一面五星红旗迎风招展;在那一片鸡犬相闻的地方,能够清晰地传来琅琅书声;在那阡陌交错的田间地头,能够邂逅一队队背着书包戴着红领巾的活蹦乱跳的学童,整个乡村或许一下就活了,就有生机了,就有梦想了,就有希望了。

中国广袤大地在乡村,乡村的希望在教育。一定程度上,没有乡村教育的发展,就没有乡村文脉的延续传承,就没有精准扶贫的有效推进,就没有贫困代际传递的有效阻止,就没有教育的真正公平与均衡。

人民日报高级记者李泓冰曾经有一段话,对乡村学校的存在价值做了温情却不失深刻的描述:"对遥远的乡村来说,每一个学校,是一堆火;每一个老师,是一盏灯,那灯光虽暗淡,却明明灭灭地闪了几千年,是烛照中国乡村的一线微茫,温暖,踏实。"现实中存在的乡村学校,哪怕只有一个学生,依然可以有它存在的价值,依然可以点亮乡村的"庠序灯光"。

逐渐萎缩的乡村教育,令人堪忧。随着城镇化进程的加快推进,城市教育的迅猛发展，乡村教育一方面在日渐衰落甚至有的地方已经走向凋敝与破败，另一方面当下的乡村教育差不多都是在用城市的模式、城市的教材、城市的课程、城市的方法进行，严重脱离乡村实际的乡村教育，渐渐消弭着乡村的精神，渐渐消蚀着乡村的情感，渐渐消灭着乡村的文化。

高度复制城市的教育内容，让我们所培养的乡村的孩子都一个一个看不起乡村，都穷尽一切办法逃离乡村。而且那些留在乡村的孩子也对乡村从心理上有疏离感，无法对乡村产生真正的认同。钱理群先生曾谈道："我忧虑的不是大家离开本土，忧虑的是年轻一代对养育自己的土地和这片土地上的文化，以及土地上的人民产生了认识上的陌生感，情感和心理上的疏离感。"

乡村孩子离开养育他的那片土地，这是正常的，然而很多孩子却没有留住"乡愁"，没有从内心对乡村产生真正的认同，这是很可怕的。

充满着乡土气息的乡村，是最好的教育。充满着乡土气息的乡村，既是最鲜活的教材，也是孩子们在他那个年龄段成长的沃土。淳朴的乡风民风会给孩子们良好的浸润和影响，美好的亲情友情会给孩子们以浓郁的人文情怀，美丽的大自然无疑是一所美好的学校，沉浸在其中的孩子，能闻到花香，听到鸟鸣，喝到山泉，尝到野果，各种感官都很灵敏，对新鲜事物充满着好奇，也无疑为孩子的成长营造了一个亲近自然、了解自然的环境。

法国思想家、教育家卢梭的自然主义教育思想认为，儿童在 15 岁之前，如果远离城市喧嚣，如果能够归于自然，在农村接受最纯朴、最简单的教育，不仅有助于保护孩子的好奇心、想象力，而且对于保持人的单纯乃至善良天性都很有好处。

孩子通过自然化的教育，一方面让他们留下乡音，记住乡愁，从小就会在他们的骨子里烙下对乡村那种血浓于水的朴素情感，另一方面有可能会让孩子们更加开朗乐观、阳光自信、活泼可爱，有可能会让他们有着更加丰富的想象力和创新品质。即使孩子们在农村上学，或许不能获得万人同"城"学习那样的高分，但这一切，却是他们有一天步入社会，成为一个合格公民最重要的东西，更是他们直立行走于社会让自己拥有幸福人生最宝贵的财富。

如果我们的孩子在他们生命成长的岁月里，没有更多的机会感觉大自然所恩赐的资源，没有更多的机会享受大自然的免费馈赠，没有更多的机会体会大自然的美好，如果我们的孩子在他们那样的美妙时光里，外在的因素让他们远离大自然，远离真实而丰富的乡村生活，远离乡村那种独具特色而且魅力无穷的乡村文化，远离生于斯长于斯祖祖辈辈在这里繁衍生息的土地，远离弥漫着浓浓亲情友情而且清新本朴的一方乡土民风，这何尝不是一种教育的缺失，对于他们来说，又何尝不是一种人生的缺憾？

让每一个乡村孩子和每一所乡村学校都不被落下。乡村学校校舍差、生源逐年递减、小规模学校不断增多、教师队伍难以稳定、办学经费捉襟见肘、学校发展动力不足、教育教学质量低下……这些，只能是我们改变、振兴乡村教育的责任与压力，绝不能作为乡村教育就可以被忽视、被冷落，甚至被遗忘、被消灭的理由。

我以为，对乡村教育的倾力倾心、用情用智，就是对教育良知的捍卫，就是对教育初衷的坚守，就是对教育责任的担当。带着这样的乡村教育情怀，阆中教育人开启了一场区域教育的"农村包围城市"。

我们坚持实施薄弱学校动态改造。每年年终，都要对全市 71 所农村学校进行全方位综合督导评估，根据评估结果确定 10 所相对薄弱学校作为改造的重点，优先解决困难，优先配置资源，优先规划发展，并对改造成效进行专项督查、科学评估，待其发展到一定水平后，再将改造重点转移到新一轮相对薄弱学校，以这种弥补短板、底部攻坚的方式，来提高区域教育均衡水平。

我们坚持实施边远学校项目倾斜。参照"圈层发展理念"，把与周边县区接壤的乡村学校作为最外圈层，定期开展"阆中教育走边关"，深入到边远学校，与师生们同吃同住同生活，查实情办实事求实效。教师周转房、学生公寓等建设项目，总是从最边远的学校落实起；学生食堂、旱厕等改造项目，总是从最边远的学校开始实施，越是偏远的地方，越是高看一眼，厚爱三分。

我们坚持实施小规模学校经费保底。对生源不足 300 人的农村小规模学校，公用经费一律按每年 20 万元的标准保底拨付，确保学校运转"不差钱"，校长办学不愁钱。老师们除了按月足额享受到农村教师补贴，还能用上我们免费配送的桌子、椅子、书柜、床等办公、生活"四件套"。

我们努力实现农村学校全面升级。既注重学校标准化建设，更注重校园文化建设；既注重师生生活条件的改善，更注重精神生活的丰富；既注重教学设备设施的配备，更注重师资结构的优化；既注重数字化教学资源的运用，更注重本土化特色课程的研发；既能满足学生的个性化成长，又能实现教师的专业成长。

我们本着教育人的责任与担当、良知与使命，坚持乡村教育体现乡土本色，充满乡土气息，办出乡村味道，让乡村孩子对乡村有着一份特殊的情感，坚持"让每一个乡村孩子都不被落下"，"让每一所乡村学校都不能薄弱"，"让每一所乡村学校都实现内涵发展"。

最需要持守的,是朴素教育理念

除了政策上的倾斜、条件上的改善、多种渠道的帮扶，我们还应反躬自省：当下乡村教育的自身出路在哪里？面向未来的乡村教育究竟向何处去？

十多年的乡村教育探索实践告诉我们：乡村教育有她应该有的样子——朴素的样子，乡村教育有她应该有的活法——返璞归真，乡村教育有她本身就蕴含着的教育理念——做朴素的教育。

第一，朴素教育唤回乡村教育的乡土气息。在阆中，劳动实践基地成了乡村学校的"标配"，通过拓荒、租种等方式，校校都有了自己的菜地、果园，一些学校还自建了猪舍、蘑菇房、豆芽房、小鱼塘。课余周末，师生们一起翻地育苗、拔草除虫、养猪崽育蘑菇……一日三餐，大家一起分享自己亲手劳动得来的成果。师生们还把养猪、种菜的心得总结成"三字经"，打着快板传唱；把播种、翻地、锄草、擦汗等动作编成"劳动操"，成为远近闻名的特色操。

第二，朴素教育开启乡村学校建设新思路。我们坚持因地、因校制宜，宜建则建，宜改则改，宜整合则整合，反对大拆大建、推倒重来，因为文化的传承、资金的节省、情感的延续最为重要；环境改造、文化建设我们要的不是

"高大上"，而是如何体现与乡村气息的有机融合，与周围环境的和谐共生。我们极其注重保护校园的乡土风貌、新旧传承，利用青瓦屋面旧校舍因地制宜改造而成的幼儿园、功能教室、宿舍、"雅间"小食堂，温馨别致，情趣盎然，既节省了资金，用较少的钱办了更多更好的事，又充分利用了资源，有效传承了文化，唤醒了濒临遗忘的记忆。

第三，朴素教育赋予校园文化建设新观念。早在100多年前，清末颁布的《奏定初等小学堂章程》就明确规定：在各科教学中，历史"尤当先讲乡土历史"，地理"尤当先讲乡土有关系之地理，以养成其爱乡土之心"，格致"宜由近而远，当先以乡土格致"。开发利用乡土教材，挖掘乡土文化不仅仅是增加学生对乡土的了解，更主要的是让他们留下"根"，记住"乡愁"，建立和乡土、乡土文化及乡村父老乡亲的精神血缘关系。

我们积极倡导师生自己动脑动手参与，对乡村学校的历史沿革、乡土文化、地域资源等进行深度挖掘整合、积淀创新，充分体现师生味道，彰显独特的乡土文化基因和个性，不仅仅是增加了学生对乡土的了解，更主要的是让他们能够留下"根"，记住"乡愁"，建立和乡土、乡土文化及乡村父老乡亲的精神血缘关系。

第四，朴素教育孕育"教育绿色GDP"。质量不只是分数和成绩，它应是全面的质量、和谐的质量、绿色的质量、整体的质量。我们坚持不唯分数、不唯升学率，追求"教育绿色GDP"，让学生除了获得相应的分数和成绩外，还拥有善良的品质、高尚的情操、顽强的毅力、健全的人格、阳光的心态、良好的习惯、健康的身体、科学的思维、创新的能力。

第五，朴素教育倡导"综合素质评价"。有什么样的评价，就有什么样的教育。这些年来，我们坚持实施素质评价、多元评价，给每一所学校以绽放异彩的契机，给每一个孩子以展示精彩的机会，同时也让我们主导的朴素而幸福的教育构架落地生根。

评价学生素质，我们实施"思想品德评一评"，通过行为观察、表现记录、访谈问卷、自评互评等评定操行等级，形成学生成长档案；"学业水平考一考"，小学低段试行无纸化考试，其他学段实行笔试与口试、考试与考查相结合，综合定等；"体质健康测一测"，坚持严格按照《国家学生体质健康标准》，学校全员自测与教育主管部门抽样检测相结合；"特长才艺展一展"，按照学生个人申报、现场组织展演等方式确定学生特长才艺等级；"实践能力做一做"，现场评价学生手工制作、实验操作等动手能力，资料印证学生参与社会实践的能力……评价结果以"等级+特长+寄语"的方式予以反馈。

评价学校综合实力，我们既全面考察，又随机抽样，点面结合，按照"成绩靠算，特色靠看，和谐靠感，管理大家说了算"的基本理念评价学校工作。评价学校办学内涵，我们按照"教育质量""校园文化""书香校园""有效课堂""课程建设""社团活动""教师成长"等内涵发展基本路径进行分类评价。教育主管部门既注重全面工作指导，又突出年度工作重点，比如2016年度我们把"课堂"确立为内涵发展的核心，明确要求"进学校必进课堂""看学校必看课堂""评工作必评课堂""学校现场呈现必呈现课堂"，通过课堂教学改革向素质教育深水区挺进。学校在发力课改、专注课堂的同时，照样可以有"自选动作"，突出特色，提升品位，从而避免千校一面。

最需要过上的，是幸福教育生活

乡村学校多为寄宿制学校，孩子们不仅是来这里学习的，更是来这里生活的，不仅需要得到文化知识的传播，更需要得到饮食起居的照料，得到亲情友情的慰藉，得到兴趣爱好的培养，得到希望梦想的放飞，得到价值观的塑造、精神的成长。能否办一所溢满幸福的学校，让师生们过上快乐而幸福的教育生活，本身就意味着能否给孩子一个幸福的童年，能否为孩子一生幸福奠定基础。

一是在校园文化中品味幸福。文化是学校的灵魂。文化对于管理者，是最高境界的管理；对于育人，那就是影响改变、熏陶浸润、潜移默化。

阆中乡村学校的一墙一壁、一砖一瓦、一草一木、一廊一道，教室、寝室、食堂、厕所、天花板等，都弥漫着文化的芬芳，都成了表达文化的载体。创新的门板画、笑脸墙、种植墙、节日庆典、实践基地、农耕文化等，点亮了师生的精神世界，书写着教育的感动与传奇。

浓郁而朴素的校园文化既装点了校园、美化了环境，又成为了一门生动的课程、一本鲜活的教材、一堂灵动的课堂、一张亮丽的名片，以文化人的育人效应得到充分发挥。

二是在书香阅读中涵养幸福。阅读能够成就不一样的孩子、成就不一样的老师、成就不一样的校园。改变乡村孩子、乡村教师、乡村学校、乡村教育的最好路径是阅读。

我们坚持用书香唤醒生命沉睡的潜能，强力推进书香校园建设，营造浓厚的阅读氛围，让书香滋养着乡村孩子的精神发育与乡村教师的专业成长，改变着师生的形象气质，提振着师生的精神风貌，也改善着县域乡村教育的生态。

通过建开放式书屋、书角、书柜、书橱、书架、书壁，把学校里一本本藏书"请"出来，做到师生随手可拿、随地可取、随时可读。

通过举办读书班、开设阅读课，开展奖书赠书、分类荐书、经典诵读、师生共读、生生共读、亲子共读、同读共写、读书论坛、读书沙龙、读书成果展评、创办读书手抄报等一系列读书活动，评选表彰"读书人物""读书之星""书香校园""书香班级""书香寝室""书香门第"，让阅读走进师生、走进家庭、走向乡村社区，阅读逐渐成为乡村学校师生的一种生活方式、一种生命状态、一种生存的必须、一种高雅的新风尚。

三是在有效课堂中收获幸福。课堂是教师生活的场所，理想课堂上的教师表现出的不是教师"蜡烛燃烧""春蚕吐丝"之后的凄苦和无奈，而是因为教师创造性设计而对未来教学充满渴望，因为教师在教学中的创造和超越而充满欣喜，因为和教师和学生在场"同学"，自己也在不断收获和进步而欣喜。帕尔默在《教学勇气——漫步教师心灵》中说："真正好的教学不能降低到技术层面，真正好的教学来自于教师的自身认同与自身完整。"在这样的课堂上，看到的不仅是授课教师的智慧和激情，而且是授课教师的生长喜悦，生命的张扬和释放。

我们以有效课堂为抓手，深入推进课堂教学改革，把课堂还给学生，突出学生主体地位，让学生在主动学习、生动学习、能动学习、合作学习、探究学习中收获知识、能力和幸福。随着课堂教学改革的不断深化，孩子们成了学习的主人，课堂变成了孩子们探求真知、放飞希望的生动的学堂，讲台成了师生心灵互动、心灵对话、学生展示精彩、师生共同成长的舞台。有效课堂的生成，提升了乡村教育的整体品质。

四是在多元课程中提升幸福。钱理群先生去年在脚里学院和贵州的校长们说，要引导学生认识自己脚下的土地，土地上的文化与父老乡亲。"一方水土养育一方人"，在长期的历史实践中，每一个地方的老百姓都找到了一种适合于在自己乡土上生存的生产方式和生活方式。并形成了相应的地方文化与地方知识。我们的教育，特别是乡村教育，应该编写"乡土教材"，开设乡土课程，引导学生学习地方文化和地方知识，从而和养育自己的这方土地建立精神联系。以后学生长大了，无论走到哪里，都会有自己的"根"。

课程是学校教育的灵魂，是学校教育理念的载体。做适合孩子们的教育，就必须有适合他们成长的课程。我们立足国家课程拓展、地方课程实施，积极研发孩子们成长需要的校本特色课程包括微课程。

乡村教育如何渗透生活教育，如何与生活教育紧密衔接，那就是利用好大自然，利用好清新的乡村田野，利用好美丽的乡村环境，利用好体现民间智慧的乡村文化，利用好纯朴民风的教化作用。能够活动于田野之间的孩子是上天的宠儿，能够拥有这些丰富的教育资源这更是乡村教育得天独厚的优势与魅力！

比如"劳动文化课程"。阆中的乡村学校把劳动实践课程与农村生产生活对接，把农民荒废的土地变成学校素质教育的良田，让孩子们在劳动中了解农业知识、掌握生产技能、分享劳动成果，懂得劳动的价值与意义，得到快乐而幸福的成长。我们还建成了占地近10亩、集1.6万多件展品的农耕文化教育体验园，让散落在民间的农具、用具找到安身之所，避免流失和消亡，也让每件物品都成为一本本具有乡土气息的活教材，可以唤醒乡土记忆，传承乡土文化，让孩子们记住"被遗忘的乡愁"。

又如"乡土文化课程"。阆中市木兰乡是蜀中英雄花木兰——韩娥的故乡，学校以弘扬"花木兰精神"为着力点，以"韩娥从军"为切入点，以升钟库区旅游文化为支撑点，开展了一系列丰富多彩的教育活动，将课程开发拓展至当地的历史文化，构建了浓厚的乡土文化课程。历史悠久的千年古镇老观，民俗文化底蕴十分丰厚，牛灯、钱棍、车灯、竹马、秧歌、金钱板、莲花落、山歌等民俗艺术丰富多彩。但是，随着经济的发展和时代的变迁，群众喜闻乐见的民俗艺术逐渐淡出农村文化舞台，知晓并掌握民俗艺术的老艺人越来越少，面临青黄不接、濒临失传的境地。老观镇土垭中心学校确立了"以艺辅德、以艺促学、以艺益智、以艺健体"的办学理念，编撰了《老观镇土垭中心学校地方民俗艺术课程》系列校本教材，构建起配套的课程标准。校本教材主题明确、特色鲜明、重点突出、结构清晰，详细介绍了当地民俗文化的起源、发展、现状、题材、种类、流派等，为民俗艺术进校园、进课堂奠定了坚实的基础，推动了民俗艺术教育的纵深开展。

再如"科技文化课程"。阆中市城北小学在"'想'比'会'更重要"的科技教育理念指引下，坚持在学生中开展"挑毛病"主题科技实践活动。通过课程开发和课题研究，形成了科技教育新理念，构建起较为完善的科技教育教学模式和管理体系。科技教育"三环模式"实现了学科间的相互联动和有效渗透，"四梯级渐进模式"真实准确地展现了小学生的科技活动规律。江南小学确立了"立足新区，围绕三农，走出校园，服务当地"的科技教育新理念，坚持把科技活动课推向序列化和常态化，建立了"两纵两横"科技教育网络体系，不断加强队伍建设和师资培训，强化学科渗透和教育科研，加强校本教材研发。无论是"七个一"和"八小"系列活动，还是"农业、农村、农事"科技活动兴趣小组的组建，都是学校科技教育课程文化的缩影。

除此之外，诸如"经典诵读课程""孝德教育课程""传统节庆课程""文明礼仪课程""手工制作课程""民间艺术、体育课程"等等，丰富和发展了阆中乡村学校的课程体系。

五是在社团活动中放飞幸福。苏霍姆林斯基曾说："如果一个学生的智力兴趣的世界仅仅局限于准备功课，如果除了必修课以外别的什么东西都没有……那么学校对一个人来说就会变成毫无吸引力的、抑郁沉闷的地方，而学习就会变成沉重的、枯燥的、单调乏味的事。"

让学生在社团活动中动起来，让学生有身心成长的空间，有与大自然亲近的时间，有与社会接触的机会，有各种各样的活动可以参与，有自己的节日可以尽情享受。他们身心投入其中，无拘无束，天真烂漫，兴高采烈，其乐融融。他们在每一次活动中，都获得了重新发现自己的机会，都感受到了成长的快乐与愉悦，都享受到了生命在润物无声中的拔节与风采。

我们每一所学校都根据自身实际，为孩子们提供了丰富多彩的社团活动，辅导老师不专业没关系，老师学生一起学；设备不完善没关系，有活动就有快乐；没有固定功能室也没关系，食堂、教室也能一室多用！

社团活动的常态开展，既丰富了校园生活，使校园生机勃勃，又培养了孩子们的兴趣爱好和个性特长，既让孩子们爱上了学校，爱上了学习，又让他们找到了志同道合的伙伴，在活动中共同参与、共同成长，既迸发了他们的智慧与活力，又让每一个孩子都变得阳光与自信。

六是在教师发展中保障幸福。教师发展是学校内涵发展的有力保障。发展教育，必先发展教师。从某种意义上说，教育的所有问题都和教师有关，都与教师的素质有关，都跟教师的工作状态有关。

如何才能让乡村教师既能进得来，又能留得住，更能教得好？一方面取决于乡村教师社会地位的提高，另一方面取决于乡村教师专业素养的提高。

为此，我们深入贯彻《乡村教师支持计划》，在绩效工资、职称评定、评优评先等方面向农村教师倾斜；我们一改教师"乡进城"单向流动方式，健全完善了"管理干部上挂下派""城区教师下乡支教""农村教师进城顶岗交流"等城乡互动交流模式；我们每年教师节都要开展"最美乡村教师""优秀乡村教师""优秀乡村教育工作者"评选活动，由市委市政府给予奖励表彰；我们实行乡村教师全员免费培训，每年新教师入职培训第一课都由我给他们开讲；市教育局每年都会召开"农村教师新春座谈会"，与他们一道欢度佳节；市教育工会适时开展"非诚勿扰"活动，为青年教师牵线当红娘……莫大的职业尊严与幸福，让广大乡村教师产生了对乡村教育的认同、对乡村学校的眷恋和对乡村学生的牵挂，他们扎根乡村，静心教书，潜心育人。

最值得回味的,是教育生态的改变

阆中教育人带着一颗朴素的教育心,执着于对幸福教育的追寻,坚持一切从教育本质出发,一切着眼于学生健康成长,在应试教育中突围,在乱象丛生中坚守教育的规律与本真,在无序竞争中坚守教育的良心与良知,在浮躁喧嚣中坚守教育人的责任与使命,用朴素的行走追求教育的幸福,积极创办孩子们喜欢的学校,做孩子们向往的教育和适合每一个孩子的教育。

十年磨一剑。十多年的用心与付出,换来的是教育深度的改变:

孩子阳光自信,活泼开朗,天真烂漫,都有了一张张欢快明媚的脸,一双双水灵灵的眼睛,一颗颗充满着童真、童稚、童趣的童心,他们都在适合他们的教育中感受到了学习生活的丰富与充实,他们都在朴素而幸福的教育中得到了快乐而幸福的成长。

教育人扎根于教育,矢志不移,心无旁骛,笃定淡定,视职业为事业,有了宗教般的情怀,有了专业成长的自觉,有了对教育的自信与担当,把教育生活演绎得有滋有味,都感受到了职业的尊严与幸福。

校园有了浓郁的文化氛围、有了扑鼻的书香气息、有了和谐的人际关系,每一个校园都成了孩子们美丽的花园、魅力的学园、成长的乐园、温馨的家园和幸福的田园。

阆中区域教育生态有效改善、持续良好。教育不仅有分数,也不再是死整蛮干,教育生活不再是单调枯燥、令人乏味,而是多姿多彩,幸福完整、美丽动人,让师生过上了一种快乐而幸福的教育生活。

最真切的感受，更是我们前行的动力

行走于教育的路上，我们努力耕耘、执着坚守、步履轻盈，除了收获了教育持续的发展，我们还收获了很多真切的体验与感受。

有一个好校长就有一所好学校。陶行知把校长比之为"学校的灵魂"，苏霍姆林斯基认为校长应是"教师的教师"。校长对于一所学校太重要了，有什么样的校长，就有什么样的学校。校长的境界决定学校的境界，校长的高度决定学校的高度，校长是教育里最关键的，谁站在这个位置上谁就决定教育的品质。

最不能没有的是理念。办教育没有钱不行，只有钱也不行。教育办的好坏，不是取决于钱投入的多少，而是取决于我们教育者有没有思想和理念，有什么样的思想和理念。思想新，一新便新，理念活，一活便活。思路决定出路，性格决定命运，理念决定发展。陶行知先生在《半周岁的燕子矶国民学校》中说："我们要把没有钱的学堂办得很精彩，才算真本领。"要实现这一点，全在我们的理念。当然，这种理念不是人云亦云，不是生搬硬套，不是附庸风雅，而是对教育的一种深刻理解，对学校发展的一种准确定位，对未来教育走向的一种真切把握。

用整个的心做整个的教育。相由"心"生，情由"心"出，事由"心"成。做教育，不仅要用智用情更要用心。一个教育者的作为，不在于他工作了多长时间，而在于他用了多少心。实际上，人与人之间的差距，学校与学校之间的差距，说到底其实就是用不用心、用了多少心的差距。陶行知说："不是你的金，不是你的银，而是你的心。"他还说："国家把整个的学校交给你，要你用整个的心去做整个的校长。"这不仅是对校长的要求，也是对每一个教育人的期盼。

情怀永远胜于胸怀。一个人的胸怀大，人生格局就会大。但是，做教育，仅有胸怀还不够，我以为，除了胸怀，还必须有情怀，情怀始终胜于胸怀。教育的使命是雕塑人的生命，培植人的灵魂。教育的特殊性决定了干教育的人必须有一种情怀，这种情怀包括家国情怀、父母情怀、儿女情怀、生命情怀、悲悯情怀、敬畏情怀。有了这样一种情怀，就有了一种执着坚守，求真向善；就有了一种宁静淡泊，不易素心；就有了一种浅走低吟，不让初心；就有了一种曼妙修行，悲天悯人；就一定能看到教育的诗和远方。干教育如果没有情怀，最好不要入行，不然苦了自己事小，折腾了孩子和教育，那可是天大的事。

推动自己，才能推动教育。教育是一个生命对另一个生命的影响，因此，要想推动教育，教育者必须不断地推动自己。这就要求我们每一个教育者不仅要有教育理想的捍卫，而且要有教育梦想的追求，不仅要有教育信念的坚定，而且要有教育良知的坚守，不仅要有教育热情的维持，而且要有教育激情的迸发，不仅要有教育情怀的涵养，而且要有教育责任的承担，不仅要有外在使命的担当，而且要有内在自我的生长。

只要行动，就有收获。在澳洲曾经有位老先生拄着拐杖散步，遇到一名小女孩，不断地拣起东西向海里扔，不禁好奇地问道："小妹妹，在打水漂吗?"小女孩说："不是，我看到沙滩上有好多海星，明天太阳出来就会晒死，我觉得好可怜，所以把它送回海里去。"老人惊诧地再次提出疑问："这里的海岸线那么长，海滩上的海星这么多，以你一个人的力量，能救活多少海星呀?"小女孩说道，"爷爷，我知道我不可能救活所有的海星，但是我知道当我捡起一只海星并把它丢进海里的时候，我已经改变了它的命运了。"说着她又弯下腰，捡起另一只海星抛入大海。过了片刻，这个老人也捡起了一只海星，抛入大海。后来，又来了一个人，也做了这件相同的事情。再后来，就来了很多很多的人，他们都做了同样的事情。

这则故事告诉我们，从现在做起，从小事做起，从身边的一点一滴做起，无论一个人的力量多么的渺小，只要你愿意去付出，都会让你帮助的对象有所改变。

作为老师来说，关起教室的门你就是国王。作为校长来说，关起校园的门你就是国王。教育的未来，不是到达，而是需要改变。教育的改变，批评不解决问题，抱怨也无济于事，改变需要行动，只要我们去行动，永远都不会晚。

　　不管我们的教育环境怎样不如意，不管当下的教育生态怎样不理想，不管身边的教育现象怎么令人不可思议，我们每个教育人都可以通过立足当下的行动，在土壤板结、杂草丛生、荒凉凄美的现实中营造出局部的春天。在这局部的春天里，同样可以春风扑面，同样可以春暖花开。一个又一个局部春天的出现，最终将是百花盛开，春意盎然。

第十八讲 行走在朴素而幸福的教育路上

　　面对社会的喧嚣与浮躁，面对外界的各种干扰和诱惑，一个有良知的教育者能够不为所迷，不为所动，他会时时听从自己内心的声音，敬重常识，保持理性，不折腾，不盲从，不迎合，不唯命是从，在自己的天地里做着自己喜欢做的事，在那一间宽阔的教室放飞着教育梦想。他们在内心深处常常会一次次地叩问自己：我是个有胸襟的教师么？我对学生尽到责任了么？我心里装着学生么？我尊重教育常识了么？我放弃了自己的教育理想了么？我在学生心里播下了善良的种子了么？……回答这些问题，真的需要具备一定的勇气。

最应遵循规律的是教育

教育的一切指向都是人

教育面对的是人，唤醒的是心灵，教育的根本目的是"人"，教育必须一切取向于人，一切指向于人，教育中如若只见"物"不见"人"，那不是真正的教育。教育一切工作的出发点和立足点都应该是为了促进人的自我发展、协调发展，全面发展。

曾参加一所学校的教学分析会，这所学校管理很细，教师也很敬业，学区学业水平监测成绩居然居下，究竟是什么原因？会上，大家畅所欲言，一些教师认为学校开展的社团活动挤占了学生学习时间，从而影响了学生学业成绩。当时我在想，社团活动怎么会影响到学业呢？其中一位教师的发言才找到了真正症结，他说，社团活动没有问题，但是学校总要求每个社团代表学校参加比赛必须要获奖，导致社团活动的开展完全"变味"，指导老师给学生加压，甚至挪用正常教学时间训练，学生承担的压力很大，才影响了学生的正常学习。

在这里，"获奖"成了社团的目的，"教育"被"获奖"所取代，"人"被功利所遮蔽，被异化成了学校追名逐利的工具。目标异化，教育的失败不是必然的吗！正如怀特海所言："我实在信奉这样一条教育原理：在教学中，一旦你忘记你的学生是有血有肉的，那么你就会遭遇悲惨的失败。"

要记住，教育如果忽略了"人"，即使形式多样，其实教育也就没有真正发生。

教育的目标是为了培养合格公民

教育，不是获得一时的分数，不是人人考本科，不是人人上清华北大，教育不是人人都成为状元，教育是植入骨髓的高贵，是危急时刻的镇定，是对社会乃至人类的关怀。

教育培养的是合格的公民，什么是合格的公民，那就是能够服务社会，能够自食其力，而且有责任担当、有良知使命、有爱心善心，并且懂生活会生活，而不是培养考试机器，也不是培养只有分数而其他方面一无所有的残疾人，更不是培养"精致的利己主义者"。

因此，教育不需要疾风暴雨，不需要惊天动地，需要的是无声浸润，需要的是一颗心灵唤醒另一颗心灵，需要的是在日常生活中哪怕不经意间的一言一行的影响，需要的是把一些具有教育意义和价值的东西哪怕是一些细微之处一以贯之地坚持下去，只有如此，才能凸显教育的功能和作用。

教育永远都是慢的艺术

最近一列由内燃机车拖挂四节车厢的绿皮火车——7053 次列车，缓缓穿梭在山东淄博到泰山的山林间，全程 184 公里，单程用时近 6 个小时，平均时速 32 公里，算得上目前全中国最慢的火车。然而这列行驶在山间的 7053 次绿皮小火车，竟然异常的火爆。有人专门从济南、北京赶来，就为了找个临窗的座位待上 6 个小时，怀念过去的缓慢时光。这列火车为什么这么火？不是因为快，而是因为它的慢。

有这样一则寓言：上帝给了一个人一个任务，叫他牵着一只蜗牛去散步。蜗牛已经在尽力地爬了，但每次总是只能挪动那么一点点。任凭人怎样着急，怎样催它，怎样吓唬它，怎样责备它，甚至踢它，蜗牛仍然不紧不慢地往前爬。无可奈何，只得随着蜗牛慢慢向前爬。然而，人却忽然闻到了芬芳的花香，听到了悦耳的鸟鸣，看到了晶莹的露珠在树叶上闪烁，此人豁然开朗——原来是因为蜗牛在带着我散步。

孩子总是慢慢长大，孩子的心智总是一点点地开启。教育就像农业和林业，我们不能拔苗助长，也不能靠生长激素。我们所能做的就是播种希望，辛勤地锄草施肥浇水，让它在阳光下，在春风夏雨中自然地成长，除了这些就是静静的期盼，耐心地等待。

也许我们有美好的愿望，可能苦口婆心地给学生讲道理，可能付出了百般的艰辛与努力，可能投入了我们全部的心血和情感，而学生却变化很慢，甚至无动于衷，我们不要急，不要急于求成，不要企图立竿见影，这时不妨换一种方法再试试。

医生不会因为自己开的药方没有效果而责怪病人，他会反思自己可能误诊了，要重新诊疗，再试别的方子。有时学生已经有了进步，完全有可能又出现了反复。我们不能奢望在学生心田上撒一次种子，洒几滴汗水就能收获成长的果实。许多学生是在他的生命航船驶出学校这条江河以后，进入社会广阔的海洋时，才体验到教师的可敬和崇高，才感受到学校生活的甜蜜与美好，许多受益一辈子的东西是在学校生活中播种的，是从老师那儿获得的，但往往来不及开花结果，学生就已经离开了学校，离开了老师。因此，教育是一种慢的艺术，教育真正的价值是很难比较和量化的。

其实，做教育就应该像养花一样，不必太急，一边养一边看，一边呵护一边期待。也应该像老农种庄稼一样，一切顺其自然，一切顺其天性。

教育一旦慢下来，教师就会多一些宁静，少一些浮躁，多一些良知，少一些功利，多一些敬业，少一些应付，多一些使命，少一些搪塞。

教育一旦慢下来，教育就会回到正常的轨道上来，就会回归到教育常识的方向去，就会在教育本真的路上越走越好，教育就不会急躁冒进，走向极端，也不会左右摇摆，飘浮不定，更不会盲目跟风，人云亦云。

教育一旦慢下来，就会给孩子多一点思考的空间，多一点阅读的时间，多一点交流的机会，多一点欣赏的目光，多一点鼓励的话语，相信每个孩子的学习兴趣就会被点燃，思维就会被激活，每一个孩子的发展就会多一种可能。

有句话说得好，"希望上天给笨孩子一个矮树枝"，只有教育慢下来，才会让每一个孩子都有枝可依，才会让每一个孩子有一展所长的机会。还有一句话也很有道理，"野百合也有春天"，只有教育慢点，再慢点，才会让每个孩子都跟上节奏，让每个孩子都不掉队，也才能让每个孩子在自己的春天里绽放如花笑靥。

做教育就是做常识

肖川先生在《与经典为友》一文中说："教育的道理，其实都是些大道理、朴素的道理，都是些家常话。教育的智慧，大多是一些古老的智慧。"

我们教育上重要的思想早在几千年前就被老祖宗说尽了。比如："有教无类""因材施教""学思结合""知行合一""教学相长""扬其长，避其短""亲其师，信其道""一张一弛，文武之道"等等。

叶圣陶："教是为了达到不需要教。"陶行知："教育就是教人变，教人变好就是好教育，教人变坏就是坏教育；活教育教人变活，死教育教人变死。""千教万教教人求真，千学万学学做真人。"

这些话说得多么朴素而深刻！让教育不忘初心，返璞归真，不跟风头，不赶时髦，不胡乱创新。魏书生曾告诫我们不折腾，不懈怠，不动摇；守住，守住，再守住。

做教育其实就这样简单，确实不需要怎么去折腾，不需要怎么去捣鼓，更不需要怎样去猎奇，只需要遵循常识，按教育的常识去做教育，就行了！

朴素比花哨更美丽，幸福比优秀更重要，良知比使命更珍贵，常识比高深理论更管用！

教育的"无用"最"有用"

中国人太功利，一切事都冲着有用，根本不会去做无用的事。有一则笑话说，一个外星人如果掉入地球，掉到其他国家命运可能相同，掉入中国会有不同的命运，要看它掉入哪个省。如果掉到陕西，就会把它埋上，一百年后再挖出来。如果掉到浙江义乌，就制造一批模型。如果掉在东北，训练训练上二人转舞台。要是掉北京，可有趣了，"赶紧问下是什么级别好安排接待"。如果掉在四川就更搞笑了，忙着问"会不会打麻将，三缺一"。

大家一定知道四个苹果创造世界。第一个是亚当夏娃的苹果，与人类有关，第二个就是牛顿的苹果，发现了万有引力，第三个是乔布斯的苹果，第四是中国的小苹果，解决了庞大的大妈们多余的时间和精力，这是对人类的巨大贡献。单说牛顿的这个苹果，在中国是诞生不了的，此时此刻有几个中国人有那个闲工夫躺到苹果树下去？即便有人躺到了苹果树下，被苹果砸完之后的反应绝对不会去揣摩，而只会抱怨，又哪有闲暇去做一些无用的思考呢？

在当下，教育完全是"有用"的教育，一切为了分数，一切为了升学，一切为了今后能谋一个高薪职业，教师、家长于是为了孩子学到"有用"的东西，而费尽心思，绞尽脑汁，孩子被捆绑的紧紧的，孩子从小学甚至幼儿园开始，一直为了"有用"而努力着，忙碌着，甚至在各种补习班、培训班中奔波着，穿梭着，他们全部的生命时光就被各种各样的作业、考试和训练消耗殆尽。

其实，这个世界上最贵的往往是无用的东西，比如顶针，有用，仅几毛钱一个，但是戒指无用，却非常贵。服装仅停留于遮羞保暖，几十元钱就搞定，但是很多女士的一身上万元，九千九百多元多花在哪儿了？花在没有任何实际功能的用途上，比如牌子、感觉、样式，而正是这些没用的却体现出了一个人的地位与价值、品质与品位。

人类真正的幸福，也恰恰是那些看似"无用"的东西带来的。比如说音乐有用吗？美术有用吗？文学有用吗？诗歌有用吗？这些看似都没用。可是假如这个世界上没有了音乐，没有了美术，没有了文学，没有了诗歌，这个世界上的一切将是多么的单调乏味，人类也就不可能会有丰富多彩的幸福生活。

然而教育上很多看似无用的东西，比如孩子的玩耍，孩子的游戏，孩子的阅读，孩子们的交往，孩子们走出校园，走向社会，走进生活，走到社区，走入大自然，孩子参与的社团活动，孩子们的音乐、体育、美术课、孩子的发呆，孩子的梦想、求异、质疑，孩子的好奇和探索等等，这些看似"无用"而实则"有用"的东西，可以浸润他们的身心，可以滋养他们的一生，可以说是让他们在学校里所学的一些有用的东西忘掉之后，而这些所谓的没用的却是他们一生受益的宝贵财富。

教育里最关键的是教师

最近英国的经济学人封面有一篇文章，在封面用很大的篇幅来写"怎样造就伟大的教师？"学校也好，课程也好，所有的背后事实上都是教师。我觉得教师是所有的教育里最关键的，谁站在讲台前谁就决定教育的品质。

未来的教师会是什么样的形态？其实一个好的学校，很大程度上不是取决于校舍有多好、设备有多完善，而是取决于你有没有一流的教师。

关于教师对教育的深刻影响，美国有一项研究显示：排名前百分之十的精英教师教给学生的知识是排名后百分之十那些教师的三倍。在同一个单位时间里，一个教师能够带给孩子的变化是非常之大的。

一个好的教师不一定有很高的文凭，不一定有很多经验，不一定头发很白，不一定教了很长时间，关键是热不热爱自己的工作，是不是听从了自己内心的声音，是不是在做自己想做的事。

乔布斯说："成就一番事业的唯一途径就是热爱自己的工作，听从自己内心的声音，做自己想做的事。"

教师职业很美好，很神圣。协和医科大学出版社社长袁钟在一次演讲中讲到，他有一个维吾尔族朋友，是北京协和医院的科研处长，这个维吾尔族人曾经给他讲过一个事情，在维吾尔族人认为人去世了可以升天，但是不是所有人都有机会升天，要经过集体讨论，贪官、坏警察、坏城管要被打入地狱，但只有两个职业可以不经过讨论集体升天，那就是医生和教师。

教师职业是精神价值重于物质价值的一种职业。它传承的是知识、美德、智慧和文化，它守护的是人类的精神家园。一个人有多种活法，但当他选择了教育，也就选择了"精神立身"，在你踏入杏坛的那一刻，滚滚红尘，花花世界，红灯绿酒，就离我们渐行渐远。

艾哈迈德·爱敏在《他要成为一名教师吗?》一文中警告道："假如你和你的儿子想要金钱和面子，千万别去搞教育，千万别去搞文学艺术之类的事情。因为那的确不是发财之路、名望之路。"

我以为，如果我们觉得当老师不如开餐馆、卖猪肉、擦皮鞋、办公司、当老板更能让自己快乐，并且我们自信自己也有那方面的能力，你不必非要用教师这个职业来折磨自己。

面对社会的喧嚣与浮躁，面对外界的各种干扰和诱惑，一个有良知的教育者能够不为所迷，不为所动，他会时时听从自己内心的声音，敬重常识，保持理性，不折腾，不盲从，不迎合，不唯命是从，在自己的天地里做着自己喜欢做的事，在那一间宽阔的教室放飞着教育梦想。他们在内心深处常常会一次次地叩问自己：我是个有胸襟的教师么？我对学生尽到责任了么？我心里装着学生么？我尊重教育常识了么？我放弃了自己的教育理想了么？我在学生心里播下了善良的种子了么？……回答这些问题，真的需要具备一定的勇气。

老师们，如果你内心一直没声音，也没有属于自己的爱好，没有自己特别想做的事，那么，我以为你的人生还没开始，就基本结束了。

选择你所爱的，然后爱你所选择的！每个行业都有它不为人知的辛苦和难处，总是见异思迁，这山望着那山高，羡慕嫉妒还有恨，犹如食鸡肋，食之无味，弃之不忍，心有旁骛，行无定数，精神分裂，灵魂无依，这样的人一辈子不会有真正的幸福。

其实，教师的幸福不仅来源于在校园里守望成长，呵护童心；在课堂上传道解惑，神采飞扬；在职业生涯里，创造性做事，酣畅淋漓地演绎教育人生，而且更重要的是来源于内心的宁静和知足。幸福不是因为得到的多，而是因为计较的少。禅师问：你觉得是一粒金子好，还是一堆烂泥好呢？求道者答：当然是金子啊！禅师笑曰：假如你是一颗种子呢？其实，换个心境，或许你会得到解脱！

因此，我们要用平平常常的心态、高高兴兴的情绪，快节奏、高效率地多做平平凡凡、实实在在的事情。学会把平凡、实在的事情做得有滋有味、有声有色、如诗如画、如舞如歌，去享受属于我们教师的人生幸福。

有一匹年轻的千里马，在等待着伯乐来发现它。

商人来了，说：你愿意跟我走吗？马摇摇头说：我是千里马，怎么可能为一个商人驮运货物呢？

士兵来了，说：你愿意跟我走吗？马摇摇头说：我是千里马，怎么可能为一个普通士兵效力呢？

猎人来了，说：你愿意跟我走吗？马摇摇头说：我是千里马，怎么可能与你为伍呢？

日复一日，年复一年，这匹马一直没有找到理想的机会。一天，钦差大臣奉命来民间寻找千里马。千里马找到钦差大臣，说：我就是你要找的千里马啊！

钦差大臣问：那你熟悉我们国家的路线吗？马摇了摇头。

钦差大臣又问：那你上过战场、有作战经验吗？马摇了摇头。

钦差大臣说：那我要你有什么用呢？马说：我能日行千里，夜行八百。

钦差大臣让它跑一段路看看。马用力地向前跑去，但只跑了几步，它就气喘吁吁、汗流浃背了。"你老了，不行"，钦差大臣说完，转身离去。

今天我们做的每一次看似平凡的努力都是在为未来积累能量，今天我们经历的每一次不开心、遭受的每一次打击，都是在为未来打基础！不要等到老了跑不动了再来后悔！

每个人的对生命的认识，都是对自己的一种提醒，有一句老话：苦才是人生。佛门还有句话叫活在当下。用人生实践人生，用现在创新现在，用信念化解疲惫，用幽默抚慰伤痛。学历不代表能力，有文凭不代表有文化，昨天怎么样不重要，过去的辉煌都已成为历史，关键是今天你怎么样，今天你是什么态度，今天你怎么去做！

教师的工作平凡，对这一职业的价值、意义，会有各种各样的表达，自然也会有各种各样的职业态度。在未来，人们可能会从社会的进步中，想到在一个追逐浮名和金钱的时代，曾有一批教师以深沉、朴素的姿态站立在讲台，他们曾把学生的目光引向灿烂而深邃的星空，他们让学生成人，他们会永远留存在人们的记忆中。

天地之间，我们每一个人都是匆匆过客，但当我们的生命注定与教育结缘了，我们应该给学校留下些什么？应该给学生留下些什么？这应该成为我们永恒的思考。我们应该用我们的责任和担当，用我们的良知和使命，给学校的明天留下充满人性的温馨回忆，给学生的未来留下终生难忘的美好回味，不必用堆叠的荣誉来证明你的成功，教师的光荣会印在历届学生的记忆里。

学校管理应让教师感受到的是幸福

从事经营管理，其重要的理念是"顾客至上"，然而把一家小小的旅行社做成世界第三大旅游管理公司，并成为"美国100家最适合于工作的公司"之一的罗森柏斯国际集团老板豪尔对公司"顾客至上"的说法却不以为然。

他认为，对于员工来说，顾客当然是处于第一的优先位置，但对于公司来说，公司的发展与成功却是靠员工努力获得的。豪尔批评说，有太多的公司把压力、恐惧和沮丧施加给员工，员工每天晚上把这种感受带回家里，第二天一早，员工又会把这些问题带到工作岗位上。这种现象非常典型，也非常可怕。

1974年，当豪尔加入到公司的时候，他发现公司在"顾客至上"的旗帜下，几乎把所有的精力都集中在顾客身上而很少关注自己的员工。豪尔认为，从长期来看，不愉快的人提供的只能是不愉快的服务，能够让关心、关爱到达员工内心深处的公司才能给顾客提供最优质的服务。他们终将认识到，虽然顾客被排在第二位，但事实上却是第一位的。豪尔以为，当公司把员工放在第一位的时候，员工就会把顾客放在第一位。

对于教育，我们常常说学生第一，却往往忽视了教师的地位和作用。我以为只有教师第一，才有学生中心、学生主体地位的实现，才有学生的真正第一。

同样，一位教师，当他的家庭问题、待遇问题、被社会认可的问题都不成问题时，他们就会心甘情愿地追随校长做事，就会全身心投入教书育人，就自然会把所有的精力都放在学生身上。学生中心、学生主体地位是靠教师去实现的。对校长来说，教师就是实现你教育理想的"天使"，就是达成你办学目标的重要依靠力量，只有当教师从自己的角度出发，觉得应该把学生放在首位的时候，他们才会发自内心地去做，也才会心悦诚服、无怨无悔地去干。

想一想现在我们差不多一些学校，对教师讲的是奉献，灌输的是"蜡烛"

"春蚕"精神，要求教师成为蜡烛，一头燃还不行，必须两头都要燃，这样燃得越快，死亡的更快，到最后拿什么去燃烧呢？不错，教师奉献是应该的，教师有压力也是必然的，有压力才有动力，但是，对一个从事塑造人的职业来说，如果奉献不是心甘情愿的，如果动力不是发自于内心的，而是仅仅来自于外在的逼迫，这样的塑造肯定是十分可怕的。

教师不是苦行僧，教师也是人，教师需要幸福；教师传道授业，职业神圣，使命崇高，教师应该幸福；教育要幸福，学生要幸福，教师必须幸福。

学校与校长工作的核心理念应是生命和幸福，其出发点和归宿点是师生的幸福；其内容和过程应该能够激起教师的幸福感受，致力于"给教师幸福的权利"，让教师感受到在学生身上耗去的不只是生命，而收获的更多的是幸福，更多的是对职业的满足和满意。

我们应该从哪些方面着手去关注教师的幸福呢？

一是通过心理教育提升教师积极人格心理。当下心理的问题，不仅学生有，教师更严重，学校应重视对教师的心理教育和辅导，组织教师参加各种趣味活动、团体比赛、体育运动等，培养教师具有良好的心理素养。

二是改善物质条件，提高教师工作自豪感。由物质条件而得的幸福虽然是一种浅层次的，但这是教师由此引向更高层次幸福体验的基础。没有必要的物质基础，奢谈精神上的幸福也是不客观、不现实的。学校应通过努力，尽可能改善教师的工作环境和生活条件，尽可能解决教师的后顾之忧，尽可能设立积极、合理的收入分配机制，奖勤罚懒，奖优罚劣，使之体现出每一位教师的劳动价值。

三是成为教师，走进教师的内心世界。人的管理重点不在"管"而在"理"，在于心通。教师是有情感的人，他们的自尊心需要呵护，积极性需要保护，他们渴望真诚的沟通，期盼人格的平等。我们做管理，应该牢记自己曾经是教师，事实上现在也是教师，应该走进教师的内心深处，融入教师心灵，倾听教师的心声，懂得尊重教师，善待教师，放下身段，放低重心，平等地与教师交流思想上的困惑、工作上的难题、发展中的瓶颈。

四是改善人际关系，营造和谐人际氛围。良好的人际关系是教师工作最大的动力，不良的学校人际关系是教师职业幸福的天敌。教师生活在校园中，干群关系、同事关系、师生关系构成了教师职业生活的大部分内容，因此，努力构建出良好的校园人际关系让教师在和谐的人际环境中快乐地工作，愉悦地生活，这是教师收获职业幸福的源泉。

五是关注教师成长，提升教师成功能力。教师职业是一个不断更新提高的动态过程，教师专业素质的高低决定了事业成就高度和幸福感强度。学校要尽力为教师才能的发挥创设多样化的平台。如说课比赛、优质课比赛、技能比赛、课件制作比赛等，要求教师全员参与；通过教师论坛、教师沙龙、经验介绍等活动，使教师的创造性和潜能得到极大地调动；通过外派学习、顶岗培训、提升交流、才艺展示、登台亮相，让教师智慧和才情能得到极大地释放。

六是减轻教师压力，为教师提供宽松的精神环境。当下从学校到社会，从学生到自身，从教育体制到具体教学，可以说，与中国社会转型相应的教育转型所遇到的所有问题、所有矛盾，都集中到了第一线的普通教师身上。于是，他们要承受教育的一切压力。第一线的老师感到的是身、心两个方面的疲惫，他们已经不堪重负了。我们诚然要为学生减负，但为什么不首先为教师减负呢？我们能不能少搞一点检查、评比，少开一点会，减少一点名目繁多却不该教师参加的活动。一句话，少一点花架子、花点子，少一点人为干扰，让我们的教师喘一口气，有一点时间，多一点空间，安安静静地读一点书，想一些问题；让我们的教师多一点生活情趣，多一点事业雅趣，多一点人生志趣；让我们的教师能够多一点时间给自己，给自己的灵魂，给自己的心灵放个假；让我们的教师多一点时间关注亲情、关注生命、关注健康，多一些对亲人、对家人的陪伴；同时也让我们的校园少一些喧嚷，多一点宁静，少一些急躁，多一点从容。唯有从根本上改善教师的生存条件，提供较为宽松的精神空间，才有可能使作为学校主体的教师的身心得到健康的发展，这其实是关乎立校的根基，也是教育发展的根本。

让你走得很远的是团队

大家一定记得龟兔赛跑的故事吧，第一次，小白兔输了比赛，为什么，因为它骄傲了，小白兔觉得自己腿长，在一棵树下舒服地睡着了。第二次比赛，小白兔赢了，因为它找出了失败的原因。第三次比赛，乌龟经过深入思考和自我总结，找到了自己的核心优势——游泳，于是乌龟在比赛地选了一条河，小白兔在快到终点的时候，面对河，它傻眼了，乌龟不着急地慢慢爬，到了河边，小白兔在那里干着急，乌龟却纵身一跳，游到了对岸。乌龟赢了！第四次比赛，小白兔、乌龟觉得这样比来比去，太累了，对双方都没有好处，于是达成协议，在陆地上小白兔背着乌龟，过河时乌龟驮着小白兔，小白兔和乌龟相互协作，最终它们同时到达了彼岸，都轻轻松松取得了成功。

在非洲大草原上，如果你见到羚羊在奔跑，那一定是狮子来了；如果你见到狮子在躲避，那一定是象群来了；如果你见到成百上千的狮子和大象集体逃命的壮观景象，那一定是蚂蚁兵团来了。蚂蚁虽小，但是它们所合作的兵团，却是世界上最坚固的军队，能够所向披靡，无坚不摧。

一个燃烧的红煤球放到一堆未燃烧的黑煤球中，红煤球慢慢就灭了。一个未燃烧的黑煤球放进一堆熊熊燃烧的红煤球里，黑煤球慢慢也就燃烧了，也就变红了。

一个人的激情与能量，成长与进步，要靠团队，特别是靠团队的正能量。团队的负能量会淹没一切，特别首先淹没的是自己。

在某个当下，我和你，你和他能够邂逅在一起，在缘分中尽责，在福分中担当。这一切的一切，有可能不是这样清晰而直接的，它更像是一片夜里的森林，为了走出森林只能一起手拉手，一起鼓励打气，一起搀扶借力，一起合作前行，从合作之中体味生活的意义，并且领受人间的真情，发现人性的品质，感悟人生的真谛，这才是我们能够在一起最有价值的东西。

合作是美好的，在团队中，时时需要合作，事事离不开合作，通过合作，发挥各自优势，互相帮助，彼此支持，携手并进，以合作取代竞争，以合作实现共赢，我们的教师就能从自身的生命拔节中品尝到成长的喜悦，我们的事业也会因合作成就不凡的精彩。

铅笔即将被装箱运走，制造者很不放心，把它带到一旁跟它说："在进入这个世界之前，我有句话要告诉你，如果你能记住这些话，就会成为最好的铅笔。第一，你将来能做很多大事，但是有一个前提，就是你不能盲目自由，你要允许自己被一只手握住；第二，你可能经常会感受到刀削般的疼痛，但是这些痛苦都是必须的，它会使你成为一支更好的铅笔；第三，不要过于固执，要承认你所犯的任何错误，并且勇于改正它；第四，不管穿上什么样的外衣，你都要清楚一点，你最重要的部分总是在里面；第五，在你走过的任何地方，都必需留下不可磨灭的痕迹，不管是什么状态，你都必须写下去。要记住，生活永远不会毫无意义。"

要跑得久，你要有组织，有团队。对于个体，在任何团队，我们都要做这样的铅笔。只有被一只大手握住，你才能书写生命的记忆。没有环境也就没有磁场，再好的铅笔终会散漫无边，一事无成。因此，我们必须融入学校这种"场"，这个团队，去感受它的强劲力量。我们的学习、工作、生活，都需要遵循团队的规则与约定，绝对不能我想怎样就怎样，想怎么行怎么都行，想怎么样就怎么样。

同样，一所学校没有共同的"精神话语"，没有共同的事业追求，将会成为尔虞我诈的角斗场。一旦学校的天空，没有精神诉求，身处其中的教师和学生，自然难有真正的幸福了。

你会发现没有团队意识、没有共同"精神话语"的学校，一些事没人做，一些人没事做。没事做的人盯着做事的人，议论做事的人做的事，使做事的人，做不成事做不好事。一些没事的人总是没事做，一些做事的人总是做不了事。一些没事的人滋事闹事，使得做事的人到最后干脆就不做事。

从这个意义上说，教师如果没有团队的意识或经历，而只是一个自我感觉良好的"套中人"，他就不可能走进学生的心灵世界，也不可能为学生的发展实现多种可能。教师们会各干各的事，会把工作当成分外的事。这样，教师的幸福感自然无法找到，更谈不上彼此分享。教师将在"自以为是、各自为政"或者"得过且过""马马虎虎"中愧对职业，荒废事业，虚度一生。

砥砺前行的是心的火种

有一段祈祷词，很著名，我很喜欢：愿上帝赐我一个平静的心，去接纳我所不能改变的事物；赐我无限勇气，去改变那有可能改变的东西；并且赐我智慧，去辨别这两者的差异。

这心就是平静的希望之心。希望，永远在我们自己身上。

真正的希望，是理想。路是自己走出来的，在不理想的境况面前，哪怕是春寒料峭，或是寒风凛冽，哪怕是怪石嶙峋，或是险峻崎岖，只有坚持行走，才有可能走出一条路。如果因为担心害怕而裹足不前，因为大家按部就班而人云亦云，因为环境不佳而犹豫不决，就永远没有机会。

希望的希望，是改变。我一直相信，教育可以改变世界，但这个改变，不是从改变社会、改变别人开始，而是从改变自己开始。当我们真正改变了自己，让自己不断变得美好，就必然影响、改变着别人，事实上也就已经在改变社会。我们永远不应该把希望寄托在别人身上、寄托到外部环境上。

具有独立思考与创造力的人总是少数，一个时代总是有少数人来引领多数人。不过，在每个人的内心都有判断是非的能力，这样一个信息开放的时代，大多数人所缺乏的不是知识与信息，缺乏的是面对事实和改变现状的勇气。

此时我想起了泰戈尔的诗："这世界以痛吻我，我却回报以歌。"

也想到了一个名家所言，人会长大三次：第一次长大是在发现自己不是世界中心的时候；第二次长大是在发现即使再怎么努力，终究还是有些事令人无能为力的时候；第三次长大是在明知道有些事可能会无能为力，但还是会尽力争取的时候。

在大家都习以为常，不愿去改变的时候，我在想，我们的校长们能够有勇气改变吗？能够敢做吃螃蟹的第一人吗？能让教师真正参与学校的章程和发展规划吗？能够真正让教师们评议学校的工作吗？能够坚持召开真正意义上的学生代表大会吗？能够真正尊重学生的自主选择，建立具有自治精神的社团吗？能够借助现有的条件研发适合孩子们的课程吗？如果您有勇气去尝试，有智慧去改变，您将会为当下的教育突围开创一个崭新的局面，必将为当下孩子的健康人格发展奠定良好的基础，也终将为这个艰难的时代提供真正面向未来的教育方式。

希望的最高境界，是行动。当雪崩来临的时候，每一片雪花都觉得自己没有责任，而在谴责其他雪花的罪过。面对当下中国教育，很多人都似乎觉得与己无关，有的在旁观，有的在埋怨，有的在谴责，有的在鞭打，其实这都无济于事，我们需要做的，就是立足当下的行动，只要行动，永远都不会晚。

希望辉映的光芒，就是心的火种。心的火种，可以燎教育之原野，可以烛照教育之苍穹。这火光，将随着我们心脏的每一次跳动而明亮，而温暖。这火光，当我们聚集在一起时，它是如此蓬勃而灿烂；当我们分散在各地时，也同样平静而有力。只要活着，火种就不会熄灭。这火种，就是希望。

希望，就是阳光，就是蓝天。当我们深信希望的永恒存在，把希望变成理想去坚守，把理想作为志向去改变，把改变化作具体去行动，我们就能践行好朴素的教育理念，追寻好幸福的教育目标，实施好学校的内涵发展，最终让师生过上一种快乐而幸福的教育生活。

让我们热切地拥抱希望、拥抱明天、拥抱未来吧，让我们把心中的希望之火，把教育的梦想之火，把事业的理想之火，燃烧得旺一点，再旺一点，更旺一点！在朴素而幸福的教育之路上，我庆幸能够与大家为伍，在新的教育发展节点上，让我们带上心的火种，继续自信而坚定地行走在路上！

后 记

2016 年 8 月，湖北长江文艺出版社编辑秦文苑女士打来电话，向我约书稿，她说，读了我给朱永新老师《致教师》写的书评，感觉文字有朱老师行文的那种味道和风格。我当时想，我的那些肤浅文字怎能和朱老师那样的大家相提并论！

加之拙著《回归教育常识》刚由中国人民大学出版社推出，手中还没有书稿，于是婉拒了文苑。文苑在电话里说到人生在于相遇，相遇是缘，很希望得到支持与合作。我知道，长江文艺出版社是一家在全国很有影响的出版社，书做得精致，有品质，像朱永新老师的《致教师》，一年多发行二十多万册，可以说开教育类读物之先河。自己的文字能够由该社出版，那也是一件很荣幸的事，于是鼓足勇气告诉文苑，给个半年时间准备书稿。

文苑在电话那头坚定地说：半年时间太长了，给你两个月时间。她的这种执着与真诚打动了我，当时根本没有考虑到两个月内能不能交差，便爽快地答应了。

之后，就开始利用一切可以利用的时间，对近两年在全国各地所做的一些演讲，进行归类整理，特别是 2016 年国庆七天长假，我足不出户，没有白天黑夜地加班加点，终于在国庆收假时整理好了书稿。

井无压力不出油，人无压力难成事。人都有一种惰性，有时对自己狠一点，给自己一点压力，把自己使劲地逼一下，有可能就会创造意想不到的奇迹，掂着二十多万字的书稿，我当时生出了很多感触。

文苑在编辑书稿时，提出了很有见地的意见，于是，我又对书稿作了修改完善，而且几上几下。

人，是需要情怀的，有了情怀，就会全力以赴，全情投入，就会无事不成，任何事情都会干得有滋有味。文苑就是这样一个有情怀的编辑。相信每一个作者能够邂逅这样的编辑，都是一件很幸福的事情！

在书稿即将付梓的时候，首先要感谢的是秦文苑女士，她为该书的出版，从选题到编辑的各个环节，都付出了大量的心血和智慧。可以说，没有文苑的相约，没有她的催逼，就没有这本书的问世。

全国政协副秘书长、民进中央副主席、中国教育学会副会长、新教育发起人朱永新老师，已先后为我的《修炼校长力》《我的教育心旅》《做一个卓越而幸福的教育者》做过序，这些年给了我莫大的鞭策与鼓励，让我能够自信地一路走到现在。这次我又请他为拙著写点文字，他说已为我的前几本书写过序，又因自己的工作繁忙，还有读书写作计划，为我推荐其他专家学者来写更好。我再三"纠缠"，朱老师出于对区域教育工作者的关爱与呵护，遂了我的心愿。他在出差中挤时间审读了书稿，并很快写来情真意切的文字，在此，向朱永新老师致以深深的敬意！

还要感谢的是全国一些学术团体，教育部门，还有相关学校的真诚相邀，让我能够有机会与大家分享在教育上的一些点滴与思考，有了他们提供的相应平台，才有了这本书稿的雏形！

这些年区域教育的发展，阆中教育的同仁们，殚精竭虑，身体力行，在教育的"朴素""幸福""内涵"上，做出了很多有益的尝试、探索和实践，我向他们表示由衷的感谢！不管世事怎样变迁，这份情谊是珍贵的，也是永远的，她将陪伴我未来的每一个日子，且珍且惜，且歌且行！

最后，更要感谢我的家人、亲人及朋友，还有所有读者，没有你们的帮助与担待，就没有我在阅读与写作路上的从容行走，也就没有我虔诚的教育人生！

书，是一个阶段的写真与记录，也是对下一个阶段的昭示与开启，以此书，在昭示明天中，开启更加美好的未来……

汤　勇

2017 年 5 月 23 日于阆苑